高职高专新商科系列教材

酒店收益管理

李　航　秦承敏　主　编
郑小龙　王常红　厉小励　副主编

清华大学出版社
北京

内容简介

本书以酒店收益管理工作过程为导向，以企业典型业务为背景，以职业岗位技能要求为基础，充分考虑酒店管理与数字化运营专业学生的特点及就业需求，依据新培养目标和新行业需求编写而成，重点提升学生的数字化思维和收益管理能力。全书共包括 8 个项目，即认识酒店收益管理、酒店市场分析、酒店产品与价格管理、酒店销售渠道管理、酒店市场预测、酒店收益管理系统、餐厅收益管理以及酒店收益管理的实施。

本书适用于高职高专院校酒店管理与数字化运营专业及其他相关专业学生，同时也可供企业在职人员培训使用。

本书封面贴有清华大学出版社防伪标签，无标签者不得销售。
版权所有，侵权必究。举报：010-62782989，beiqinquan@tup.tsinghua.edu.cn。

图书在版编目（CIP）数据

酒店收益管理 / 李航，秦承敏主编. -- 北京：清华大学出版社，2024.7. -- （高职高专新商科系列教材）.
ISBN 978-7-302-66519-9
Ⅰ. F719.2
中国国家版本馆 CIP 数据核字 2024P0Z132 号

责任编辑：强　微
封面设计：傅瑞学
责任校对：刘　静
责任印制：刘　菲

出版发行：清华大学出版社
网　　址：https://www.tup.com.cn,https://www.wqxuetang.com
地　　址：北京清华大学学研大厦 A 座
邮　　编：100084
社 总 机：010-83470000
邮　　购：010-62786544
投稿与读者服务：010-62776969，c-service@tup.tsinghua.edu.cn
质量反馈：010-62772015，zhiliang@tup.tsinghua.edu.cn
课件下载：https://www.tup.com.cn,010-83470410

印 装 者：大厂回族自治县彩虹印刷有限公司
经　　销：全国新华书店
开　　本：185mm×260mm　　印　张：15.75　　字　数：360 千字
版　　次：2024 年 7 月第 1 版　　印　次：2024 年 7 月第 1 次印刷
定　　价：49.00 元

产品编号：093845-01

前言

2021年教育部发布的新专业目录中,酒店管理专业更名为酒店管理与数字化运营,专业人才培养目标也随之改变。这些改变的背后是酒店行业的数字化转型。酒店收益管理是针对新人才培养目标和"1+X酒店收益管理职业技能等级证书"而开设的课程,顺应了行业的发展趋势。

本书的主旨在于阐述酒店收益管理的原理和方法,培养学生预订控制、容量控制、渠道管理、市场预测、价格决策等收益管理方面的战略和战术层面的业务能力。酒店收益管理课程不仅是前期专业基础课程的深化提升,也是后续实习岗位中所需知识和技能的重要支撑。

本书基于收益管理五要素和收益管理工作流程,结合教育心理学的认知规律,设计了8个项目、23个任务。作为探索高等职业教育教学改革理念的创新型教材,本书具有以下特点。

1. 突出高职教育能力本位

本书紧密结合专业人才培养目标,较好地适应了当下酒店行业数字化转型对专业人才的要求,突出理实一体、能力本位。每个任务以实际工作任务为导向,通过分析任务、知识准备到任务实施,培养学生解决问题的能力,并进行小组训练,以提升学生的知识迁移能力。

2. 落实立德树人根本任务

党的二十大报告指出,要全面贯彻党的教育方针,落实立德树人根本任务。本书将行业规范、行业创新、工匠精神、传统文化、社会主义核心价值观等元素融入任务描述中,潜移默化地培养懂规范、擅操作、有操守的酒店收益管理人才。

3. 创新虚拟人物教学设计

本书以职场新人入职滨海花园酒店收益管理部为背景,以其收益管理知识和技能提升为主线,以经理对职场新人的任务布置为依托,通过视频动画的形式导出任务,既提升了学习的趣味性,又增强了内容的衔接性。

本书由山东水利职业学院李航、秦承敏担任主编,郑小龙、王常红、厉小励担任副主编,具体分工如下:项目1由山东水利职业学院李航、天津财经大学珠江学院刘飞编写;项目2由李航编写;项目3由山东水利职业学院王常红、日照职业技术学院宁双编写;项目4和项目7由山东水利职业学院厉小励编写;项目5和项目6由山东水利职业学院郑小

龙编写；项目8由山东水利职业学院赵晓利、日照国际旅行社有限公司陈锋编写；各项目视频资料由编者团队制作，全书由秦承敏统稿。曲阜师范大学吴军教授担任主审。

本书在编写过程中借鉴和参考了大量国内外的相关教材、著述及网络资料，得到了华住集团和日照国际旅行社有限公司的大力支持，曾任职于万豪国际酒店集团的杨莎莎女士对全书提出了宝贵意见。在此，谨向所有参与本书工作的单位与个人表示诚挚的感谢。

由于编者水平有限，书中难免存在不足，敬请读者朋友批评指正。

编　者

2024年2月

目录

1　项目1　认识酒店收益管理
　任务1　收益管理概述 …………………………………………………… 2
　任务2　收益管理的要素与实现策略 …………………………………… 7
　任务3　收益管理的常用指标 …………………………………………… 14
　学习小结 …………………………………………………………………… 23
　学习测试 …………………………………………………………………… 24
　学习案例 …………………………………………………………………… 25
　学习评价 …………………………………………………………………… 27

28　项目2　酒店市场分析
　任务1　酒店竞争环境分析 ……………………………………………… 29
　任务2　酒店市场细分的原则与方法 …………………………………… 36
　任务3　酒店细分市场与细分市场策略 ………………………………… 45
　学习小结 …………………………………………………………………… 51
　学习测试 …………………………………………………………………… 52
　学习案例 …………………………………………………………………… 53
　学习评价 …………………………………………………………………… 55

56　项目3　酒店产品与价格管理
　任务1　酒店产品与提升产品价值的途径 ……………………………… 57
　任务2　客房价格类型与差异化定价 …………………………………… 64
　任务3　动态定价 ………………………………………………………… 71
　学习小结 …………………………………………………………………… 79
　学习测试 …………………………………………………………………… 80
　学习案例 …………………………………………………………………… 82
　学习评价 …………………………………………………………………… 83

84　项目4　酒店销售渠道管理
　任务1　酒店直接销售渠道 ……………………………………………… 85
　任务2　酒店间接销售渠道 ……………………………………………… 94
　任务3　渠道的收益管理策略 …………………………………………… 102
　学习小结 …………………………………………………………………… 115
　学习测试 …………………………………………………………………… 116
　学习案例 …………………………………………………………………… 118
　学习评价 …………………………………………………………………… 119

项目 5　酒店市场预测　120

- 任务 1　市场预测的内容与步骤 ………………………………………… 121
- 任务 2　预测方法 ………………………………………………………… 131
- 任务 3　超额预订 ………………………………………………………… 142
- 任务 4　收益管理常用技巧与方法 ……………………………………… 148
- 学习小结 …………………………………………………………………… 153
- 学习测试 …………………………………………………………………… 154
- 学习案例 …………………………………………………………………… 155
- 学习评价 …………………………………………………………………… 156

项目 6　酒店收益管理系统　157

- 任务 1　酒店收益管理系统概述 ………………………………………… 158
- 任务 2　IDeaS 和 Hiyield RMS 收益管理系统介绍 …………………… 169
- 学习小结 …………………………………………………………………… 182
- 学习测试 …………………………………………………………………… 183
- 学习案例 …………………………………………………………………… 184
- 学习评价 …………………………………………………………………… 185

项目 7　餐厅收益管理　186

- 任务 1　餐厅收益管理概述 ……………………………………………… 187
- 任务 2　餐厅收益管理的衡量指标 ……………………………………… 193
- 任务 3　餐厅收益管理策略 ……………………………………………… 203
- 学习小结 …………………………………………………………………… 213
- 学习测试 …………………………………………………………………… 214
- 学习案例 …………………………………………………………………… 216
- 学习评价 …………………………………………………………………… 217

项目 8　酒店收益管理的实施　218

- 任务 1　收益管理的组织与实施 ………………………………………… 219
- 任务 2　全面收益管理 …………………………………………………… 230
- 学习小结 …………………………………………………………………… 239
- 学习测试 …………………………………………………………………… 240
- 学习案例 …………………………………………………………………… 242
- 学习评价 …………………………………………………………………… 243

参考文献　244

认识酒店收益管理

项目 1

学习目标

知识目标

- 了解收益管理的起源、概念和意义。
- 熟悉收益管理的应用场景及常用的管理工具。
- 理解收益管理的基本要素和实现策略。
- 掌握衡量收益管理的常用指标。

能力目标

- 识别收益管理的应用场景。
- 描述酒店收益管理的基本要素。
- 运用收益管理常用指标进行简单计算。

素养目标

- 具备初步的收益管理意识。
- 培养严谨细致的工作作风。
- 树立积极为酒店创造收益的敬业态度。

学习导引

任务 1 收益管理概述

任务描述

任务描述

张旭毕业之后来到某沿海城市的滨海花园酒店工作，酒店安排他加入新组建的收益管理部门。滨海花园酒店是当地四星级商务酒店，地点在市区，主要接待商务客人和旅游度假客人。

上班第一天，张旭见到了收益经理，经理说："酒店重视收益管理，因此成立了收益管理部门，收益管理从业者要本着为酒店多盈利的工作态度积极创收。"经理给张旭布置了第一个任务，要求他了解酒店为什么要实施收益管理。

任务分析

张旭在校期间已经学习过酒店管理相关的基础课程，对酒店管理已经有了一定的认识。但他对收益管理还比较陌生，针对收益经理布置的任务，他一方面需要了解收益管理的基础知识理论和内容，另一方面需要调研酒店实施收益管理的原因。

知识准备

1.1.1 收益管理的起源

【拓展课堂】
收益管理的起源

收益管理（revenue management，RM）理论诞生于20世纪80年代，最早源于美国航空业。随着收益管理在航空领域的成功，越来越多的公司开始关注收益管理。其中万豪酒店集团的创始人马里奥特先生发现了酒店行业与航空业的相似之处，率先将收益管理的理念引入万豪酒店集团。该集团组建了收益管理团队，并投资开发了能够预测供给需求和为他们超过10万间客房提供库存建议的收益管理系统。跟航空业的情况类似，万豪集团也将促销折扣定位在那些对价格敏感的细分市场，当然也会对促销施加限制，最开始的限制是最少入住天数。到20世纪90年代，万豪集团在收益管理上取得了巨大的成功，收益管理系统及其技术已经成为万豪集团的核心竞争力之一。

1.1.2 收益管理的概念

康奈尔大学酒店管理系教授 Sheryl E. Kimes 在综合研究的基础上结合营销学理论，提出了 4R 理论，即在正确的时间和地点（right time and place），以正确的价格（right price）向正确的顾客（right customer）提供正确的产品或服务（right product or service），实现资源约束下企业收益最大化目标。这个理论充分反映了收益管理的市场运行模式，被认为是目前对收益管理较为全面和准确的诠释。酒店将客房进行分级，设定不同时间段购买的限制条件和差异化价格，借助不同的渠道将客房销售给有意愿购买的旅行者，最终实现酒店收益最大化。

本书中将酒店收益管理定义为把合适的产品或服务，在合适的时间，以合适的价格，通过合适的销售渠道，出售给合适的客户，最终实现酒店收益最大化的管理方法。定义中涵盖了五个基本要素，即产品或服务、时间、价格、渠道和客户，对这些要素进行组合和优化便可以给酒店带来更高的收益。例如，酒店如果具备优质的产品或服务，就会更容易出售给客户，获得收益；如果能够实现产品差异化和有效的组合，则可能会获得更高的收入。但仅有这些是不够的，我们更需要知道的是，在不同的时间段内，可以卖什么样的价格，通过哪种渠道出售给哪一类的顾客。这样，才能使我们获得更高的收入。酒店收益管理工作的主要任务就是寻找这五个要素的最佳组合，从而为酒店带来最大的收益。

1.1.3　实施收益管理的条件

收益管理适用于所有行业吗？并非如此，实施收益管理的行业往往具备以下特点。

1. 产品数量固定且具有时效性

以酒店行业为例，其主要产品就是出租客房，然而任何一家酒店客房的总量短期内是固定的，不可能因为市场需求的增加而临时增加。产品的时效性是指在不同的时间，产品价值具有很大的差异。酒店一天之中出售客房的最佳时间为 21 点之前。随着时间推移，酒店当晚客房的价值急剧下降，当天闲置的客房所造成的收益损失没有办法通过任何方式得到弥补。航空、影院等行业的产品价值同样会随着时间的流逝而流失，并无法得到补偿。

2. 拥有较高的固定成本和较低的变动成本

酒店行业是重资产行业，企业前期需要投入大量资金用于硬件采购和设施建设，然而后期单位产品的边际成本相对较低。酒店每多出租一间客房，所产生的额外费用主要包括布草更换、水电能耗、清扫人工、客用品添补等。然而，这些与硬件投入和客房收入相比是较少的。因此，这类行业在产品销售中可以依托收益管理提升销量来增加利润，而不用太关注固定成本。

3. 拥有不同的细分市场

细分市场是指通过客人价格敏感度和购买行为等因素对客户群体进一步细分。酒店可以对各个细分市场采取差异化定价策略实现收入最大化。例如，商务客人对价格不敏感，而且出差具有临时性的特点，因此，他们入住酒店时往往支付的费用最高。

4. 产品可提前预订

预订可以让酒店提前了解未来某一时段的产品销售量和市场需求，并对该时段的

产品价格、分配给每个细分市场的产品数量、预订进度等进行调整,以期实现收益的最大化。

5. 客人需求的波动性较大

酒店面临的客人需求波动较大,客人的需求在一年的不同季节、一个月的不同日期和一周的不同日子都是变化的。酒店收益管理可以通过入住率和入住价格来调节客人需求波动。如果酒店的管理者能够知道即将到来的需求高峰和低谷,就可以更好地进行计划安排。

知识链接

边际变动成本

边际变动成本是指每多出售一单位产品时,需要追加的成本。当滨海花园酒店客房的售价是 100 元/(间·天),而客房的边际变动成本率为 15% 时,如果这一天多出售一间客房,酒店便可获得 85 元的经营利润。因此,企业高固定成本和低变动成本的特点决定了如果采取收益管理方法来最大限度地提高收入,将非常有助于企业利润的增加。

1.1.4 酒店收益管理的意义

经过多年的发展与实践,收益管理理论在酒店行业得到了广泛应用,其意义主要体现在以下两点。

(1) 有效提升企业的收益,实现业绩最大化。酒店提升收益就是依靠增加收入来降低成本。收益管理人员依靠企业历史数据,预测未来的需求走势,再利用价格杠杆调节用户需求。在旺季时,提高价格增加收入;在淡季时,降低价格减少闲置资源。有学者研究发现,单体酒店在不改变客房数量、广告宣传费用等因素下,仅依靠系统的收益管理策略,就能够为其带来 5%～7% 的客房收入。

(2) 有助于提高现有企业的管理水平,改进已有的市场营销观念,提升企业的运营管理能力。实施收益管理不仅仅依靠管理者经验做出收益决策,还要以系统的预测为基础。目前,领先的酒店连锁集团往往配备有上百名员工,与销售部门、营销团队、高层管理者通力合作,致力于制定、支持、实施收益管理战略和技术。万豪集团负责全球收益管理部署和系统战略的副总裁内尔·威廉姆斯(Nell Williams)指出:"在万豪,如果没有来自收益管理部门的建议和反馈,没有一项重大的决策和战略能够被通过。"

1.1.5 酒店收益管理的发展趋势

1. 收益管理流程区域化

未来,酒店收益管理会更加区域化、集中化与独立化。不同区域对收益管理部门的安排想法不一样,亚太区、欧洲和中东等地区,都认为应该独立设置专门的收益管理部门,而北美地区则偏向于认为酒店收益管理部门应放在其他部门的下面。未来的收益管理更应该集中于整体的收益,更加关注全面与整体的营收。酒店的 KPI、SOP 和部门安排等都要成体系地进行调整,以适应市场的需求与变化。酒店收益管理也应该更加独立,帮助酒店做全面的收益管理把控。

2. 收益管理工具数字化

大数据时代的来临,让原本无声的数据变成有声的数据。就酒店收益管理而言,大数据思维的出现,为我们展现了一个新的思维和空间。现今,很多信息与数据研究机构已开始运用大数据思维、方法和技术为企业提供诸如市场分析、消费者行为分析和市场现象预测等方面的服务。一些酒店基于大数据开发的收益管理组合产品,使其具有酒店产品评价、运营质检、价格预警、市场需求分析以及市场现象的预测等功能。运用大数据分析结果为酒店提供研判未来趋势、机会以及动态定价等收益管理策略,并为持续优化酒店收益提供帮助。未来,大数据思维和方法的运用,将成为收益管理系统拓展其服务功能和提高系统性能的有效途径。

3. 收益管理系统的自动化

目前大多数酒店使用非自动化的收益管理方式,如使用 Excel 来手工采集历史数据,手工工作占据了大量的人力、物力,准确性也无法确保。未来,随着技术的成熟和人工智能的发展,收益管理系统会在数据采集、分析、预测、优化和决策等方面实现自动化。届时,酒店可以根据系统预测出来的需求量提前进行合理的价控和房控。收益管理系统还可结合季节性、预订提前量、星期规律和入住时长等因素帮助酒店分析制定最优房价。

案例分享

酒店收益管理即将出现突破

在数字时代,创新迅猛发展,即使酒店收益管理实践和技术已有 30 多年的历史,我们也很难相信全球只有约 15% 的住宿企物业采用收益管理技术。

以此令人困惑的行业统计数据为动力,权威旅游研究机构 PhoCusWright 从收益管理人员的角度对酒店收益管理的状态进行了一项全球研究,结果令人欣喜。

1. 当下的挑战

(1) 信息过载,不同的酒店系统以及在线分销的发展日益复杂。互联网、OTA 和旅行批发商的普遍存在以及由此产生的价格透明性使得收益经理几乎不可能做他们以前擅长的事情,即管理客房库存并及时做出定价决策以提高收入业绩。

(2) 由于来自各个分销渠道的海量数据被淹没,收益管理人员不得不花费 50% 的时间来整理信息,从而留出有限的时间来分析和执行决策,最终使合理的 RM 战略与众不同。大型酒店和连锁酒店也不能幸免。

(3) 尽管大多数大型连锁房地产和管理公司都可以使用收益管理技术,但许多房地产类型的收益管理人员还是会因为其基于本地的认知或其品牌规定的 RM 解决方案对建议缺乏信心,从而忽略了系统建议。

(4) 许多收益经理认为"缺少其他重要信息"。例如,预订类型,只需要房间还是只需要会议室,或者客人的忠诚度计划状态是否与该过程相关。

2. 未来的机会

(1) 更少的 RM 技术,更多的 RM 功能。收益经理希望拥有一种真正的基于云的集成式 RM 技术,或者是一种洞察解决方案,该解决方案能够集成来自酒店系统整体的数据、验证数据并共享可行的建议。

(2) 旅游中介机构加快步伐,填补信息空白。随着消费者的购买方式已经转变为在线方式,越来越多的消费者要求旅游中介机构提供更多的信息,如目的地需求数据、旅行者购买见解等,而这在其他地方是无法获得的。随着分销格局的不断发展,旅行中介可以解锁更多有价值的数据信息,如目的地需求数据、酒店动态价格、转化率和实时竞争数据。

(3) 人工智能(AI)在收益管理中的应用。收益管理技术的真正突破在于机器学习功能,使其可以汇总和分析数据,提出明确和规范性的建议,同时使用户能够了解其操作的结果。在这个由 AI 驱动的世界中,收益管理技术正在争相利用数据及其优势,但不要忘记,最终还是要取决于人类对这些数据采取的行动。

(资料来源:迈点网. 酒店收益管理:即将出现突破? [EB/OL]. [2020-02-05]. https://www.meadin.com/jd/210237.html.)

任务实施

张旭认为酒店实施收益管理的原因应从以下方面分析,步骤如图 1-1 所示。

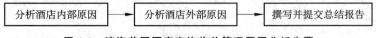

图 1-1 滨海花园酒店实施收益管理原因分析步骤

步骤 1:分析酒店内部原因。

(1) 滨海花园酒店成立多年,前期缺少专业收益管理人员,酒店的收入大大降低。

(2) 酒店着手向数字化酒店转型,引进了一系列智能设备,搭建了官网、手机 App 和微信小程序等渠道,为实施收益管理提供了基础。

(3) 酒店的市场口碑不错,拥有不同类型的客户群体,目前没有完善的价格体系。

步骤 2:分析酒店外部原因。

(1) 酒店市场易波动,收益管理可以帮助酒店尽可能地提升每个房间的收入。

(2) 市面上同档次的主要竞争对手早已采用收益管理策略,每间可供出租客房的收入普遍提高 30~60 元不等。

步骤 3:撰写并提交总结报告。

张旭依据滨海花园酒店内外部环境的分析,向酒店经理提交了自己的总结报告。

小组训练

将班级每 5 名学生分为一组,每组确定 1 位负责人,完成表 1-1 所示的小组训练。

表 1-1 小组训练(1)

训练名称	收益管理的应用场景
训练目的	引导学生多关注酒店行业收益管理发展动态,思考收益管理在酒店其他部门的实践应用。在讨论和撰写报告的过程中,训练学生的团队意识,同时加深其对收益管理的认识,培养其相应的专业能力与职业核心能力;通过践行职业道德规范,促进其塑造健全的职业人格
训练内容	学生分组,在查阅资料的基础上进行讨论,集体分析
训练步骤	(1)小组成员各自查阅线上资料,了解目前收益管理在酒店其他部门的实践应用; (2)撰写一篇综合分析报告; (3)各组在班内进行交流、讨论
成果形式	撰写一篇题目为《酒店其他部门收益管理的实践应用》的调查报告

任务 2 收益管理的要素与实现策略

任务描述

某日一早,收益经理转发给张旭一则宣传海报,如图 1-2 所示,他说:"优秀的收益管理从业者通过洞察消费者的消费特点,推出迎合市场的产品,赢得最大的收益回报。"他让张旭思考某火锅店打折活动的背后都运用了哪些收益管理的要素。

任务描述

图 1-2 某火锅店的宣传海报

任务分析

张旭要理解收益管理要素以及各个要素的特点。

知识准备

1.2.1 收益管理的要素

任务1我们学习了酒店收益管理就是把合适的产品或服务,在合适的时间,以合适的价格,通过合适的销售渠道,出售给合适的客户,最终实现酒店收益最大化的管理方法。定义中包含了收益管理中重要的五个要素,产品、时间、客户、价格和渠道,这也是收益管理所重点研究的对象。

1. 产品

客户购买的大多数酒店产品只是购买了产品某一时段的使用权而非所有权。例如,客户购买了酒店某一日的客房入住,其就拥有了那一日的客房使用权。在餐厅和康乐等部门也是如此,客户预订了餐厅的餐位,其就拥有了某一时段的餐位使用权。正是基于此,酒店可以多次重复地出售其产品使用权。由于产品使用权的时效性,酒店的首要任务是每天尽可能多地出售其产品使用权,避免产品闲置带来的损失。

2. 时间

时间的变化会使酒店客房需求产生波动。酒店收益管理基于酒店历史经营数据和市场变化来预测需求。酒店需要梳理好下月乃至未来3个月的远期房态,对收益期房价进行调整,提前预埋价格。同时酒店还要关注一周之内流量,然后根据流量进行价格调整。当酒店预测某一时期,市场需求旺盛时,酒店会密切关注已售房间数量,预先提升价格,甚至对部分客房予以保留,待日期临近时高价卖出。这样可以有效避免客房提前以普通价格被一抢而空,影响酒店收入。当酒店预测某一时期市场需求减弱时,酒店会降低客房价格,从而刺激消费。

3. 客户

由于消费者在年龄、性别、职业、消费习惯等方面存在差异,酒店客户的消费行为并非完全相同。酒店一般将客户分为散客和团队,散客中包含自来散客、度假散客、商务散客等,团队中包含商务团队、政府团队、旅行团队等。这些客户在价格、时间敏感度、订房模式、消费模式等方面都有各自的特点。因此,收益管理要结合客户的这些特点,确保酒店收益的最大化。

4. 价格

价格是影响酒店收益的核心要素之一。差异化定价是实现收益最大化的主要途径。

同一产品会对不同客人实行差异化定价。酒店常见的价格有散客价、公司协议价、旅行社批发价、团队价等,这些价格组成了一家酒店的价格体系,并保证各细分市场价格体系的统一性,避免相互蚕食。此外,酒店也会根据每日需求预测,在不同时间动态调整酒店房价。

知识链接

酒店动态打包价格

酒店动态打包技术让旅客通过动态组合引擎添加必要服务、实现定制化旅行,这种方法允许旅客使用单个App预订多个平台的产品。相比购买现成的旅程或者人工预订,动态打包技术更加灵活,而且可以满足定制需求。当酒店使用动态打包平台时,房间价格以及其他库存的价格可以进行相应的调整。如果客人预订了高价的辅助服务,客房价格也会相应变化,但这其中的定价方法会更复杂。

5. 渠道

渠道管理的目的是让酒店产品更好地触达消费者。在传统意义上,酒店可以通过顾客电话预订、散客自来、旅行社分销、旅游批发商代理等渠道销售产品。当下的酒店业,渠道管理已经成为收益管理中的重要话题。通过应用合适的渠道来触达目标客户群体,并优化各渠道产品比例,现已成为酒店收益管理成功的关键之一。酒店在选择渠道时,需要充分考虑到目标人群的消费习惯。

案例分享

打造数字化全渠道销售体系,华住会App赋能华住集团数字化转型

华住会是华住酒店集团会员俱乐部,也是一个高效、简单、温情的酒店预订平台,拥有汉庭、海友、全季、宜必思、桔子、漫心、美居、禧玥等知名酒店品牌,可以满足消费者从高端到平价、商务到休闲的多元化需求,也可以为全球1.78亿会员提供住宿、出行、购物等服务。作为华住集团的流量入口,华住会App为华住集团旗下各大酒店品牌提供了巨大的流量支持。华住会,想住就住,为消费者提供高品质的品牌服务。

作为华住集团的酒店预订服务平台,华住会App始终坚持以客户为中心,致力于打造住宿全程服务体验闭环,可为会员提供诸多服务,如自助选房、入住、退房、发票打印以及出行一站式服务。其中,线上自助选房,能够满足客人的个性化需求;积分当钱花的混合支付,能够快速提高客户黏性和复购率;自助入住和退房,能够提高服务的效率和质量。华住会App涵盖华住集团旗下多家酒店,与华住集团线下业务相互配合,共同为消费者带来高效的入住体验。

作为华住集团的会员体系,华住会App用户基数大,质量高。目前,华住会会员数量已达1.78亿,成为国内最大的会员体系,大大提升了华住集团旗下品牌的直销比例。有数据显示,2021年5月华住会App月活跃用户达460万人。高活跃用户数使得华住自有渠道订单占比高达85%,处于业内领先地位,有效降低了OTA服务佣金。

华住的愿景是利用"品牌、技术、流量"三位一体战略,成为世界级伟大企业,在落实三位一体战略的过程中,华住会 App 在"流量"上构筑了巨大的竞争优势,与品牌和技术形成正向循环,强化规模壁垒。

在大数据等互联网技术飞速发展的大背景下,酒店行业的数字化转型已成为趋势,作为科技优势明显的多品牌酒店集团,在会员主导的流量平台——华住会 App 的加持下,华住集团的数字化转型之路走得又稳又快。未来,华住会 App 会继续完善华住的会员体系,加强与华住集团旗下各大品牌酒店的合作,稳定流量入口,为消费者的高效出行保驾护航。

(资料来源:岭东生活君. 打造数字化全渠道销售体系,华住会 App 赋能华住集团数字化转型[EB/OL]. [2021-10-14]. https://baijiahao. baidu. com/s? id=1713565566149154471 &wfr=spider&for=pc.)

1.2.2 收益管理的实现策略

上述五要素是收益管理的基础,然而在实际运营中,实现收益管理离不开选拔培养合适的人员、制定合适的流程以及搭配合适的工具。

1. 培养合适的人员

(1) 合适的人员需要具备跨学科的专业知识。面对市场的日益复杂和多变,酒店收益管理人员需要具备酒店管理知识,同样还要具备统计学、财务管理、经济学等多门学科知识。现如今,大数据时代对从业者又提出了新的要求,例如,网络营销、计算机信息系统管理等互联网知识素养及运用的能力。

从业者还需拥有丰富的酒店一线工作经历。继客房部门之后,越来越多的部门引入了收益管理,正确的收益管理策略需要从业者对酒店各一线部门的运营和客户需求有充分的了解。以餐厅为例,顾客用餐的平均时长、餐厅高峰用餐时间、餐桌结构优化、容量配置和顾客的来源渠道等信息都是开展收益管理的必备知识。因此具备一线部门运营经验的人员可以更好地开展酒店收益管理工作。

(2) 合适的人员需要具备优秀的团队协作能力和业务沟通能力。收益管理会涉及多个部门的协同配合,单纯依靠收益管理部门或几个收益管理人员是做不好一家酒店的收益管理工作的。收益管理团队需要加强与酒店其他部门(如预订部、前台、销售部、财务部)的密切合作和沟通交流,以准确执行既定的发展战略。当客人办理入住时,员工是否为客人提供增销服务,是否将客人转化为酒店会员,这些小小举动都会影响到酒店的收益管理。

(3) 合适的人员需要具有数据分析能力,特别是对酒店关键运营指标的分析能力。一家出租率 100% 的酒店未必是盈利的,实际的收入数字才是酒店成功的标志。一家酒店的经营状况往往是从酒店经营数据中看出的。从业者需要能够从经营数据中发现目前的经营问题,预测未来的潜在机会,并及时调整经营策略,这些经营数据包括酒店收益率、每间可卖房房价、市场渗透指数等。此外,收益管理人员能运用数据思维对互联网用户进行用户画像、用户行为分析,并将这些数据应用到酒店经营决策和战略中,做到精准营销,使酒店在激烈的竞争中占有一席之地。例如,收益管理人员可结合酒店自身情况和掌握的大量数据,对酒店价格、各类渠道、库存等做出分析和预测,协助总经理、市场营销总监做出战略决策,并为酒店提供可靠的经营方案。

2. 制定合适的流程

收益管理的工作流程主要围绕收益管理五要素进行优化,从而提升酒店的收入。具体的流程包含七个方面,如图1-3所示。

图1-3 收益管理工作流程

1) 数据收集

收益管理是以数据为驱动管理酒店运营的,因此,数据收集就是酒店收益管理的第一步。除了常规对自身和竞争对手的基础数据收集,越来越多的平台都开始提供外部商业智能数据。携程、美团等都会提供酒店支持性数据,例如酒店每日流量、支付转化率、每日支付金额等,这些数据方便收集且可用于做出正确决策。

2) 数据分析

数据分析是为后续的预测、定价等工作打下基础。数据分析并非简单地将数据通过柱状图、饼状图展示出来,而是要找出数据之间的关联性。例如,投放的广告与酒店收入是否正相关?出租率和利润是否成正比?在今天越来越多的酒店及酒店集团开始使用自动化收益分析系统,并连接各个数据系统间的自动化接口来确保数据分析和数据传输的准确性和有效性。

3) 需求预测

酒店收益管理就是在房价和需求之间寻找平衡点,以获得最大化的每间可卖房收入。这就需要酒店尽可能精确地预测出酒店在何时以何种价格接受何种业务。一家酒店的业务组成主要包含价格相对较低以及价格相对高的两种业务。理想状态是酒店将高价格的业务做到满房,但是这种情况很难长期实现。然而,两种业务的比例却是需要从业人员思考的。那么,在何时以何种价格接受基础价格业务,以及在何时以何种价格通过何种方式吸引高价格的业务,要准确把握这些就需要进行详细的预测。其中包括每日预测、按市场细分预测、按日期规律预测、按入住天数预测等,以确定最佳预订期限,并作为调整价格的依据。

4) 价格制定

合适的价格需建立在准确预测的基础之上。制定价格主要包含两个方面,一是制定酒店价格体系,二是对每日酒店价格进行管理,其中价格体系的制定是基础和前提。在确定关键房价最优价位的过程中考虑市场和酒店竞争群以及客户价值认知的影响时,可以引入价格评估法。同时针对酒店各个主要细分市场(如公司协议价、旅行社批发价、团队价等)建立相应的价格体系,并保证各细分市场价格体系的统一性,避免相互蚕食。在每日定价管理的过程中,要根据每日需求预测动态调整酒店最优可卖房价并将每个对细分

市场设置的价格按入住天数进行开关限制。在每次价格调整后,酒店应收集有关出租率变化的数据,比较价格调控前后的收益变化,从而确定市场对价格的敏感度。

5) 容量管理

容量管理是指对房间类型、数量和入住时长三个方面的管理。首先,在设计酒店客房产品时,针对房型特点制定房型体系,同时根据每个房型历史销售数据,适当地调整房间类型。其次,利用增销服务提升酒店平均房价和收入。增销服务就是指服务人员通过销售技巧使客户改变选择,从预订低价房型转为预订高价房型。最后,还可以利用不同价格和限制性条件来引导客人对入住天数和时间的选择,从而达到管理客人入住时长的目的。

6) 渠道选择

渠道选择的主要任务就是平衡直接渠道和间接渠道的比例。随着互联网技术的发展,传统的电话预订、中央预订系统等都受到了巨大冲击,取而代之的是官网、在线旅行社(OTA)平台、微信、短视频平台等。一些知名的OTA平台以程序开发完善、服务效率高和价格折让等优势拥有丰富的流量资源,吸引了越来越多的合作酒店。然而,巨大的流量是合作酒店付出高昂的佣金所换取的。过度依赖OTA,势必会蚕食越来越多的酒店利润。面对这种情况,酒店在与OTA等第三方合作的同时,还需积极搭建直接渠道,例如微信小程序、官方网站等,使其拥有自身稳定的客源。

7) 评估总结

评估总结往往会被酒店忽视,但它是流程的关键。所谓总结,就是对比每一次调控措施以后,是否有效果,收益是否得到提升。有一些酒店可能实施了收益管理,看似出租率提高了,但未必有效果。例如,某酒店降了10%的价格,出租率提升了5%,但出租率的提升是以付出更多利润为代价的。因此,收益管理需要定期进行评估,总结出优势和不足。评估的流程也需要按天、周、季度、年等评估时间段进行建立,以确保其完整性和连续性,为下一步工作的开展打下基础。

3. 搭配合适的工具

随着大数据时代的到来,收益管理人员需要每天分析各种各样的数据。除了繁重的数据分析任务,收益管理人员还需要迅速做出判断,并与部门沟通实施策略。整个过程显得烦琐而复杂。幸运的是,先进的数据分析技术将让这一过程有巨大的改观。通过针对影响定价的三大因素——需求、供应量及价格敏感度的分析,收益管理人员可以更容易地确定价格策略,从而最大限度地增加需求、优化收益。现在越来越多的公司开始为酒店提供收益管理工具,他们通过将自身的工具与酒店经营管理系统(PMS)结合,帮助酒店改进收益管理现状。常见的收益管理工具有IDeaS收益管理系统和鸿鹄收益管理系统。

案例分享

苏州南园宾馆与IDeaS合作发掘收益和利润潜力

全球领先的酒店收益管理软件和服务供应商IDeaS(SAS旗下公司)近日宣布,苏州南园宾馆部署IDeaS收益管理系统(RMS)并取得显著成果,在2023年1月至5月,每间可卖房收入与之前的水平相比增加了30%以上。

项目初期,IDeaS 咨询团队与苏州南园宾馆积极合作,在酒店内共同营造了一种注重收益的文化。同时,IDeaS 团队还为苏州南园宾馆提供了现场指导和培训,包括制定突显挑战和机遇的收益管理路线图,开发内部流程和程序,以及创建衡量收益绩效的监控工具。

苏州南园宾馆总经理表示:"酒店从激烈的竞争中脱颖而出,继续保持领先地位,得益于数字化的重要推手——IDeaS 收益管理系统。"IDeaS 收益管理系统引入数字化的收益管理方法和定价体系,获取正确的数据,制订可适应和可持续性的恢复计划,在规划未来营销和推动需求方面占据优势,真正突出核心竞争力。IDeaS 收益管理系统能够实时根据市场需求和竞争形势自动确定最优房价,从而增加酒店的收入并降低风险。与此同时,它还能提供行业基准数据帮助酒店加深管理团队对市场和竞争对手的了解。该系统的无约束需求和收入预测功能也有助于酒店制定准确的预算,从而更好地掌握未来的业务水平。

(资料来源:环球旅讯.苏州南园宾馆与 IDeaS 合作发掘收益和利润潜力[EB/OL].[2023-08-30]. https://www.traveldaily.cn/article/176148.)

任务实施

张旭按以下步骤分析火锅店海报背后运用的收益管理要素,步骤如图 1-4 所示。

图 1-4 火锅店收益管理的分析步骤

步骤 1:列出收益管理要素,如图 1-5 所示。

步骤 2:分析海报中所体现出的收益管理要素。

(1) 推出优质产品。火锅店提供美味的餐食,以及极致的用餐服务体验,使其拥有大批忠实粉丝。

(2) 确立活动时间。活动避开了火锅店用餐的高峰时段,而是选择了下午 2:00—5:00 和夜间用餐时段,迎合了当下不少年轻人用餐时间推迟的需要,减少了低谷用餐时间段的餐位虚耗。

图 1-5 收益管理五要素

(3) 明确目标客户。火锅店拥有广泛的消费群体,结合大学生的消费习惯,将该群体作为活动的目标市场,同时,借助支付宝平台对大学生的身份认证功能,有效隔离非目标人群。

(4) 设定优惠价格。6.9 折和 8.8 折价格对于价格敏感的大学生群体具有普遍吸引力。

(5) 选择合作渠道。活动通过国内最大的支付平台将产品有效触达消费者,同时利用平台知名度,促进产品销量。

小组训练

2 名学生为一组,完成表 1-2 所示的小组训练。

表 1-2　小组训练（2）

训练名称	我身边的商业活动中所体现出的收益管理要素
训练目的	引导学生多关注生活中收益管理使用的案例，勤思考收益管理在其他行业的应用，从而进一步拓宽学生视野，加深其对收益管理要素的认识，培养学生举一反三的思考能力
训练内容	学生分组，在阅读案例之后讨论并分析。通过对神州租车案例的分析，找寻生活中还有哪些商业活动中包含了收益管理要素
训练步骤	(1) 小组成员阅读案例资料，了解案例中所涉及的收益管理要素，指导学生思考收益管理要素在生活中的体现； (2) 撰写一篇综合分析报告； (3) 各组在班内进行交流、讨论
成果形式	撰写一篇题目为《我身边收益管理要素的应用》的调查报告

任务 3　收益管理的常用指标

 任务描述

任务描述

　　收益经理带张旭参观了滨海花园酒店，并且进行了简要介绍，滨海花园酒店拥有客房 100 间，有高级大床房、高级双床房、豪华大床房、豪华双床房、商务套房、行政套房等房型。回到办公室，收益经理对张旭说："一名合格的收益管理从业者要以严谨细致的作风去计算收益管理数据。"他给出了滨海花园酒店和其市场竞争对手 6 月的运营数据（见表 1-3、表 1-4），要求张旭利用这些数据计算滨海花园酒店 6 月的收益。

表 1-3　滨海花园酒店 6 月的运营数据

客房类型	6 月售出房间数量/间	出租价格/元
高级大床房	850	390
高级双床房	800	390
豪华大床房	400	450
豪华双床房	380	450
商务套房	120	550
行政套房	100	600

表 1-4　市场竞争对手 6 月的运营数据

竞争对手 6 月平均房价/元	竞争对手 6 月平均出租率/%
410	78

任务分析

张旭通过互联网了解了收益管理中最重要且最常用的指标是客房出租率、平均房价和平均可供出租客房收入。此外,他还发现,酒店可以通过市场占有率和市场占有指数的变动情况来明确酒店在竞争中所处的位置,这些指标该如何计算呢?

知识准备

1.3.1 客房出租率

客房出租率(occupancy rate,OCC)是指酒店已出租的客房数占酒店可以提供租用的房间总数的比率。它是反映酒店经营状况的一项重要指标,其计算公式为

$$客房出租率 = \frac{已经出租的客房数}{可供出租的客房数} \times 100\%$$

需要注意的是,可供出租客房总数不包括自用房、维修房以及客人因各种原因所换的房间。公式比值越大,说明实际出租客房数与可供出租的客房数之间的差距越小,也就说明酒店的客源市场越充足,在一定程度上表明了酒店经营管理的成功。以某酒店 200 间客房为例,在某月(30 天)其一共出租了 2 600 间客房,其中每日酒店自用房 2 间,试算其该月的客房出租率。

$$该月客房出租率 = \frac{2\,600}{(200-2) \times 30} \times 100\% \approx 44\%$$

1.3.2 平均房价

平均房价(average daily rate,ADR)是酒店客房总收入与实际出租客房数的比值。其计算公式为

$$平均房价 = \frac{客房总收入}{已出租客房数}$$

值得注意的是,客房总收入是指酒店所有房型客房出租的收入总和。每家酒店都有自己的房型体系,每种房型对应的价格也不相同。任何一种房型的平均价格都无法客观地反映酒店的价格水平。因此,只有平均房价才能客观反映其价格水平,它也是收益管理中重要的指标之一。以某酒店 200 间客房为例,当月出租客房数量为 5 100 间,其当月各房型收入如表 1-5 所示。

表 1-5 某酒店当月各房型收入

房 型	收入/元
商务大床房	900 000
商务双床房	800 000

续表

房　　型	收入/元
豪华大床房	300 000
豪华双床房	250 000
行政套房	100 000

$$平均房价 = \frac{900\,000 + 800\,000 + 300\,000 + 250\,000 + 100\,000}{5\,100} \approx 461(元)$$

1.3.3　每间可供出租客房收入

每间可供出租客房收入(revenue per available room，RevPAR)也被称为单房收益，是指酒店每间可供出租房的收入，即客房营业净收入与酒店可供出租客房数量的比值。其计算公式为

$$每间可供出租客房收入 = \frac{客房营业净收入}{可供出租的客房数} \times 100\%$$

$$每间可供出租客房收入 = 平均房价 \times 客房出租率$$

RevPAR将平均房价和客房出租率相结合，可以更为直观地反映出酒店的经营情况。例如，某酒店周日和周一的客房出租率预计在85%，周二至周六出租率预计在100%，酒店的平均房价为200元，现有一客人要求长住4周，那么这间客房价格至少定多少元，酒店才会接待？

$$全周预计 RevPAR = \frac{85\% \times 200 \times 2 + 100\% \times 200 \times 5}{7} \approx 191(元)$$

因此，只要这间客房价格不低于191元，就可以出售，这样就不会低于这家酒店的月均RevPAR。RevPAR也是衡量酒店客房经营水平和投资回报的一项重要指标。在国际通用的酒店教科书中，在国际酒店管理集团采用的统计体系中，以及酒店投资业主、酒店经营者、与旅游和酒店相关的咨询公司都将RevPAR作为非常重要的指标来使用。

案例分享

究竟哪家酒店业绩更好

A酒店有100间客房，本月实现平均客房出租率90%，平均房价为300元/(间·夜)；而另一家同区域同档次同产品的B酒店同样有100间客房，同月实现平均客房出租率85%，平均房价为320元/(间·夜)。

那么，A、B两家酒店究竟哪一家经营的业绩好呢？

单从客房出租率指标来看，显然是A酒店的业绩好，因为它的客房出租率比B酒店高出了5%，多出售了155间客房(假设本月为31天)；而单从平均房价指标来看又是B

酒店经营的业绩好,因为它本月的平均房价比A酒店高出了20元/(间·夜)。

让我们来比较一下两家酒店的收入:

A酒店本月客房总收入为100×90%×31×300=837 000(元)。

B酒店本月客房总收入为100×85%×31×320=843 200(元)。

显然,B酒店的经营业绩比A酒店好,因为B酒店比A酒店多挣了6 200元。两家酒店本月的RevPAR分别是270元/(间·夜)和272元/(间·夜),B酒店的RevPAR值比A酒店高出2元/(间·夜)。

假如B酒店的平均客房出租率是84%而不是85%,B酒店本月客房总收入变为833 280元(100×84%×31×320),则B酒店的经营业绩变得不如A酒店了。尽管B酒店的平均房价比A酒店高,但还是比A酒店少挣了3 720元,此时B酒店的RevPAR值变为269元/(间·夜),低于A酒店1元/(间·夜)。由此看出,RevPAR值越大,客房收益越高;反之,RevPAR值越小,客房收益越低。

尽管RevPAR能够客观反映酒店的经营状况,但是它也存在自身的局限性。

(1) RevPAR不能体现酒店的综合收益。RevPAR反映的只是一家酒店客房的收入,而没有涉及客房外其他的收入来源。《2021年度全国星级饭店统计调查报告》显示,在各类星级酒店中,客房收入占酒店营业收入比重均不足50%。这意味着酒店餐饮、会议、康乐等其他收入占比超过客房收入。RevPAR在评价酒店收益的时候,仅仅将客房收益计算在内,并不能显示酒店在餐饮、娱乐、商品等其他产品上的盈利能力,不能直观地反映酒店是否盈利,也不能体现出客房和餐厅等其他部门之间的相互影响。因此,RevPAR并不能全面反映酒店的收益状况。

(2) RevPAR没有反映每间客房的销售成本,无法体现酒店在成本控制方面的绩效。酒店销售客房的渠道通常有内部销售团队、OTA、旅行社等,酒店在销售每一间客房时,往往还会支付一定比例的渠道费用。在计算RevPAR时,酒店并不会扣除这部分成本,仍然以平均房价来计算。两家类似的酒店,即便RvePAR看起来一样,然而由于客房成本控制的能力不一,最终两家酒店的利润就有可能产生较大的差异。因此RevPAR并不能完全反映酒店的收益绩效。当酒店不断拓展销售渠道,提高市场占有率时,RevPAR会有一个明显上升的过程,但为此付出的成本RevPAR却无法反映。

(3) RevPAR无法作为不同酒店之间的比较标准。与小型酒店相比,RevPAR的衡量方法显然对大型酒店是不利的。小型酒店的收益往往来源于客房收入,许多小型酒店甚至只提供客房服务,其他部门对其收入占比的贡献并不大,并且小型酒店比大型酒店更容易获取高的出租率。在相同的市场条件下,大型酒店的RvePAR就有可能比小型酒店低。然而,由于规模经济产生的效应,大型酒店的收益绩效也可能要大于拥有较高RvePAR值的小型酒店。因此,将RevPAR进行酒店间横向比较时,需要考虑酒店定位、酒店设施等诸多方面。

1.3.4　每间可供出租客房的经营毛利润

每间可供出租客房的经营毛利润(GOPPAR)是指酒店会考虑到所有业务领域的收入和支出,进而对酒店整体业绩进行评估的一个指标。其计算公式为

$$\text{GOPPAR} = \frac{\text{酒店总营业利润}}{\text{可供出租的客房数}}$$

在公式中,酒店总营业利润(gross operating profit,GOP)在利润表中反映为收入减去成本、人工费、营运部门的直接费用、后台部门的间接费用后的余额。

例如,某酒店所有业务领域的年度总收入为 1 000 万元,全年的总支出为 480 万元,且酒店每年 365 天都提供 100 间客房。

$$\text{GOPPAR} = \frac{10\ 000\ 000 - 4\ 800\ 000}{100 \times 365} \approx 142.5(\text{元})$$

1.3.5　酒店收益率

酒店收益率(rate of return)是用来衡量酒店客房经营业绩的重要指标之一,是指在规定时间内实际客房收入与理想客房收入的比率。其计算公式为

$$\text{酒店收益率} = \frac{\text{实际客房收入}}{\text{理想客房收入}} \times 100\%$$

所谓理想客房收入,是指酒店客房按照门市价出售的总收入;所谓实际客房收入,是指客房销售后的真正进账收入。

例如,某酒店有 200 间客房,假设所有客房的门市价均为 400 元,年出租率为 85%,平均房价为 350 元。

$$\text{酒店收益率} = \frac{350 \times 200 \times 365 \times 85\%}{400 \times 200 \times 365} \times 100\% \approx 74\%$$

酒店收益率越接近 100%,酒店就越接近理想客房收入。假如酒店收益率太低,则需要酒店查找原因,如定价失误、竞争激烈、产品或服务不佳、客源结构问题等。此外,酒店收益率还是用来考核酒店经营者的重要指标。

1.3.6　市场指数

前面提到四个指标都是从一家酒店自身的数据计算所得出的,下面再纵向比较分析。在现实中,竞争无处不在。一家酒店不仅需要关注自身的经营数据,还需要了解竞争对手,进而横向比较分析。市场指数则为酒店提供了横向比较的依据。

1. 市场渗透指数

市场渗透指数(market penetration index,MPI)是指酒店的平均出租率与竞争群平

均出租率的比率。市场渗透指数表示酒店在竞争环境中占据了多少份额。其计算公式为

$$市场渗透指数=\frac{酒店平均客房出租率}{目标市场平均客房出租率}\times 100\%$$

例如,某酒店 1 月平均出租率为 80%,5 家竞品酒店当月的出租率如表 1-6 所示,求该酒店市场渗透指数。

表 1-6 5 家竞品酒店 1 月出租率

酒店	1 月出租率/%
A 酒店	91
B 酒店	86
C 酒店	78
D 酒店	72
E 酒店	85

$$市场渗透指数=\frac{80\%}{\frac{91\%+86\%+78\%+72\%+85\%}{5}}\times 100\%\approx 97\%$$

- 市场渗透指数≥100%,表示该酒店在竞争环境中所占份额高于或等于竞争对手。
- 市场渗透指数<100%,表示该酒店在竞争环境中所占份额低于竞争对手,需要尽快调整经营策略。

2. 平均房价指数

平均房价指数(average rate index,ARI)是指酒店平均房价与酒店目标市场的平均房价的比率。该指数用来反映酒店房价是处于领导者地位还是跟随者地位。其计算公式为

$$平均房价指数=\frac{酒店平均房价}{目标市场平均房价}\times 100\%$$

例如,某酒店 1 月平均房价为 350 元,5 家竞品酒店 1 月的平均房价如表 1-7 所示,求该酒店平均房价指数。

表 1-7 5 家竞品酒店 1 月平均房价

酒店	1 月平均房价/元
A 酒店	280
B 酒店	390
C 酒店	320
D 酒店	400
E 酒店	310

$$平均房价指数 = \frac{350}{\frac{280+390+320+400+310}{5}} \times 100\% \approx 103\%$$

- 市场平均房价指数≥100%,表示该酒店的平均房价高于或等于竞争对手,处于领导者地位。
- 市场平均房价指数<100%,表示该酒店的平均房价低于竞争对手,处于跟随者地位,需要尽快调整经营策略。

3. 收益产生指数

收益产生指数(revenue generation index,RGI)是酒店自身的每间可供出租客房收入(RevPAR)与酒店目标市场的每间可供出租客房收入的比率。该指数是用来反映一家酒店在某目标市场中每间客房获利能力高低的指标。其计算公式为

$$收益产生指数 = \frac{酒店每间可供出租客房收入}{目标市场每间可供出租客房收入} \times 100\%$$

例如,某酒店1月每间可供出租客房收入为298元,5家竞品酒店平均每间可供出租客房收入为269元,求该酒店收益产生指数。

$$收益产生指数 = \frac{298}{269} \times 100\% \approx 111\%$$

- 收益产生指数≥100%,表示该酒店的获客能力高于或等于竞争对手。
- 收益产生指数<100%,表示该酒店的获客能力低于竞争对手,需要尽快调整经营策略。

1.3.7 收益报告中的常用术语

1. 累计数据

当月累计(month to date,MTD)是指该月1日至当日前一天(T-1)的相关数据。表1-8是某酒店3月15日的当月累计相关数据。

表1-8 某酒店3月15日当月累计

平均房价/元	200
平均出租率/%	80
平均每间可供出租房的收入/元	160
已售间夜/(间·夜)	1 200
客房收入/元	240 000

除了当月累计外,还有季度累计(quarter to date,QTD)和年度累计(year to date,YTD),就是指截至报告日前一天,当季或者当年所达到的数值。累计数据可以很好地帮助酒店了解截至当前的经营情况。

2. 在手预订

在手预订(on the book,OTB)是预测酒店入住率或收入时使用的一个术语。收益管理中用OTB来表示特定的某个时间点,酒店已经出售的客房数量以及价格。简而言之,它显示了当前已确认的未来出租率和收入。随着酒店预订和取消发生变化,OTB的预订和收入数据也将随之变化,这种变化一直持续到客人到店日期。OTB数据可以让收益管理人员快速地了解酒店业务的变化情况,如监控酒店出租率,预订进度等。收益管理人员可以比较每天酒店的OTB数据,从而获知酒店有多少新增的预订以及有多少取消的预订。表1-9是某酒店在3月15日当日查看到的预订数据。

表1-9 某酒店3月15日在手预订

平均房价/元	240
平均出租率/%	50
平均每间可供出租房的收入/元	120
已售间夜/(间·夜)	600
客房收入/元	144 000

知识链接

当月累计与在手预订

在收益管理中,经常将当月累计(MTD)与在手预订(OTB)相加来预测当月的收益状况。MTD+OTB是指站在当前时间点,当月酒店已经经营的数据与未来已经出售的客房数量所产生的相关数据之和或者是平均数。例如,MTB+OTB已售间夜是指酒店已经入住的间夜数量与当月预订的客房数量之和。MTB+OTB平均房价就是指酒店已经入住的客房价格与接受客房预订价格的平均值。

3. 经营预算

酒店经营预算(budget)是酒店前一年年末,根据历史经营状况以及下一年的收益目标而制订的计划。收益管理中,将计划分摊到12个月,从而得到当月平均房价、平均出租率、平均每间可供出租房的收入等数据。酒店可以将MTD+OTB的数据与经营预算数据进行对比,从而知晓当月与预算的收益差异。

任务实施

张旭按以下步骤计算滨海花园酒店6月的收益,步骤如图1-6所示。

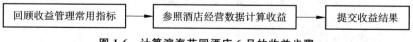

图1-6 计算滨海花园酒店6月的收益步骤

步骤1:回顾收益管理常用指标,如图1-7所示。

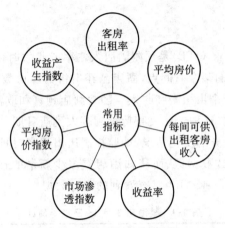

图 1-7 收益管理常用指标

步骤 2：参照表 1-10、表 1-11 所示的酒店经营数据计算收益。

表 1-10 滨海花园酒店 6 月经营数据

客 房 类 型	6 月售出房间数量/间	实际出租价格/元	门市价/元
高级大床房	850	390	450
高级双床房	800	390	450
豪华大床房	400	450	520
豪华双床房	380	450	520
商务套房	120	550	630
行政套房	100	600	690

表 1-11 竞争对手 6 月经营数据

竞争对手 6 月平均房价/元	竞争对手 6 月平均出租率/%
410	78

$$客房出租率 = \frac{已经出租的客房数}{可供出租的客房数} \times 100\%$$

$$= \frac{850+800+400+380+120+100}{100 \times 30} \times 100\% \approx 88.3\%$$

$$平均房价 = \frac{客房总收入}{已出租客房数}$$

$$= \frac{390 \times 850 + 390 \times 800 + 450 \times 400 + 450 \times 380 + 550 \times 120 + 600 \times 100}{850+800+400+380+120+100}$$

$$\approx 423(元)$$

每间可供出租客房收入 = 平均房价 × 客房出租率 = 423 × 88.3% = 373.5(元)

$$收益率 = \frac{实际客房收入}{理想客房收入} \times 100\%$$

$$= \frac{390 \times 850 + 390 \times 800 + 450 \times 400 + 450 \times 380 + 550 \times 120 + 600 \times 100}{450 \times 850 + 450 \times 800 + 520 \times 400 + 520 \times 380 + 630 \times 120 + 690 \times 100} \times 100\%$$

$$\approx 86.7\%$$

$$\text{市场渗透指数} = \frac{\text{酒店平均客房出租率}}{\text{目标市场平均客房出租率}} \times 100\% = \frac{88.3\%}{78\%} \times 100\% \approx 113.2\%$$

$$\text{平均房价指数} = \frac{\text{酒店平均房价}}{\text{目标市场平均房价}} \times 100\% = \frac{423}{410} \times 100\% \approx 103.2\%$$

$$\text{收益产生指数} = \frac{\text{酒店每间可供出租客房收入}}{\text{目标市场每间可供出租客房收入}} \times 100\% = \frac{423 \times 88.3\%}{410 \times 78\%} \approx 116.8\%$$

步骤 3：提交收益结果。

张旭将计算后的收益结果提交给了收益经理。

小组训练

将班级每 5 名学生分为一组，每组确定 1 名负责人，完成表 1-12 所示的小组训练。

表 1-12 小组训练（3）

训练名称	蓝图酒店收益问题大发现	
训练目的	引导学生理论联系实际，关注酒店实际收益管理报表，分析数据背后所反映出的问题。在讨论和撰写报告的过程中，训练学生的团队意识，同时加深其对收益管理指标的认识，培养其相应的专业能力与职业核心能力	
训练内容	以下是蓝图酒店今年 7 月的收益管理报表，请利用所学的收益指标，分析该酒店存在的问题	
	出租率（包括体验房）/%	18.13
	出租率（不包括体验房 & 自用房）/%	17.82
	出租率（不包括维修房）/%	18.87
	平均房价（包括体验房）/元	320.60
	平均房价（不包括体验房 & 自用房）/元	326.03
	住店客人平均消费/元	174.87
	每间可供出租客房收入（不包含维修房）/元	60.49
	每间可供出租客房收入/元	58.11
	市场渗透率/%	73.5
	平均房价/元	54.7
训练步骤	（1）小组成员通过结合所学知识，分析报表中所反映出的问题； （2）撰写一篇问题报告； （3）各组在班内进行交流、讨论	
成果形式	撰写一篇题目为《蓝图酒店收益问题之我见》的分析报告	

学习小结

本项目主要介绍了收益管理的起源、发展、实施意义及收益管理的五要素和常用指标等基础知识，知识结构如图 1-8 所示。

由于酒店具备产品数量固定且具有时效性、高固定成本和低变动成本、拥有不同的细

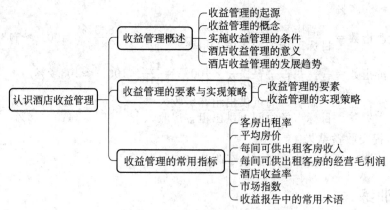

图 1-8　项目 1 知识结构

分市场、产品可提前预订、用户需求的波动性较大五个特点,这些特点均与收益管理理论和技术手段相适应。因此,酒店业是适合实施收益管理的行业之一。酒店收益管理是酒店获得增收利益最大化的重要途径之一。酒店通过对收益管理五要素——产品、时间、客户、价格、渠道的调整,从而实现酒店收益最大化。

酒店收益管理工作的核心主要体现在两个方面:一是酒店市场处于供过于求时,其主要任务是最大限度地减少现有存量资源的闲置与浪费;二是酒店市场处于过度需求时,有效地进行资源分配与价格优化,从而实现酒店收益最大化。

习近平总书记在新进中央委员会的委员、候补委员和省部级主要领导干部学习贯彻习近平新时代中国特色社会主义思想和党的十九大精神研讨班开班式上发表重要讲话时引用"知责任者,大丈夫之始也;行责任者,大丈夫之终也"。这句话出自梁启超的《呵旁观者文》,意思是说,认识到责任,是成为大丈夫的前提条件;承担责任,才能成为大丈夫。作为酒店收益管理从业者,需要勇于承担岗位赋予的职责,利用收益管理策略尽可能地为酒店积极创造收益。

学习测试

一、单项选择题

1. 收益管理理论最早起源于(　　)。
   A. 航空业　　　　　　　　　　B. 餐饮业
   C. 钢铁制造业　　　　　　　　D. 信息技术业
2. 以下不属于市场指数的是(　　)。
   A. 市场渗透指数　　　　　　　B. 平均房价指数
   C. 收益产生指数　　　　　　　D. 市场份额指数
3. 衡量酒店营收的(　　)代表的是每间可供出租客房的收入。
   A. OCC　　　　B. ADR　　　　C. RevPAR　　　　D. ARI

4. 以下不属于收益管理五要素的是( )。
   A. 产品　　　　　　B. 客户　　　　　　C. 渠道　　　　　　D. 促销
5. 衡量酒店营收的 ARI 指的是( )。
   A. 市场渗透指数　　B. 平均房价指数　　C. 收益率　　　　　D. 出租率

二、简答题

1. 简述收益管理的概念。
2. 实施收益管理有什么意义？
3. 衡量酒店收益管理的指标有什么？

请每位同学阅读案例，以团队为单位对案例进行讨论，完成案例后面的问题。

度假酒店该如何做好收益管理

近几年，滑雪和海滩等度假胜地的度假酒店表现更为坚韧。因为相较于紧凑型、小型的酒店，这些度假旅游目的地的酒店能为旅客提供更大的空间。拥有多个分区的度假村，设有独立小木屋的滑雪胜地或是滨海度假区，都能够为旅客提供更宽敞的空间，让他们可以与家人一同出门度假，同时还能与陌生人保持社交距离。

西班牙酒店集团 Palladium Hotel 的收益管理总监 Diego De Ponga 表示："人们现在很害怕进入封闭的空间和高楼大厦。我们度假村空间开阔，能够保障旅客之间的安全距离，这将成为我们的一大卖点。这也是加勒比地区度假村的核心关注点。"

由于度假区涉及很多房型，而且每个季节的客房需求都有变化，甚至在短期内会有很大波动，所以收益管理就会变得更复杂，也会面临一系列挑战。

在当前充满不确定性的情况下，度假村该如何实现收益增长？它们最应该关注哪些策略？如何保障运营系统能够适应新市场？

1. 管理辅营收入

对于酒店来说，RevPAR 仍然是衡量收益的首要标准。但如今，酒店业需要衡量整体的收益。

很多度假酒店的定价并非仅以客房需求为依据，它们也需要考虑非客房收入来源，例如，高尔夫和水疗服务的收入，以及餐饮收入；如果是在滑雪胜地，还需要考虑滑雪通票和缆车票的收入。度假胜地 Boyne Resorts 的收益策略及业务拓展副总裁 Michael Anselmi 解释了如何计算这些收益。

"我们客人的平均入住时间是 4 天，所以针对第 5 天，我们可能会提供折扣，或是根据部分项目的条件，免除第五天或第六天的费用。既然我们还没有达到这个平均值，那就需要努力推一把。如果有人入住 6 天，我们就会赠送一张缆车票，或是设备租赁券，也可能是两张餐券。"

酒店运营商要想盈利，就必须更了解自己的业务，制定出更完善的收益管理系统，关

注所有核心业务,而不只是客房收益。

2. 了解不同季节的需求

很多度假酒店都会分别针对淡季和旺季制定不同的房价。但是现在,旅客的需求和消费模式发生了很大变化,度假酒店需要以更加灵活的方式来应对市场变化。当下,旅客需求更加不稳定。要想取得成功,度假酒店必须寻找新机会,开拓新市场。

2020年2月,西班牙度假酒店集团 Helios Hotels 在马略卡岛开设了一家新的酒店。当时正好赶上了旅游旺季,而且其客群之一是骑自行车的旅客,地中海沿岸的自行车季也是从2月开始。

度假酒店要提高入住率,就需要采用开放的定价机制。从多方面分析市场需求,包括网站流量和第三方数据,从而更准确地预测市场需求,在定价时也更有信心。如果度假酒店能够进行短期预测,就可以快速响应市场需求的变化。

3. 提升旅客忠诚度

旅客在预订客房时,要确保自己能够得到安全保障。让新老旅客知晓酒店在采取新的卫生措施,以及将如何确保旅客安全,这样可以直接推动业务增长。既然旅客已经对产品产生了兴趣,那么酒店要做的就是,尽量让旅客放心。

今年夏天,Helios Hotels 通过多个点评网站的用户生成内容进行营销,帮助酒店拓展直接业务。Helios Hotels 的首席商务官 Kris Vanaerschot 表示,旅客开始谈论酒店给他们带来的安全感,他们也很享受整个假期。"很快,用户点评在不同线上平台传播开来。这是我们今年夏天相对成功的一点。"一旦获得旅客信任,酒店就要想办法利用机会,以创新的方式吸引他们再次入住,或是入住自己旗下的其他酒店。

4. 针对不同房型定价

度假酒店通常有多种房型,包括普通客房、套房、别墅、小木屋等。为了能够让旅客与家人共度美好时光的酒店,可以根据房型制定有竞争力的价格。

酒店咨询公司 Moore Hotel Consulting 的创始人 Jutta Moore 表示,从级别较高的房型开始销售,也是一种非常成功的策略。这样对提升 ADR 有很大的帮助,即使入住率很低,也能保障收益水平。

5. 根据人数定价

度假酒店应该考虑通过应用程序将每人价格设置为固定价格或房价的百分比。对于定价结构中包含餐饮的度假酒店来说,这种机制尤为实用。例如,有的酒店提供 half board(含早晚餐),有的酒店提供 full board(含三餐)等。鉴于单人入住比双人入住的消费要低得多,酒店可以依此制定具有竞争力的价格。同样,能够容纳一家四口的亲子房在餐饮上的消费会更多,同时酒店需要做的清洁工作也要比两间双人房更少。酒店如果能明白这一点,也可以创造更高的收益。

6. 自动化

在自动化系统的帮助下,收益管理团队能够充分利用有限的资源完成日常运营,从而将精力放在更具战略意义的事情上。

(资料来源:环球旅讯.度假酒店收益管理的六大策略,迎战2021[EB/OL].[2020-12-23]. https://www.traveldaily.cn/article/142384.)

请结合案例回答以下问题。

1. 案例中 Palladium Hotel 都采取了哪些方式进行收益管理?
2. Palladium Hotel 最吸引你的措施是什么?为什么?
3. 城市酒店可以采取哪些收益管理的方式?
4. 通过 Palladium Hotel 一系列的措施,给了你哪些启示?

学 习 评 价

	能/否	准确程度	评价目标	评价类型
通过本项目学习,你			了解收益管理的起源、概念和意义	专业知识评价
			熟悉收益管理的应用场景及常用的管理工具	
			理解收益管理的基本要素和实现策略	
			掌握衡量收益管理的常用指标	
			识别收益管理的应用场景	专业能力评价
			描述酒店收益管理的基本要素	
			运用收益管理常用指标进行简单计算	
			具备初步的收益管理意识	素质学习评价
			培养严谨细致的工作作风	
			树立积极为酒店创造收益的敬业态度	

自评人(签字)	教师(签字)
年 月 日	年 月 日

项目 2 酒店市场分析

📋 学习目标

知识目标

- 理解酒店市场的基本概念。
- 理解酒店市场细分的作用和原则。
- 熟悉酒店常见的细分市场。
- 掌握酒店细分市场的策略。
- 掌握竞争环境分析的方法。

能力目标

- 根据细分市场的原则,细分酒店市场。
- 结合不同细分市场的特点,采用恰当的细分市场策略。
- 依据环境分析方法,分析酒店的竞争环境。

素养目标

- 培养市场洞察力,善于分析细分市场的消费特点。
- 树立科学严谨的市场调查意识。
- 培养遵规守法的职业操守,合法合规地获取竞争对手信息。

学习导引

任务 1　酒店竞争环境分析

任务描述

收益经理说:"优秀的从业人员要利用多个渠道了解市场的竞争对手,合法合规地获取对手信息。"他让张旭了解本市内的酒店,并且选出竞争对手,获得它们的基本信息和动态信息,从而分析竞争对手的数据。

任务描述

任务分析

张旭通过地图 App 找到了市内上百家酒店,他认为,尽管市内酒店这么多,但它们并非都是自己的竞争对手。于是,他回顾所学的竞争环境分析知识,对找出的上百家酒店进行筛选。

知识准备

一般市场都存在竞争,竞争是酒店经营环境的重要因素之一。随着酒店业的日益发展,酒店业的竞争也日趋激烈,不同的竞争形势会对酒店收益管理策略产生不同的影响。

酒店收益管理不仅要实时关注自身的出租率、平均房价等指标,还需要密切留意市场环境变化,进行竞争环境分析。酒店竞争环境分析主要包括以下几个方面。

2.1.1　明确竞争对手

综合分析竞争环境,最重要的是明确竞争对手,竞争对手包括目前和潜在的竞争对手。只有如此,酒店的竞争分析工作才能有的放矢,制定出来的收益管理策略才有可能行之有效。酒店的竞争对手可以从以下几个方面确定。

1. 酒店的星级或档次

新版《旅游饭店星级的划分与评定》规定了每家星级酒店的软件和硬件要求。例如,五星级酒店的评定标准要求酒店包含中、西餐厅各一处;客房装修豪华;包含至少两处会议设施;配备康体设施和服务等。因此,酒店的星级反映了产品质量、服务质量和价格等多个方面。

2. 酒店的地理位置

身处同一个商圈或者相近地段的星级酒店往往会选择类似的目标客户群体。例如,在市区的商务酒店,其目标群体主要是商务客人;坐落在风景优美的观光胜地的酒店,其目标群体主要是以旅游度假的客人为主。

3. 酒店硬件设施

虽然酒店的星级划分标准会对酒店的软硬件有相应规定,但是这些标准只是明确达到这个星级的最低要求,每家酒店在标准之上还会有自身的优势和特点。例如一些硬件设施,其中包含酒店可卖房数量和房型、宴会厅的面积、酒店餐厅的餐位数等,这些因素往往也会决定酒店的竞争对象。

4. 酒店的客源结构

相同或相似的酒店客户结构直接决定酒店的直接竞争对手。面对有限的目标市场,每个酒店都想极力扩大自身的市场份额,提高市场占有率。

除了以上几个方面,酒店选择竞争对手时还需要考虑以下因素,如表2-1所示,拥有越多相似的属性,越是酒店的潜在竞争对手。

表2-1 选择竞争对手时需要考虑的因素

静态因素	动态因素	第三方平台
外观	营销战略	价格
开业时间	渠道运营	好评度
装修时间	促销活动的推广	销售数量
内部装修奢华度		访问量
早餐配备情况		
配套服务		

2.1.2 获取竞争对手信息

获取竞争对手信息有助于酒店对比分析自身的优劣势,从而可以采取有效的策略提升酒店的竞争力。获取信息常用的途径有以下几种。

1. 酒店官网和实际调研

基本信息往往都会公布在酒店的官方网站或者其他宣传资料中,所以这一类信息比较容易获取。

2. 与客人交流

有目的性地与客人开展沟通交流活动,了解竞争对手情况。例如,询问客人之前在本城市是否入住过其他酒店?如果有,进一步了解那些酒店最吸引客人的是什么?有哪些方面不满意?

3. 数据交换

酒店经常会将自己与竞争对手的数据进行交换,从而获得对方的信息。这是酒店最普遍采用的方式,它是建立在双方平等交换的基础之上。这种方法的优点是时效性强,通过交换可以及时获知对方的运营数据。此外,为了提高数据的真实性,酒店可以从多家竞争对手中获取。例如,你的酒店与 A、B、C 三家酒店进行交换数据,除了从 A 酒店了解其经营数据外,还可以从 B、C 两家酒店侧面来了解 A 酒店的经营情况。

4. 第三方平台

随着互联网的完善,在携程、美团等平台上,也可以监测到竞争对手的实时房价以及客房销售情况。竞争对手某一个房型关闭了或者调价了,都能够表明对手当前的客房销售情况。此外,在第三方平台还可以关注区域内其他酒店的客人评价反馈,掌握客人在该区域入住时最关注的问题,从而发现自身和对手的优势和不足。以下就是某酒店在携程旅行网的客户反馈,如图 2-1 所示。

图 2-1　某酒店在携程旅行网的客户反馈

酒店还可以借助线上平台工具获取竞争对手信息。例如,美团点评网为入驻商家提供"公明收益"工具,该工具包含市场需求热度、收益早报、收益智评、收益优品四个模块。收益早报中,商家可以看到自家酒店的每日流量、支付转化率、每日支付金额、每日平均房价等数据信息。此外,报告中会排列自家酒店与竞争对手的名次,例如酒店每日交易、销售额、平均房价和每日流量等数据排名,如图 2-2 所示。

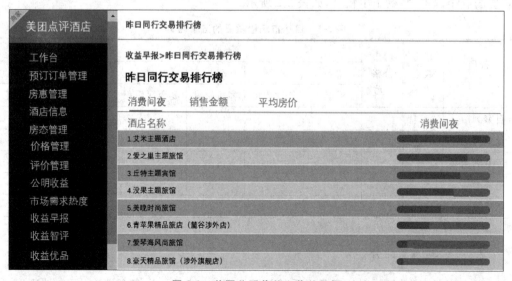

图 2-2　美团公明收益之收益早报

在收益智评这个模块中,还会呈现自身和竞争对手在不同OTA平台上的顾客评分和评价,如图2-3所示,更方便酒店进一步获取竞争对手信息,实现酒店之间的对标管理。

图2-3 美团公明收益工具之收益智评

2.1.3 分析竞争对手的数据

价值评估法是分析竞争对手数据最常用的方法,具体操作步骤如下。

1. 确定影响目标市场的因素

结合酒店市场定位以及目标客人的特点,确定多个影响因素,同时将每个因素根据客人的重视程度赋予不同的权重。以下是某商务酒店结合自身市场定位确定的目标市场最重要的五个因素,并赋予了权重,如表2-2所示。

表2-2 目标市场最重要的五个因素

价值评估	客房数量/间	门市价格/元	影响权重					总计
			20%	20%	20%	10%	30%	100%
			位置	餐饮质量	客房质量	宴会厅面积	宴会服务	总体价值
自家酒店								
竞争酒店1								
竞争酒店2								
竞争酒店3								
竞争酒店4								

2. 对影响因素评分

以自家酒店为标准,对比竞争对手的相关因素,将结果分为多个档次,每个档次赋予不同的分数。例如,图 2-4 就是酒店对餐饮质量因素划分的六个档次,并赋予不同的分数。其他因素也采用相同的方法。

3. 计算竞争酒店总体价值

根据评分,通过加权平均法计算竞争酒店总体价值。如果该价值为正,说明竞争酒店比自家酒店更有优势,反之竞争酒店处于劣势。

	极好	+3
	好	+2
	略好	+1
本酒店	略差	−1
	差	−2
	极差	−3

图 2-4　酒店对餐饮质量因素划分

4. 绘制竞争酒店的价值评估坐标系

表 2-3 是竞争酒店的价值评估信息,可以以横轴为总体价值评估分,纵轴为门市价格,绘制竞争对手在象限中的竞争位置。如图 2-5 所示,自家酒店处于原点位置,结合竞争酒店 1~4 门市价格和总体价值评估分,将其填到坐标系的相应象限里面。其中,象限一代表产品好、价格高,会对酒店产生一定威胁,但是其价格高。象限二的竞争酒店往往不会对自身酒店产生威胁。象限三的竞争酒店可能会对自家酒店构成较小威胁,虽然这个象限的酒店产品质量略低,但是价格比较便宜,一些价格比较敏感的客人可能会选择这一类的酒店。象限四的竞争酒店是需要引起重视的,这些酒店的产品好,价格还便宜,往往是客人青睐的酒店,因而其所造成的威胁比较大。如果自家酒店每日出租率稳定且较高,对未来需求预测比较乐观,此区域的威胁相对来说就不是很大;如果自家酒店出租率比较低,则需要格外关注这个区域的竞争对手。

表 2-3　价值评估信息

评估项	客房数量/间	门市价格/元	影响权重					总计
			20%	20%	20%	10%	30%	100%
			位置	餐饮质量	客房质量	宴会厅面积	宴会服务	总体价值
自家酒店	150	300	—	—	—	—	—	—
竞争酒店 1	80	280	2	1	−3	−1	2	0.5
竞争酒店 2	100	310	−1	2	−1	0	−1	−0.3
竞争酒店 3	200	340	3	3	3	3	3	3
竞争酒店 4	180	270	−1	−1	−1	−3	0	−0.9

坐标系中的各个酒店的位置不是静止不动的,而是随着环境的变化而变化的。例如,当自家酒店把价格提升到 350 元,此时各个竞争酒店在坐标系中的位置也会随之发生变化。除了使用以上价值评估法,酒店还可以根据第三方平台提供的辅助数据,对比自家酒店与竞争酒店的实力。常见的第三方平台辅助数据有携程网推出的 PSI 服务质量分,飞猪网推出的 MCI 指数等。这些平台除了利用单一客户点评之外,还会结合酒店的多项维度指标进行评分。以携程为例,携程 PSI 服务质量评分的全称是 Property Service Index,它代表酒店在携程平台的流量竞争力,总分越高,流量获取能力就越强。分数由三部分构成:基础分、奖励分和惩罚分,如图 2-6 所示。

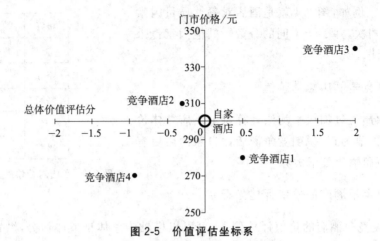

图 2-5 价值评估坐标系

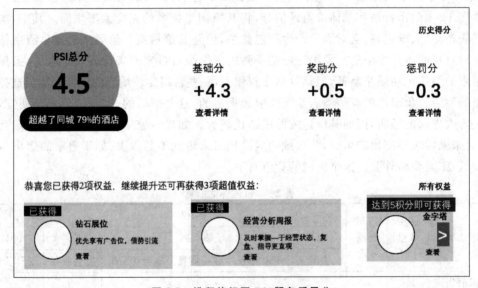

图 2-6 携程旅行网 PSI 服务质量分

（1）基础分。考核酒店基础质量和经营状况，本项分数由 8 项基础指标分值的平均分数构成。分数越高，基础质量和经营状况越好。考核的范围包括历史产量、历史营业额、即时确认率、定价评分、房态良好度、点评分、信息分和取消政策。每项最高分值为 5 分，最低分值为 0 分。

（2）奖励分。考核酒店参与阶段性平台政策活动的情况。首期奖励任务主要包括优享会、权益云、联合会员等平台主推的任务。后续还将根据酒店星级做个性化区分，并至少每个月进行一次任务的更新。酒店可以自主选择领取任务，在完成任务后将自动发放奖励。

（3）惩罚分。考核酒店诚信度及服务质量，主要用于监督酒店是否遵守平台规定塑造良好的平台经营环境。其考核项目主要包括原有服务质量分扣分项目和原有商户诚信分扣分项目。其中服务缺陷扣分项目主要考核服务缺陷等级，根据不同服务缺陷等级将有不同程度的扣分；而诚信缺陷扣分项目则沿用现有商户诚信分扣分标准不变，主要包括欠债、欠发票、客人投诉等诚信违规行为。

任务实施

张旭分析滨海花园酒店竞争对手的步骤如图 2-7 所示。

明确竞争对手并获得对方信息 → 与竞争对手对比优劣势,并对提升酒店的收益提出建议

图 2-7 分析滨海花园酒店竞争对手的步骤

步骤 1:明确竞争对手并获得对方信息。

张旭结合酒店星级档次、位置、硬件设施、客源结构四个方面,对市内上百家酒店进行筛选,最后确定了以下五家酒店,酒店甲、乙、丙、丁、戊。然后通过多种渠道获得了竞争对手的信息如表 2-4 所示。

表 2-4 市内五家酒店房价与顾客评分

酒店名称	客房数量/间	开业时间	星级	餐厅数量/间	宴会厅面积/m²	7月客房平均价格/元	7月平均出租率/%	RevPAR/元	OTA顾客评分
滨海花园	100	2018年10月	四星	2	600	460	90	414	4.4
酒店甲	120	2019年9月	未评	3	500	582	87	506.34	4.3
酒店乙	90	2016年10月	四星	2	无	365	93	339.45	4.7
酒店丙	180	2018年5月	四星	2	600	420	89	373.8	4.4
酒店丁	230	2020年6月	四星	2	1 000	548	82	449.36	4.8
酒店戊	80	2021年4月	未评	2	800	418	76	317.68	4.5

步骤 2:与竞争对手对比优劣势,并对提升酒店的收益提出建议。

通过对比,张旭发现滨海花园酒店与竞争对手相比,整体处在中游水平,其中出租率排名第二,基础房型价格排名第二,每间可卖房的收入排名第三,OTA 顾客评分排名并列第五。张旭认为接下来酒店需要提升 RevPAR,提高对 OTA 市场的重视以及进一步提升酒店出租率。

小组训练

将班级每 5 名学生分为一组,每组确定 1 位负责人,完成表 2-5 所示的小组训练。

表 2-5 小组训练(4)

训练名称	酒店市场小调查
训练目的	引导学生多关注当地酒店市场相关信息,积极参与获取酒店信息的实践锻炼。在讨论和撰写报告的过程中,训练学生的团队意识,同时提高他们获取酒店信息的能力。通过践行职业道德规范,促进其塑造健全的职业人格

续表

训练内容	价值评估	客房数量/间	门市价格/元	影响权重			总计
							100% 总体价值
	酒店1						
	酒店2						
	酒店3						
	酒店4						
训练步骤	(1) 小组成员通过查阅线上资料、实地考察等方式搜集酒店信息； (2) 制作PPT的考察汇报； (3) 各组在班内交流讨论						
成果形式	制作题目为《酒店竞争环境分析——当地酒店考察汇报》的PPT						

任务2 酒店市场细分的原则与方法

任务描述

收益经理给张旭发了一篇名为《卡洛尔太太和她的理发店》的小故事，让张旭阅读并思考卡洛尔太太收入提升的关键是什么。

任务描述

卡洛尔太太在乡下小镇上经营一家小小的理发店，由于手艺精湛，很受当地人欢迎。但是，这家小店没有其他理发师，周末的时候常常要排两个小时的队才能等到服务。因此，许多人并不愿意光顾她的理发店。罗伯特先生就是其中的一位，由于工作在外，他只有周六上午可以用来理发，虽然很欣赏卡洛尔太太的手艺，但紧张的时间安排让他无法接受长时间的等待。罗伯特先生也曾劝说卡洛尔太太接受预约安排，但卡洛尔太太担心这样会疏远顾客，不愿意改变目前的经营状况。于是，罗伯特先生同她一起详细地分析了理发店面临的问题：

理发店在周末过于拥挤，但是星期二却很少有顾客来；

一些工作繁忙的顾客只会在周末来理发，而其他退休的或上学的顾客可以在一周的任何一天来理发；

卡洛尔太太在周末损失了不少顾客；

理发店租金等费用在增长，但是许多顾客并不认可理发价格应因此而提高；

卡洛尔太太考虑过再增加一把椅子和一个兼职理发师，但是她不知道这样需要花费多少钱，又能增加多少收入。

根据上面的分析,罗伯特先生提出,应当提高周末的价格而降低周二的价格。原因是有些顾客情愿多花点钱换取周末的便利,而另一些顾客为了节省点钱也会乐意在周二来理发。用收益管理的术语来讲,叫认清细分市场上顾客对价格与便利的取舍。

开始,卡洛尔太太不太情愿这样做,她认为自己提供了相同的服务,不应根据服务时间的不同来设定不同的价格。但后来的一件事让她改变了自己的想法。有个周末,卡洛尔太太正在为罗伯特先生理发,有一个人站在门口不断张望,当他看到等候室里坐满人时,摇摇头走开了。罗伯特先生问:"他是你的老顾客吗?""不是。"卡洛尔太太回答。"那么,"罗伯特先生说,"他今天将找到另外一位理发师,如果不是手艺特别糟,他将再也不会到你这里来。你不只是今天失去了一个顾客,而是永远失去了这位顾客。"听到这里,卡洛尔太太决定实行改革。

卡洛尔太太将周末的价格调高了20%,同时把周二的价格降低了20%。结果,原本喜欢在周末等候聊天的退休老人和带小孩的母亲大都改成了在周二理发,周二生意不再冷清;匀出的周末时间,可以服务更多情愿多花点钱换取时间便利的客人,那些摇头离去的顾客又被吸引了回来。一年后,卡洛尔太太惊喜地发现,理发店收入增长了20%。

(资料来源:鸿鹄. 卡洛尔太太的理发店[EB/OL]. [2015-08-13]. http://www.hqrms.com/Article/news/id/106.)

张旭认为卡洛尔太太提升收入的关键在于其对现有市场进行细分。收益经理说:"哲学上说,任何事物背后都存在着普遍性的规律。消费者数量成千上万,但他们的消费特点都有自身的规律性。"他让张旭分析去年酒店的细分市场特点,并提交细分市场报告。

任务分析

张旭从系统中调取去年全年酒店的客房市场销售信息,他发现里面客人的项目信息太多,所以他需要了解酒店市场细分的原则和方法,才能对细分市场信息进行筛选。

知识准备

在现实中,没有任何一家酒店可以迎合所有市场群体的需求,它只能选择特定的目标市场,并为其提供产品或服务。企业确定目标群体的前提是对市场细分。随着竞争的加剧,如何获得目标市场的青睐,避免酒店产品、设施闲置,是所有酒店收益管理部门的首要任务。

2.2.1 市场细分的概念

实现收益管理的基础是市场可以进一步细分。通过市场细分,经营管理者对顾客需求进行分析,依据顾客需求和支付意愿等特点,借助价格杠杆,将同样的产品或服务,出售给适合的消费者。

市场细分是对顾客进行分类的过程,是酒店对市场上的顾客群体以某种标准进行分类,例如顾客在需求、购买动机及其购买行为方面的差异,从而将市场划分为具有某种相似特征的消费群体的过程。酒店市场细分是指酒店根据顾客需求和欲望、购买行为和购

买习惯等方面的差异,将整体酒店市场分为若干不同类别的子市场的过程,目的是让酒店有效地分配和使用有限的资源来满足既定的酒店目标市场需求。目前知名的酒店集团往往会采用多品牌战略,其主要目的就是迎合不同细分市场的需求,以国内酒店品牌华住酒店集团为例,它旗下的品牌超过 20 个,覆盖高档、中高档、中档和经济型四大目标市场,其中每个市场又有不同品牌满足各类客户需求。

知识链接

同质市场和异质市场

市场营销学认为市场可以分为"同质市场"和"异质市场"。所谓同质市场,即消费者对商品的需要、欲望、购买行为以及对企业营销策略的反应等方面具有基本相同或极为相似的一致性。例如食盐、糖、粮油这种产品,其市场需求基本上没有太大的差异。相反,如果消费者的需求有明显的差异,这种市场就是异质市场。在现实生活中,绝大部分市场是属于需求有明显差异的市场,酒店市场就是非常典型的异质市场。随着人们生活水平的逐年提高,人们对出行住宿的需要类型不断增多,如奢华酒店、亲子酒店、精品酒店等。

2.2.2 酒店市场细分的作用

1. 有助于酒店发现营销机会

酒店通过运用市场细分的方法了解顾客的行为特点和潜在需求,从而发现营销机会。在"卡洛尔太太和她的理发店"的故事中,卡洛尔太太在没有细分市场之前,只知道周末门庭若市,各种类型的客人都会光顾,然而周二却门可罗雀。最初看来,她的顾客所组成的市场是一个"混沌的总体"。这些消费者都是集多种特征于一身,且呈现高度复杂性。在罗伯特先生帮助下,她把丰富的市场内部结构一层层地剥离开来,发现其中的规律。具体如表 2-6 所示。

表 2-6 卡洛尔太太理发店的细分市场

市场类型	行为特点
老人、儿童、学生	价格敏感、时间灵活
白领、个体老板	价格不敏感、等候时间有限、反感排队

卡洛尔太太通过划分理发人群,从中找到了营销机会。

2. 有助于酒店有针对性地开展营销活动

目前酒店营销策略组合是由产品策略、价格策略、渠道策略和促销策略组成。当酒店通过细分市场确定自己的目标顾客群体时,酒店就会利用自身的优势集中资源,并有针对性地采取营销策略。这样做既节省了成本,又提高了效率。

目前中国酒店行业以非连锁单体酒店为主,单体酒店具有资源有限、抗风险能力弱和灵活性强的特点。市场细分对单体酒店而言意义重大,单体酒店易于发现某些未满足的市场,并且能够迅速调整经营方向,拾遗补阙,在行业中求得生存和发展的机会。

案例分享

某酒店的细分市场

某酒店某日客房销售如表2-7所示。

表2-7 某酒店某日客房销售

类别	占用房间数量/间	房价/元	收入/元
未细分的酒店市场	300	400	120 000

之后酒店就市场组合进行相关调整,具体分配如表2-8所示。

表2-8 某酒店调整后的三个细分市场

细分市场	占用房间数量/间	平均房价/元	收入/元
公司协议客人	100	400	40 000
旅游散客	150	500	75 000
旅游团队	50	300	15 000
总计	300	—	130 000

同样是300间客房,调整之后的收入比调整之前多出10 000元,通过对细分市场组合的优化,提升了酒店收入。

在酒店收益管理五要素中,酒店目标市场即酒店客户,是其中的要素之一,酒店其他四个要素都是在酒店目标市场的基础上演化而来的。因此,酒店要选择和确立目标市场,前提是要对市场进行细分,有了细分市场,才能为寻找目标市场提供条件,从而让差异化市场策略实施成为现实。

酒店需要在细分市场的基础上,把握消费者的消费偏好、消费习惯以及支付能力,从而对顾客实行差异化定价,把一部分产品留给最具有价值的顾客,提高酒店收益,最终在竞争中赢得利润。这一部分内容我们将在本项目任务3中详细讲解。

2.2.3 酒店市场细分原则

酒店可根据单一因素对市场进行细分,也可根据多个因素对市场进行细分。选用的细分标准越多,相应的子市场也就越多,每个子市场的容量则相对较小。相反,选用的细分标准越少,相应的子市场就越少,每个子市场的容量则相对较大。如何寻找合适的细分标准,对酒店市场进行有效细分,在营销实践中并非易事。一般而言,成功、有效的市场细分应遵循以下五个基本原则。

1. 可衡量性原则

可衡量性原则是指在每一个细分市场都具有明显的需求差异,并且这些差异可以用明确的指标进行衡量。例如,在酒店行业,细分市场可以表现在根据客人工作日或休息日入住酒店,将其细分为商务客人和度假客人。同时有些市场不适合酒店去细分,例如儿童市场。酒店很难去判断儿童的消费金额和入住人数,因为儿童不具备独立的购买能力。

2. 可进入性原则

可进入性原则是指酒店能够触达细分市场并为之有效服务的程度。细分出来的市场应是酒店营销活动能够触达的市场,抑或是酒店通过努力能够使其产品进入并对顾客施加影响的市场。

3. 稳定性原则

稳定性原则是指细分市场需要在一定时期内保持着稳定性,一般为3~5年。只有这样才能让酒店的营销具有意义。在酒店建设期间,如果细分市场发生了根本性变化,这对于酒店来说是致命性的打击,酒店将无法从这一细分市场再次获利。例如,北京冬奥会吸引了大批体育爱好者到场观看,北京的酒店也会因此接待大批观看奥运盛会的游客。同时,这批体育爱好者也会因为赛事的结束而离开,甚至接下来也不会再次光顾。因此,酒店不可能将这部分住客当作特定的细分市场来运营。

4. 可赢利性原则

可赢利性原则即细分出来的市场,其容量或规模要大到足以使酒店获利。进行市场细分时,企业必须考虑细分市场上顾客的数量,以及他们的购买能力和购买产品的频率。如果细分市场的规模过小,细分工作烦琐,成本耗费大,获利小,就不值得去细分。

5. 竞争优势原则

酒店进行市场细分的目的就是在于最终进入某个或某几个细分市场。在细分市场中,对于细分出来的市场,酒店应当分别制定出独立的营销方案。例如酒店定位年轻消费群体,可以有别于竞争对手,在酒店设施方面采用更多智能化的设备,从而增加对目标群体的吸引力,突出自身的优势地位,以此提高酒店的盈利能力。

头脑风暴

近日,西安一位90多岁的老奶奶蔡秀琴成了新闻人物,她入住酒店10天后,产生了"酒店养老"的想法,最终决定在酒店里安享晚年。作为一种新型养老方式,银发群体开始入住酒店,度过晚年生活。

你认为酒店是否应该将银发群体作为细分市场之一?酒店又该如何服务好这一类市场呢?

2.2.4 酒店市场细分的方法

酒店行业的市场细分是依据顾客对酒店产品需求的差异性,进一步将市场划分为若干个具有不同需求特征的子市场。那么应该如何对顾客进行划分呢?酒店管理中通常将顾客从人口因素、地域因素、顾客规模和来源三个方面对市场进行细分。

1. 人口因素

人口因素是酒店行业常用的市场细分标准。人口因素的差异性直接影响顾客消费需求,同时这些因素可以被容易辨认和衡量。酒店常见的人口因素如表2-9所示。

表2-9 人口因素

细分因素	细分市场	说明
性别	男性、女性	性别影响顾客对酒店产品的需求、购买行为、购买动机、购买角色等方面,例如,女性顾客对价格的反应比男性更加敏感。女性比男性更加注重酒店的人身财产安全保障。男性客人更加注重酒店的功能性
年龄	儿童、少年、青年、中年、老年	人们在不同年龄阶段,由于生理、性格、爱好的变化,对酒店产品的需求往往有很大的差别
收入	高收入、次高收入、中等收入、次低收入、低收入	收入水平反映消费者的支付能力,从而决定购买酒店产品的性质,还会影响其购买行为和购买习惯。调查显示,咖啡是中高收入人群入住酒店所偏爱的一种饮品,同时这部分人对面包甜点、中餐、西餐也表现出了较高程度的喜爱
社会阶层	工薪阶层、中产阶层、精英阶层	顾客受所处的阶层环境影响,其兴趣、生活方式、文化素养、价值观念、审美偏好等方面都会有所不同,从而引起对酒店产品的需求、购买行为及购买习惯的差异
家庭生命周期	单身阶段、恋爱阶段、新婚阶段、育儿阶段、空巢阶段	家庭的每一个阶段决定了消费者的消费习惯和消费需求。对于恋爱和新婚阶段的顾客来说,他们更加看重酒店的功能性,例如客房的景观、酒店的设施。在育儿阶段的客人则更看重酒店为儿童提供的特色产品,例如亲子客房

案例分享

酒店关注女性经济

国内近几年中高端酒店市场备受热捧,酒店的发展与女性经济的发展可谓关系密切。调查显示:一个人住酒店时,女性比男性更舍得花钱,倾向于入住档次更高的酒店,女性选择4星、5星酒店的比例高达38.5%;在家庭游市场,超过7成的家庭出游消费决策由女性做主,其中"70后""80后"女性更是主导者。全球权威商务旅行协会GBTA在2019年发布的研究表明:83%的女性商务旅客去年在商务活动或旅行中遭遇安全问题或事件。女性在酒店住宿中其实是有被提供更多安全保障的需求的。

从酒店用品的选择上，洗浴用品、香薰、吹风机等，到公共区域的设置上，如文化空间、瑜伽健身等，都能看到市场在努力迎合女性消费者的需求。

厦门艾美酒店的女士楼层中，专门配备有女性服务员和女性安保人员，还可根据客人要求，安排女性随从照料。女士楼层包含有32间不同房型的客房，酒店除了提供低卡路里的健康食谱餐饮服务、瑜伽垫和亲肤洗浴套装，还在此楼层提供柔软舒适的羊毛袜、丝质衣架和各式浴盐等。

杭州黄龙饭店设置女士专属楼层，配备"女性服务员""女性安保员"以及"只准许女性进入"三道门槛，确保了女性顾客的安全。另外，套房的衣橱内配备有全身镜、熨衣用品，以及丝质睡衣，更能给予女士舒适感和归属感。

(资料来源：酒店大师. 那些特意为女性专属打造的酒店，你想去么？[EB/OL]. [2020-03-08]. https://zhuanlan.zhihu.com/p/111732101.)

2. 地域因素

以地域环境为标准进行市场细分就是按照顾客所在地理位置进行划分。细分的结果将有助于酒店了解主要客源地，并做针对性的营销。例如，酒店通过地域划分，可以了解客户来自本地市场还是外地市场，以及外地市场都来自哪些地区。这样酒店营销将更具有针对性，同时还可以对客人进行精准营销等。

3. 顾客规模和来源

根据顾客规模可以将市场细分为团队和散客。同时根据这些客人的来源，可以进一步细分为公司团队、政府团队、系列团队、商务散客、政府散客等。酒店的顾客规模和来源划分如表2-10所示。

表2-10 顾客规模和来源划分

顾客类型		规模与来源
团队客人	公司团队	来自各种行业的大型企业或中小型公司，规模从小型商务旅行团队到大型企业代表团不等
	政府团队	来自政府机构、政府部门或相关组织，规模较大，可能包括数十至数百人
	旅游系列团队	通常由旅行社或旅游公司组织，包括来自不同国家或地区的游客，团队规模相对较大，可能包括数十至数百人
	旅游非系列团队	由个人或单位自行组织，团队规模各异
零散客人	公共价格市场	个人预订，以酒店公共价格入住，规模从一人到几人不等
	套餐包价市场	个人预订，多为度假或休闲旅行而预订套餐，人数规模小
	折扣促销市场	往往通过在线预订平台、折扣网站预订，规模较小，主要是个人或小型团队
	商务散客	多为单独旅行的客人，有时也以小型团队的形式出现

续表

顾客类型		规模与来源
零散客人	政府散客	政府公务员因公务需要而住在酒店,规模以个人或小型团队为主
	长住客	因工作、旅游而长期居住在酒店的客人,规模以个人为主
	旅行社散客	通过旅行社或旅游公司组织的旅行计划而来,规模以个人或小型团队为主

案例分享

亚朵酒店凭实力赴美上市,引领中高端酒店行业高质量发展

亚朵是目前中国最大的中高端连锁酒店之一,在中高端酒店市场声名四起。2022年,亚朵再次给大家带来惊喜,凭借强悍的实力成功在美国纳斯达克 IPO 上市。

招股书显示,亚朵首次公开发行 475 万股 ADS(美国存托股票),发行价格为 11 美元。截至 2022 年 9 月 30 日的 9 个月,亚朵总营收 16.37 亿元(人民币,下同),同比增长 5.23%;归母净利润 1.8 亿元。虽然受到经济环境的影响,但亚朵在 2019—2021 年仍保持盈利,归母净利润分别为 0.65 亿元、0.42 亿元及 1.45 亿元。

从亚朵的酒店经营情况来看,2022 年第三季度,亚朵在营酒店平均入住率为 72%,RevPAR 为 321.1 元,达到 2019 年同期的 89%。亚朵亮眼且稳健的财务数据背后,是其卓越的经营能力和困难时期下的快速恢复能力。

亚朵成立于 2013 年,截至 2022 年 9 月 30 日,亚朵开业酒店数量达 880 家,客房数量达 102 707 间,较上年同期增长 26%。其中,亚朵的加盟酒店数量达到 847 家,占所有酒店总数的 96.3%,而直营酒店则保持 33 家相对稳定的水平。

在酒店数量增长的同时,亚朵入住情况也在快速提升。亚朵在营酒店 2022 年三季度平均入住率为 72.0%,同期 ADR(平均每日房价)已达 424.3 元,RevPAR(平均可出租客房收入)也已经达到了 321.1 元,可见,亚朵在同行业中确实非常有实力。

各项数据显示,亚朵正在处于向上发展时期,此次 IPO 的发行更加证实了亚朵的能力。亚朵坚持创新,以消费者为中心,定位中高端市场,不断提升服务质量,为消费者带来更加满意、舒适的服务。在提升自己的同时,亚朵也会努力为国内酒店行业的发展贡献自己的一分力量,高举品质发展大旗,引领行业向前发展。

(资料来源:中国日报中文网. 亚朵酒店凭实力赴美上市,引领中高端酒店行业高质量发展[EB/OL]. [2022-12-01]. https://caijing.chinadaily.com.cn/a/202212/01/WS6388338fa3102ada8b224c1b.html.)

任务实施

张旭分析滨海花园酒店细分市场的步骤如图 2-8 所示。

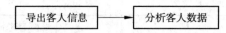

图 2-8 分析滨海花园酒店细分市场特点的步骤

步骤 1：导出客人信息。

张旭从 PMS 系统中导出了客人的相关信息，根据要求，他选取了客人的性别、年龄、客源地、类型等信息，如表 2-11 所示。

表 2-11 客人信息汇总

性别	占比/%	年龄	占比/%	客源地	占比/%	类型	占比/%
男	54	20 岁以下	2	济南	15	直接散客	3
女	46	21～35 岁	38	临沂	14	渠道散客	21
		36～50 岁	45	青岛	10	会员	1
		50～65 岁	11	潍坊	9	协议客人	38
		65 岁以上	4	郑州	8	旅游批发商	25
				济宁	7	商务团队	10
				连云港	5	旅游团队	2

步骤 2：分析客人数据。

张旭发现，目前酒店入住客人男、女比例相似，男士略多；年龄集中在 21～50 岁，基本是以中青年群体为主；客源地集中在周边城市。从这里可以看出，酒店在附近城市的营销宣传做得不错。从客人来源来看，酒店的协议客人是主体，然后是 OTA 客人和旅行社团队客人，酒店的直接散客占比较少。

小组训练

将班级每 5 名学生分为一组，每组确定 1 位负责人，完成表 2-12 所示的小组训练。

表 2-12 小组训练（5）

训练名称	酒店细分市场的调查与分析
训练目的	引导学生理论联系实际，积极了解当地酒店的细分市场。在讨论和撰写报告的过程中训练学生的团队意识，同时加深对收益管理指标的认识，培养其相应的专业能力与职业核心能力
训练内容	学生分组，在调研基础上进行讨论，集体分析。通过对每家酒店客人情况的调查，利用所学的市场细分原则对各个酒店的市场进行细分
训练步骤	（1）小组成员通过结合所学知识，分析报表所反映出的问题； （2）撰写一篇调研分析报告； （3）各组在班内进行交流、讨论
成果形式	撰写一篇题目为《××酒店细分市场调查与分析》的分析报告

任务 3　酒店细分市场与细分市场策略

任务描述

张旭将细分市场分析报告提交给收益经理,收益经理很满意,并对他说:"哲学上共性与个性的辩证思想说明消费群体既有共同点,也存在差异性。收益人员既要善于分类归纳消费者的共性,也要认识到细分市场间的差异性。"于是,他给张旭布置了接下来的任务,了解每个细分市场的消费特点,为酒店提升收益提出合理化建议。

任务描述

任务分析

张旭需要查阅资料,了解每一个细分市场的特点,从而根据细分市场的特点为酒店提出合理化建议。

知识准备

酒店的细分市场从宏观上可以分为两类,一是团队,二是散客。然而每一类细分市场下面都会派生出若干个细分子市场。这些细分子市场由于其购买行为和购买方式等的不同,对酒店收益的影响也不一样。

酒店细分市场如表 2-13 所示,本任务将具体介绍各细分市场以及针对不同细分市场的策略。

表 2-13　酒店细分市场

细分因素	二级市场	三级市场
团队	商务团队	公司团队
		政府团队
	旅游团队	系列团队
		非系列团队
散客	协议散客	商务散客
		政府散客
		长住客
	非协议散客	公共价格市场
		套餐包价市场
		折扣促销市场
	批发商、代理商	旅行社散客

续表

细分因素	二级市场	三级市场
其他市场	航空公司	机组乘务人员
		航班延误客人
	酒店(集团)内部市场	员工

2.3.1 团队

团队市场是酒店的一个重要市场,不同地区、不同星级的酒店其所占比例也有所不同。不同酒店对团队人数的定义也不尽相同,一般是10人及以上或者租用5间客房及以上的客人被视为团队客人。团队对于酒店的意义重大,它既可以提高酒店出租率,同时又可以提升酒店其他部门的收入,例如餐饮、康乐、水疗等部门。然而,团队客人通常会有较强的议价能力,所以酒店给予团队的房价会低于散客价格。同时,在房型选择上,组织方为了节约团队的开支,通常采用两人拼房的形式入住,因而基础房型的双床房是团队客人的首选。因此,酒店收益部门需要考虑在不同时间段如何优化团队比例,从而提升酒店收益。

常见的团队有如下几种,公司团队、政府团队、旅游团队。团队客人的共同点包括人数规模大、使用房间数量多、总消费金额高和付款周期较长的风险。

1. 商务团队和政府团队

商务团队和政府团队有很大的相似之处,两者都是以团队形式到酒店入住,在目的地参加或召开会议、业务培训等活动的客人。这些活动往往会涉及酒店的住宿、用餐和会议,因此此类团队可以有效地提高酒店餐厅、宴会厅等部门的收入。这也就是俗称的MICE(meeting、incentive、conventions、exhibitions)团队。这一细分市场的特征是:首先,在入住时间上,客人往往选择在工作日入住;其次,活动的组织者通常是公司企业,对于一些预算紧张的企业,组织方往往会要求多方酒店进行竞价,从而择优选取。多数商务团队对价格敏感度较低,因此酒店往往给予公司客人的折扣较小。

2. 旅游团队

旅游团队是指以旅行团的形式到酒店入住,进行休闲旅游度假的客人。这类客人的特点如下:首先,客人消费淡旺季明显,出行时间一般选择在当地旅游旺季或者节假日、周末等。其次,组织方主要是旅行社或者是旅游批发商,它们往往是通过团购形式将客人召集起来。最后,旅行社具有较强的议价能力,它们往往要求酒店提供较大的折扣。因此,酒店会为旅行社提供单独的价格体系,提供给旅行团的酒店客房价格往往是团队客人中最低的。

旅游团队是酒店重要的市场,特别是位于景区附近的酒店,它们会与旅行社签订长期的合作协议,从而保障酒店的客源。除了线下旅行社,线上旅游电子商务也在蓬勃发展,携程、美团等旅游电商平台也在与酒店合作,为酒店提供旅游团队客人。

2.3.2 散客

散客一般是指一次性入住五间以下客房的客人。这些客人不会像团队客人那样有计划地大批量入住酒店，他们往往独自入住或者和家人、朋友等一起入住。然而，散客市场是酒店客房追求高利润、比较稳定的客源市场。在酒店客房销售中，散客的客房房价比较高，有助于提高酒店的毛利和总收入。因此，在酒店收益管理中，要尽量提高对零散客人的客房销售数量，从而增加酒店收益。

酒店为了方便录入散客价格代码，将散客市场分为协议散客、非协议散客和批发商或代理商散客市场。

1. 协议散客

协议散客是指通过协议价格入住酒店的散客。一些组织机构需要酒店提供住宿服务，酒店通常会与这些机构签订协议价格，并以该价格提供住宿。这些机构主要是政府和企事业单位，一些长期入住酒店的个人也可以同酒店签订协议，从而以较优惠的价格入住。通过协议价格入住酒店的散客统称为协议散客。

协议散客还可以细分为本地协议散客和集团协议散客。本地协议散客就是指当地某酒店发展的协议单位，该公司员工入住酒店即享受优惠，该协议仅限于这一处门店，而非所有连锁门店。然而，酒店集团往往会选择一些知名的企业与之签订协议，约定集团旗下每一家门店均为其提供协议价格，这就是集团协议散客。协议散客往往消费能力强，产量稳定，这一市场是商务型酒店非常重要的客源。

2. 非协议散客

非协议散客是指客人通过非协议的价格入住酒店。这些价格通常包括公共价格、套餐报价、折扣价格，进而形成了相应的细分市场。

公共价格市场是指顾客从任何一个公开市场的渠道购买到酒店客房产品的集合。该市场通常包含四类客人。第一类是来自散客，也就是常说的 walk-in guest，这类客人通常是直接走进酒店，以前台公开价格办理入住。因此，有的酒店把这类客人称为公开价散客。这类客人是以酒店客房公开市场价格进行支付，其客房价格往往是所有市场群体中最高的，有助于提高酒店的平均房价。第二类是通过电话致电酒店预订部订房的客人。第三类是通过官方网站、官方旗舰店、微信小程序等方式订房的客人。第四类是借助 OTA 线上平台订房的客人。

除了公共价格细分市场，酒店也会采用套餐包价和促销折扣等方式进行产品促销。近年来，电商直播因为其良好的互动效果和优惠的价格吸引着消费者。不少酒店或酒店集团也纷纷试水直播，售卖销售房券、餐券、套票等。持有这些票券的客人，可以被视为酒店的套餐包价细分市场或者促销折扣细分市场。

3. 批发商或代理商散客市场

批发商或代理商散客市场是指有些旅行公司与酒店签订批量购房合同，并且预付款项给酒店，也称买断合作。而之后代理商则会以零售的方式转卖给消费者的市场。图2-9是携程旅行网某酒店的预订页面，其中第一个和第三个就是由代理商提供的。

图 2-9　携程旅行网某酒店的预订页面

除了酒店的团队和散客市场外，还有一些特殊市场，本书统称为其他市场，其中包含酒店航空机组空乘人员、酒店内部员工等。有一些酒店会与航空公司合作，为航空机组空乘人员和航班延误客人提供客房。在酒店的实际操作中，会对这两类客人单独设置细分市场代码。酒店内部员工在酒店会享受特价房，特别是规模大的酒店集团，往往会把这一市场单独细分。

2.3.3　酒店细分市场策略

酒店采取恰当的细分市场策略有助于提升酒店整体收益，每一类细分市场能为酒店带来的收益不同。因此，酒店需要明确自身客源结构，设置收益最佳的细分市场比例，通过制定合理的价格将房间卖给消费者。

1. 明确客源结构

酒店首先要了解自身客源结构，才能选择有效的细分市场策略。酒店客源结构往往由两个因素决定，酒店位置和酒店定位。

1) 酒店位置

酒店位置是决定酒店客源的首要原因。如果酒店处在城市中心，则它的目标群体通常以商务客人为主。因此，酒店的客户主力是公司协议客户和优质会员，然后以OTA客户辅之。此时，酒店需要发展酒店周边协议客户。例如，出差的客人通过办会员获取优惠的意愿更强烈。因此，酒店发展会员应该成为常态。

如果酒店坐落在风景优美的度假区，则它的目标群体是旅游度假客人，客户主力是旅游团队和OTA客户。

2) 酒店定位

如果酒店是奢华酒店品牌，其定位就是高端消费市场，因而其目标群体往往是以散客和部分高端团队为主。因为普通团队往往难以承担高昂的费用。此外,如果某酒店将其自身定位为会议酒店,其优势是拥有当地面积最大的宴会厅,那么它的目标群体就是MICE团队。

除了上述两个因素决定客源结构,酒店还需要统计在一定时期内每个细分市场的间夜销售数量,用它除以酒店总的间夜销售数量,得出酒店实际的客源结构占比。

2. 优化酒店客源结构

1) 绘制酒店过往一年的细分市场占比

酒店需要根据自身定位、市场需求等特点,制定自己的客源结构,是以散客为主还是以团队为主。通常来说,受淡旺季影响较少的高星级酒店,往往以散客为主。受淡旺季影响较大的高星级酒店则会考虑淡季依靠团队提升出租率,旺季则以散客为主。

2) 提升散客比例,促进会员转化

酒店的散客价格普遍高于团队价格。散客中,自来散客和会员客人对酒店的意义重大。自来散客可以提升酒店的平均房价;会员客人是酒店长期利润的产出者,其可以大大降低酒店营销成本,会员的充值、复购及口碑响应等都是酒店持续收入的来源。因此,酒店要格外重视散客群体,尽可能提升这部分客人的占比。例如,酒店可以做差异化产品服务和社群运营,从客人情感属性出发做好会员维护。酒店还可以通过会员转化,将其他渠道的客人转化为酒店会员客户。

3) 多种渠道发展客户,完善客源结构

尽管自来散客和酒店会员带给酒店丰厚的收益,但是酒店一般不会将所有的房型全部留给这一细分市场,因为它们没办法消费酒店全部的客房。客房一旦闲置,就会影响酒店的收益。一般酒店比较合理的客源结构是包含约30%的OTA客人、约40%的协议客人、约10%的散客、约10%的会员,以及约10%的商务和旅游团队。这里不包含具有特定市场定位的酒店,例如会议酒店等。因此,酒店需要通过多种途径将客房卖给目标人群。

3. 制定细分市场的价格

由于每个细分市场承受价格的能力不同,所以对细分市场价格的确定也会存在差异。一般来说,自来散客对价格偏敏感。因此,酒店可以积极地鼓励散客入会,提供会员价格,享受酒店的会员礼遇,促进会员转化。同时,酒店基础房型往往是热销房,而高档房型则会存在闲置。因此,酒店可以为自来散客提供免费升级服务,这样做既提升了高一级房型的入住率,又能够让自来散客感到物超所值。商务散客往往是由公司支付住宿费用,因此客人对价格敏感度低。所以酒店可以为客人提供增销服务,推荐客人入住高一级的房型,提升入住体验。酒店还可以通过返现、促销、连住优惠这些活动吸引OTA散客,从而提高客房销售。商务团队和旅游团队往往一次性入住客房数量大,而且会有多家酒店同时进行竞价，因此酒店在定价时往往给予他们更多的优惠，特别是对于旅行团队。

任务实施

张旭认为结合细分市场特点提出收益建议应该根据以下步骤进行，如图 2-10 所示。

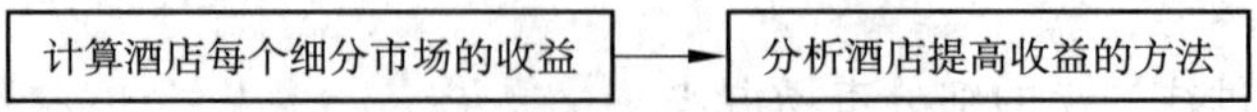

```
计算酒店每个细分市场的收益 → 分析酒店提高收益的方法
```

图 2-10　分析酒店提升收益的步骤

步骤 1：计算酒店每个细分市场的收益。

张旭调出上次提交给收益经理的数据报告。根据之前学到的公式，计算出了滨海花园酒店的平均房价、客房收入和单房收益，如表 2-14 所示。

表 2-14　滨海花园酒店全年收益数据

营收状况	可卖房	出租率/%	售出量/（间·夜）	平均房价/元	客房收入/元	单房收益/元
	100 间×365 天	66.6	24 298	497	12 076 106	330.9
细分市场组成	公共价格市场	22.6	5 493	542	2 977 206	
	协议散客	38.1	9 274	496	4 599 904	
	批发商	24.6	5 981	452	2 703 412	
	商务团队	10.6	2 576	445	1 146 320	
	旅游团队	2.3	570	438	249 660	
	其他市场	1.6	404	583	235 912	

步骤 2：分析酒店提高收益的方法。

张旭发现滨海花园酒店出租率偏低，特别是商务团队客人占比偏少，使得单房收益远低于平均房价。因此张旭认为，首先，需要提升出租率；其次，需要开发商务团队客人。于是，他开始起草建议报告。

小组训练

将班级每 5 名学生分为一组，每组确定 1 位负责人，完成表 2-15 所示的小组训练。

表 2-15　小组训练（6）

训练名称	酒店细分市场策略的分析与建议
训练目的	引导学生理论联系实际，通过案例训练，加深其对细分市场策略的认识，培养和训练其相应的专业能力与职业核心素养
训练内容	某酒店在某年各细分市场的客房销售数量如下表所示，该酒店有可卖房 120 间，全年一共售出 16 361（间·夜）。学生分组讨论，集体分析，并运用所学知识计算出该酒店相关收益指标，再对酒店的细分市场策略提出建议

续表

	细分市场	售出量/(间·夜)	平均房价/元	客房收入/元
训练内容	公共价格市场	5 740	405	2 324 700
	协议散客	2 230	358	798 340
	批发商	3 216	362	1 164 192
	商务团队	1 371	332	455 172
	旅游团队	3 630	302	1 096 260
	其他市场	174	430	74 820
	总计	16 361	—	5 913 484

训练步骤	(1)小组成员通过结合所学知识,计算该酒店的相关收益指标,对细分市场策略提出建议; (2)撰写一篇分析报告; (3)各组在班内进行交流、讨论
成果形式	撰写一篇题目为《酒店细分市场策略的分析与建议》的分析报告

学习小结

本项目主要介绍了酒店市场的概念、市场细分的原则和方法、酒店常见细分市场及其特征、酒店细分市场收益策略和竞争环境分析等基础知识,知识结构如图2-11所示。

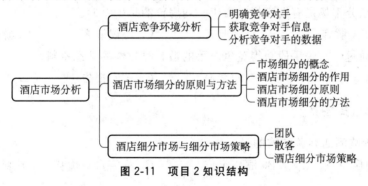

图2-11 项目2知识结构

酒店细分市场研究就是明确酒店的目标消费群体,发现他们的消费特点,将他们根据一定标准进行细分,最终提升酒店收益。酒店常见的细分市场有散客市场和团队市场。散客市场包含协议散客、非协议散客、批发商或代理商。团队市场包含商务团队和旅游团队。酒店的每一个细分市场对价格的敏感度和对酒店产品的需求等方面都有所不同,因此,酒店可以有针对性地对不同细分市场提供差异化定价和特色产品服务。同时,酒店还应不断优化自身的客源结构,从而提升酒店收益。

党的二十大报告中提出,高质量发展是全面建设社会主义现代化国家的首要任务。必须完整、准确、全面贯彻新发展理念,坚持社会主义市场经济改革方向,坚持高水平对外开放,加快构建以国内大循环为主体、国内国际双循环相互促进的新发展格局。酒店住宿业作为重要的服务业,是大众消费领域的重要组成部分,需要持续拓展市场,抓住市场的消费特点和行为偏好,从而更好地实现收益管理策略。

学习测试

一、单项选择题

1. 下面选项中不能决定酒店市场规模的是(　　)。
   A. 人口　　　　B. 支付能力　　　　C. 地理位置　　　　D. 购买欲望
2. 以下不属于酒店市场细分原则的是(　　)。
   A. 可衡量性　　B. 可进入性　　　　C. 稳定性　　　　　D. 季节性
3. (　　)不属于酒店直接散客。
   A. 自来散客　　　　　　　　　　　B. OTA 散客
   C. 官网预订散客　　　　　　　　　D. 致电酒店预订散客
4. 某酒店的目标市场主要以团队客人为主,请问酒店应该把(　　)房型的比例设置为最大。
   A. 标准双床　　B. 标准大床　　　　C. 商务大床　　　　D. 商务双床
5. 一般来说,以下细分市场对房价敏感度最低的是(　　)。
   A. 渠道散客　　B. 协议散客　　　　C. 商务团队　　　　D. 旅游团队
6. 以下细分市场最有助于提升酒店平均房价的是(　　)。
   A. OTA 散客　　B. 自来散客　　　　C. 协议散客　　　　D. 旅行社散客
7. 可以通过(　　)手段获得竞争对手的最具时效性的动态资料。
   A. 浏览官网　　B. 互相交换　　　　C. 政府报告　　　　D. 行业协会报告

二、多项选择题

以下能影响酒店客源结构的是(　　)。
   A. 酒店位置　　B. 酒店定位　　　　C. 酒店自身优势　　D. 酒店出租率

三、简答题

1. 酒店细分市场的作用是什么?
2. 酒店常见的细分市场都有哪些?
3. 酒店竞争对手的静态和动态信息分别指什么?
4. 酒店如何获得竞争对手的动态信息?

四、案例分析题

2021 年 5 月 5 日,携程联合新华财经发布《2021"五一"旅行大数据报告》,以多维度数据展现"五一"黄金周期间国内旅游市场的强势复苏。

2021年"五一"连休五天,消费者积蓄已久的长途出行需求得以释放。来自携程方面数据显示,携程"五一"黄金周总订单量同比增长约270%,对比2019年同期增幅超过30%。酒店业务单日订单量最高增幅为70%。在"五一"出游人群中,"90后"占比37%,"80后"占比27%。"00后"也表现不俗,占比21%,旅游消费直追"80后"。在携程"五一"酒店订单中,高星酒店占比近4成,滨海度假酒店、市郊度假酒店以及主题乐园酒店成为消费者的热门选择。

2021年"五一"黄金周熟悉的"人从众"模式再度回归,后续旅游市场也或将保持旺盛的增长势头。有业内人士分析接下来的暑假市场以及国庆假期,国内旅游经济会迸发出更为强大的活力。

(资料来源:证券日报网.携程"五一"订单量同比增长约270%[EB/OL].[2021-5-05]. http://www.zqrb.cn/gscy/qiyexinxi/2021-05-05/A1620218173007.html.)

思考:你认为酒店未来的市场在哪里?

学习案例

请每位同学阅读案例,以团队为单位对案例进行讨论,完成案例后面的问题。

打造星级酒店中国最佳亲子标杆——浙江杭州第一世界酒店典型案例

第一世界大酒店位于杭州湘湖畔,总建筑面积8万平方米,由宋城集团投资兴建,是一家五星级酒店。酒店以热带雨林为特色,拥有各类主题客房共368间,浓郁风情特色的各类餐厅可同时容纳3 000人用餐。通过文化主题的打造,营造了浓厚的愉快休闲度假氛围,对于满足亲子家庭的度假需求具有重要意义。

第一世界大酒店主要做法有以下几点。

1. 审时度势　转型突破

随着人们生活和消费水平的不断提高,散客度假市场越来越受到关注。第一世界大酒店紧抓机遇,根据家庭游的需求特点,整合酒店周边相关度假产品,从市场以会议型为主的酒店调整产品内容,以"打造极具体验价值的亲子旅游目的地酒店"为目标,关注宾客需求。从亲子客房的升级、亲子主题餐饮的定制化、亲子活动的寓教于乐、一站式乐享服务等四方面,进行酒店市场的转型。

2. 特色产品　创新内容

1) 沉浸互动式亲子客房

由个性化亲子布置到热门IP引进授权,再到自有IP沉浸式主题营造,第一世界亲子体验客房从1.0版本迭代到3.0版本,目前已推出12种不同主题类型,并根据四季主题不断变化创造出不同的场景体验。主题客房可以为小朋友提供公主、动物类等多种童话服装以及同样着装的亲子管家服务。结合游乐互动体验,让房间本身成为乐园的一部分,

让童话欢乐的沉浸感延展到房内空间,并为小朋友们提供定制的有乐园IP形象的专属拖鞋、牙刷牙膏等客房专属礼包,为小朋友们量身打造舒适、安全、快乐的住宿环境。

为满足二胎以及伙伴出游家庭的需要,酒店独家推出了带有树洞亲子床的梦幻丛林主题房,将亲子乐园产品延展为定制房内产品。不但让乐园IP主人公和场景走进房间,还让童话世界中的树洞屋成为欢乐好梦的空间。小朋友们醒来之后,还可以从床上直接由滑梯滑下起床,让童话梦在真实世界无边界延续。

2020年暑期推出的"魔法奇妙屋"主题客房,成为新一代亲子网红产品,假日出租率一直保持在100%,网评中多次被宾客誉为一定会受到孩子表扬的必抢房型。这些充满童心童趣的沉浸式童话环境不断为亲子家庭量身打造难忘的住宿体验。

2) 能看秀可定制的主题餐饮

在亲子主题餐饮方面,酒店从口味到就餐形式不断升级,结合餐饮产品深挖演艺特色,推出能看秀的系列主题餐饮。针对不同的家庭需求,可预约各种不同的演出内容和主题布置,定制符合家庭需求的个性生日宴、纪念日等主题派对,力求给宾客带来充满惊喜的难忘餐饮体验。

结合不同节日,酒店借助宋城演艺方面的优势,推出了"能看秀的大餐"。身着不同人物的角色服装,品尝美食美酒,还可参与到沉浸式大秀中。利用紧凑的剧情走向,将宾客带入中世纪丛林古堡。期间,派糖果的可人儿,表演魔术的王子,还有精灵管家,结合演出端出来一道道主题菜品,360度互动式餐秀,从各个角度让宾客耳目一新,惊喜连连,惊呼原来大餐还可以这么吃。

3) 能增进感情的亲子活动

亲子活动策划以寓教于乐、传递爱和欢乐为主旨,注重亲子关系的完美融合。从仪式感活动到专设的儿童成长俱乐部,酒店以自有亲子IP元素"果果、妞妞"为主人公,以点线面的形式,每季度推出不同主题的店内亲子互动活动。每个假日的演出活动多达十余项,让宾客积极主动地参与到各项活动中,拥有难忘的活动体验。

宾客一进入酒店,就会偶遇穿着特色服装的迎宾,他们双手合十赠送特色花环。在酒店大堂、餐厅和乐园里见到的特色卡通玩偶,也会不经意地出现,与宾客互动。在云曼温泉,还可以一边体验温泉养生,一边欣赏特色热带雨林风情表演。在儿童成长俱乐部里,所有内容都进行了生动的主题化故事包装,并专门设计了小戏精训练营、魔法厨房、会跳舞的毛巾、爱的故事屋等系列亲子体验活动。每个假日的欢乐大巡游会从酒店大堂出发,在雨林宫殿的各个区域与宾客进行互动。孩子们会主动牵起童话人物的手,一起欢乐前行,直到乐园。在这里小朋友还可以交到志趣相投的朋友,同时让家长在寓教于乐中共同收获童年乐趣。

4) 能照顾全家的一站式特色服务

为满足宾客对亲子度假产品的需求,酒店将亲子文化产品的打造融入酒店日常管理当中,让员工和管理人员有空间利用主题文化的打造激发个人潜力,创造引领宾客生活方式的内容,从而实现自我价值。自主开发的46项特色服务流程,赋予酒店具有生动魅力的灵魂,彰显出独特的酒店文化品质。

为扩大宾客"亲子乐享"一站式特色体验范围,第一世界大酒店将周边旅游度假产品进行复合型组合,同时酒店还配备了吉象管家、儿童托管等服务。时刻关注宾客需求,不断完善贴心服务,让第一世界大酒店成为众多家庭愿意专程前来体验度假难忘的场所。贴心周到的一站式特色系列服务成为酒店特色亮点,经常得到很多亲子家庭大段感人评价。

(资料来源:环球旅讯. 打造星级饭店中国最佳亲子标杆——浙江杭州第一世界酒店典型案例[EB/OL].[2021-02-03]. https://www.traveldaily.cn/article/143271.)

请结合案例回答以下问题。

1. 第一世界酒店的细分市场是什么?
2. 第一世界酒店最让你印象深刻的措施是什么?为什么?
3. 你认为第一世界酒店未来还可以推出哪些产品?

学 习 评 价

	能/否	准确程度	评价目标	评价类型
通过本项目学习,你			理解酒店市场的基本概念	专业知识评价
			理解酒店市场细分的作用和原则	
			熟悉酒店常见的细分市场	
			掌握酒店细分市场的策略	
			掌握竞争环境分析的方法	
			根据细分市场的原则,细分酒店市场	专业能力评价
			结合不同细分市场的特点,采用恰当的细分市场策略	
			依据环境分析方法,分析酒店的竞争环境	
			培养优秀的洞察力,善于分析细分市场的消费特点	素质学习评价
			树立科学严谨的市场调查意识	
			培养遵规守法的职业操守合理合规地获取竞争对手信息	

自评人(签字)	教师(签字)
年 月 日	年 月 日

项目 3　酒店产品与价格管理

学习目标

知识目标

- 掌握酒店产品的基本概念和类型。
- 从收益管理角度理解客房类型的设置。
- 熟悉酒店客房的价格类型。
- 理解影响酒店客房定价的因素和定价方法。
- 掌握酒店动态定价的概念、意义和实施方法。

能力目标

- 结合酒店特点设置客房类型。
- 运用常见的客房定价方法制定客房价格。
- 根据酒店特点制定酒店价格结构表。

素养目标

- 树立不断创新酒店产品的意识。
- 具备对客房诚信定价的职业操守。
- 端正合理利用动态定价为酒店争取最大收益的职业态度。

学习导引

任务1 酒店产品与提升产品价值的途径

📖 任务描述

收益经理对张旭说:"刚看到一篇报道,上海某酒店推出'无忧网课空间'特色主题客房(见图3-1),方便中小学生线上学习,解决家长无暇照顾的烦恼。该项目在携程网上预订量超200%。这个策略无论最后是否成功,都反映了酒店从业者渴望逆转窘境的意志。"他让张旭结合滨海花园酒店客房产品的特点,从收益角度思考酒店产品能够创新的地方。

任务描述

图3-1 某酒店推出的"无忧网课空间"

🔍 任务分析

作为酒店新人,张旭对入职的酒店并不是很了解。为了完成收益经理布置的任务,张旭一方面需要参观酒店客房,知晓酒店客房类型;另一方面还需要回顾关于酒店产品的理论知识,结合酒店的客户群体,分析酒店产品的创新。

> 知识准备

3.1.1 酒店产品

酒店仿佛是一个小型社区,在这个社区里,经营者开展住宿、餐饮、康乐、水疗等一系列经营活动,每一个项目或者项目组合都可以称为酒店产品。在收益管理中,产品是收益管理五要素中的基础,没有产品,收益便无从谈起。

现代市场营销认为产品是指用于市场交换,并能满足人们某种需求和欲望的劳动成果。那么,酒店产品是什么呢?酒店产品是指酒店场所中所提供的实物、服务、场所、设施等现实资料,具有综合性、季节性、价值不可储存性、不可预见性,对信息的依赖性强,质量不稳定等特点。美国著名学者梅德里克认为酒店产品由五个部分组成,如图3-2所示。

图 3-2 酒店产品的组成

(1) 位置。酒店地理位置的优劣影响着其可进入性以及交通是否方便,周围环境是否良好。一般而言,酒店的位置主要体现在与地铁站、车站、机场等交通枢纽的距离,以及距游览观光景点和商业中心的远近等,这些都是顾客选择酒店的重要因素。酒店位置还与经营成本密切相关。

(2) 设施。酒店设施包含两部分,一部分是酒店的建筑规模,如各类客房、特色餐厅、会议展厅、康乐中心、水疗中心等;另一部分是酒店提供服务与管理所必要的其他设施设备,如电梯、扶梯、自动消防系统、自动报警系统、必要的停车场等。设施是酒店提供服务、提高顾客满意度的基础保证。

(3) 服务。酒店服务通常涵盖服务项目、服务内容、服务方式、服务速度、服务效率、服务态度等方面。

(4) 形象。酒店形象是社会及大众对酒店的一种评价或看法。酒店主要通过销售与公关活动取得在公众心目中的良好形象。它受酒店的历史、知名度、星级、经营思想、经营作风、服务质量与信誉度等诸多因素影响,是最有影响力的活广告。

(5) 价格。酒店的价格不仅体现酒店产品的价值,还是酒店形象与产品质量的客观反映。价格是顾客选择酒店的重要标准之一,它既表现了酒店通过其地理位置、设施和设备、服务和形象给予客人的价值,也表现了客人从上述因素中获得的满足。

3.1.2 酒店客房类型

新版《旅游饭店星级的划分与评定》于2020年出台,其中对一星级到五星级酒店的标准进行了说明。以五星级酒店为例,文件规定酒店至少有50间(套)可供出租的客房,并且70%客房的面积(不含卫生间和走廊)不小于20平方米,要包含单人间、套房和豪华套房。另外,还要包含残疾人客房,该房间内设备须能满足残疾人生活起居的一般要求。不同星级酒店为了满足不同市场群体的需求,设置了不同类型的客房。

知识链接

旅游酒店星级的划分与评定

星级酒店是由国家(省级)旅游局评定的能够以夜为时间单位向旅游客人提供配有餐饮及相关服务的住宿设施,按不同习惯它也被称为宾馆、酒店、旅馆、旅社、宾舍、度假村、俱乐部、大厦、中心等。星级酒店是要达到一定的条件及规模的,其所取得的星级表明该酒店所有建筑物、设施设备及服务项目均处于同一水准。

1. 按等级划分

在国家标准范围内,每一星级的酒店都会对客房的房型进行划分,按等级划分是酒店最常见的方法之一。

(1) 标准客房又称为标准间,这种房间通常包含一张双人床或者两张单人床,也被称为标准大床房和标准双床房。

(2) 豪华客房又称豪华间,房内设两张单人床或一张双人床,房间的装修和房内设施比标准间档次高。楼层和客房朝向给予客人的视野会更佳,设施会更完备,易耗品会更高级。

(3) 商务客房是专为商务旅客而设的豪华居所,房间宽敞、舒适,格调高雅,配套设施完善,配有办公设备,贴合商旅需求。

(4) 行政客房位于行政楼层,顾客拥有最佳的视野欣赏周边的景色。客房内的设施设备更加先进,客人能够获得行政礼遇。客户群体主要是酒店贵宾以及愿意入住高房价的客人。

(5) 套房通常由标准客房外加起居室组成。套房根据楼层、面积的大小分为普通、中级、豪华和总统套房等多种类型。

2. 按朝向划分

除了按照等级划分之外,酒店客房还可以按照房间朝向划分。

(1) 内景房是客人可以从客房窗户直接看到酒店内的庭院、花园等,像在中式天井建筑(内侧)内观看的感觉一样。

(2) 外景房是客人可以从客房窗户能看到外部美丽的景观,视野开阔。一般可以观看到如河流、公园、街道、山峦、湖泊、景区和景点等景观,其价格比内景房要高一些。

(3) 角房是指一般设计在位于楼层的走廊、过道尽头或拐角处的客房。此房形状特殊,装饰各异,不循规蹈矩。

3. 按楼层划分

现代城市酒店因为地理环境的限制和土地资源的稀缺,所以大多为高层建筑。酒店

充分利用垂直空间分配功能区域,主要分为低层(裙楼层)、主楼客房层、高层。低层和高层通常为酒店公共活动区域,例如,一般首层多为大堂所在层,主要包括前台接待、大堂吧、商务中心等。高层则会设计成高层餐厅、酒廊等功能层,不仅可以增添酒店的特色,还能为宾客提供多样化的服务。客房往往集中在主楼客房层,主楼客房层也有高层和低层的划分。因此,按客房所在楼层可以分为以下三种。

(1) 低楼层客房:主要集中在主楼客房层的下部,这些楼层的客人视野容易受到楼层影响。

(2) 高楼层客房:主要集中在主楼客房层的中上部,这些楼层的客人视野相比低楼层更加开阔。

(3) 行政楼层客房:按照国家星级评定标准,四星级及以上的酒店需要开设行政楼层。行政楼层设立在主楼层客房的最高层,这一楼层还有额外的公共区域,如独立的入住接待台、早餐用餐区域、酒吧、小型的会议室等。

3.1.3 提升客房产品价值的方法

1. 利用客房差异性提升酒店的收益

酒店客房产品的差异性主要体现在有形因素和无形因素两方面。产品有形因素是指顾客能够在物理上感知到的差异,例如客房面积、房间楼层、房间朝向、房内设施、配套服务、时段等,如表3-1所示。

表3-1 酒店客房产品的差异因素

差异因素	示 例
客房面积	标准房、行政房、套房
房间楼层	低楼层、中楼层、高楼层、行政楼层
房间朝向	海景房、湖景房、园景房、山景房、市景房、江景房、朝街房、背街房
房内设施	雅致房、豪华房、至尊房
配套服务	包含免费早餐、水疗服务、下午茶等; 包含限定时间内商务设施免费使用
时段	日用房

客房有形因素的差异需要在酒店建造之初就考虑在内。例如,酒店可以利用客房朝向和户外景观提升收益。位于丽江玉龙山脚下的悦榕庄酒店将面山的房间称为山景房,其价格就相对较高。除了朝向,楼层的高低也会影响视觉体验。上海波特曼丽思卡尔顿酒店坐落在上海市区,尽管酒店的周围都是城市景观,但是其高楼层客房以"上海天际线景观"为卖点,更加突出优势。有的酒店还可以借助当地的知名建筑物或重要公共设施来突出特色,例如上海明天广场JW万豪酒店,因其靠近人民公园,推出了人民广场景观房。

有一些酒店以政要、明星曾经下榻过作为宣传，推出了明星同款客房。通过这样的宣传既能提升客房价格，还能刺激顾客消费。例如，位于外滩黄浦江边的上海和平费尔蒙酒店推出了"九国特色江景套房"，这些套房分别位于五楼、六楼和七楼，每层楼有三个套房，装修风格各异，是分别具有九个国家特色的套房，全部面江而居。许多政要名人和明星都在这些套房里下榻过。

酒店还能借助配套服务让产品呈现差异化，从而提升顾客体验。例如，酒店往往会在行政楼层推出欢乐时光、免费商务打印等礼遇，有的还会将客房组合附加其他产品以优惠价出售，如客房加酒店儿童乐园套票或者是周边景区门票。

2. 增强客户体验，提升酒店收益

增强客户体验主要体现在以下四个方面。

1) 人文关怀优化顾客体验

加强酒店顾客关怀，提高产品服务附加值，让消费者产生消费黏性，从而提升酒店收益。酒店的顾客关怀是在客人与员工每一次的互动中感受到的，有时是一句问候、一次交流或者是一个小礼物。酒店常用的方法有：酒店总经理等管理人员与客人进行沟通交流，倾听客人的想法以及未被满足的需求等，让客人感到被重视；前台为客人提供欢迎茶水，客房放置欢迎卡片、水果、甜点等礼品；为亲子家庭客人准备婴儿床、儿童牙刷、拖鞋和小玩具等；为早起赶路而无法用餐的客人，主动提供早餐外带；为在传统节日入住的客人送上节日祝福和特色礼物等。

2) 智能化设施改进客户体验

随着数字化时代的到来，越来越多的酒店集团开始借助人工智能和数字化改造酒店，使酒店运营和客户服务更好地结合，为消费者提供更为安全和智能化的服务，提升客户入住体验。智能家居设备成为各大酒店转型的主要方向，酒店行业也因其标准化和规模化的特征，成为智能设备主战场。例如，在客房内可智能语音控制电视、灯光、窗帘、空调等。这些智能设备的融入，很大程度上提升了客人对酒店的满意度。国内华住酒店集团率先使用"华掌柜"为门店赋能，让顾客30秒自助入住，0秒办理退房。

3) 主题文化设计创新顾客体验

随着人们消费升级，酒店开始打破传统，打造全新客房卖点。影音房、IP主题房等差异化的产品、有价值的服务和不断迭代的创新旅居空间应运而生。例如，香格里拉酒店携手腾讯联名，创新地将游戏和现实进行结合，为房客带来置身游戏之中的奇妙体验。房间中根据游戏IP配备了对应图案、LOGO、经典场景的浴巾、浴袍、毛巾、床单等，以及游戏同款的房屋布局和独特桌椅，更能让房客全身心地体验游戏。

【拓展课堂】
菲住布渴酒店介绍

4) 关注反馈提升顾客体验

优质的口碑是酒店提升收益的关键。酒店需要重视顾客评价并且积极做出回应。回复客人评价，特别是负面评价时要注意时效性、差异性和礼貌性。随着关键意见领袖

(KOL)和关键意见消费者(KOC)备受推崇,越来越多的消费者在选择酒店时会参考之前顾客的评价。调查显示,75%的受访者在预订酒店前会先查看点评网站的相关酒店评论,这其中53%的人不会预订零评论的酒店。

案例分享

影院式客房受青睐

近日精彩亮相2021年上海国际酒店工程设计与用品展的坚果投影给出了自己的答案——为酒店提供"硬件+内容+系统+服务"一体化的影院式客房解决方案,助力其打造影院式客房,并以"智能、互动、娱乐、大屏"四大关键词为抓手,切实帮助酒店吸引新时代消费者。

以位居"2020年电影酒店品牌影响力10强榜单"TOP 1的美豪酒店为例,它致力于打造酒吧文化+3D影院与酒店结合的风情主题酒店。在2016年冲刺新三板重要阶段之际,基于提高用户体验感的核心诉求,美豪酒店摒弃传统标配,统一引入坚果智能投影仪,打造3D影院客房,收获住客如潮的好评。

将20%的房型改造为坚果VIP影院房的喆啡酒店(石家庄店)也以相较更高的出租率为影院式客房的引流能力提供了最好的注脚。潮漫酒店(广州增城新塘轻轨地铁站店)房价显示,酒店普通房间售价为286元,而影院房售价可达340元,高于普通房型18.9%;普通套房售价为445元,而影院套房售价可达568元,高于普通套房27.6%。

(资料来源:地理中国.中国酒店数智化迎来"爆发年":影院式客房必不可少[EB/OL].[2021-04-20]. https://www.163.com/dy/article/G82G1J770530W132.html.)

3.1.4 设置客房类型时需要注意的因素

1. 目标市场因素

若酒店面对的客户群体主要是一般商务散客和普通旅行者,则需要将标准客房的数量占比在总客房数量中提升,避免出多豪华和行政客房的投入,以免造成资源的浪费。此外,大床房和双床房的数量占比也是需要经营者谨慎思考进行配置的。如果一家酒店是以会议客人和旅游团队为主要客户群体,那么标准双床房就是客户的首选。综上所述,最大化地利用每一间客房对于提升酒店的收益有着重要意义。

2. 成本因素

一间套房通常至少占用两个标准客房的面积,一间套房的造价接近两间标准客房的造价。以普通商务酒店为例,由于套房的价格较高,市场的需求量相对较低,所以套房的数量不宜太多。

任务实施

张旭结合滨海花园酒店的目标客户群体,研究酒店产品创新的步骤如图 3-3 所示。

```
了解酒店市场群体 → 结合细分市场创新产品
```

图 3-3 研究酒店产品创新的步骤

步骤 1:了解酒店市场群体。

滨海花园酒店的客户群体占比如图 3-4 所示。

步骤 2:结合细分市场创新产品。

受外部因素影响,酒店度假散客数量明显下滑,周末入住率也比较低。因此张旭认为酒店应开始针对度假散客推出优惠活动。他提出了以下两种方案。

方案一:推出周末欢乐游套餐,包含周末连住两晚、海洋公园套票三张。

方案二:推出周末全家美食课堂套餐,入住期间赠送烹饪、烘焙课程。

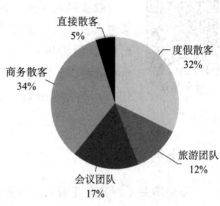

图 3-4 客户群体占比

小组训练

将班级每 5 名学生分为一组,每组确定 1 位负责人,完成表 3-2 所示的小组训练。

表 3-2 小组训练(7)

训练名称	酒店客房类型小调查
训练目的	引导学生关注酒店行业,参与实践训练。在讨论和撰写报告的过程中,训练学生的团队意识,同时提高他们对酒店客房类型设置的理论认识。通过践行职业道德规范,促进其塑造健全的职业人格
训练内容	学生分组,在调研基础上进行讨论,集体分析。指定市内的一家星级酒店,了解其客房类型,用所学知识分析该酒店客房类型设置的合理性。结合客人特点,给出提升客房产品价值的可行性建议
训练步骤	(1)小组成员通过实地考察分析酒店客房的设置,给出提升客房产品价值的可行性建议; (2)撰写一篇综合分析报告; (3)各组在班内交流讨论
成果形式	撰写一篇题目为《××酒店客房价值提升可行性建议报告》的分析报告

任务 2　客房价格类型与差异化定价

任务描述

收益经理对张旭说:"定价是决定企业最终收益的关键环节。前两天某酒店工作人员价格计算失误,导致客房以低于成本的价格在 OTA 平台出售,该酒店利润严重受损。更糟糕的是,有客人因为前台价格比 OTA 价格高很多,而进行了投诉。今年,滨海花园酒店客房的净利润目标是 400 万元,你来分析一下滨海花园酒店客房当前价格的合理性并提交分析报告。"

任务分析

张旭需要了解滨海花园酒店的价格类型,还需要知道酒店客房价格的影响因素和酒店常用的定价方法。张旭通过最近一年的数据得出酒店平均出租率为 60%,于是,他以净利润为目标额,推算出酒店的客房价格为 $\dfrac{4\,000\,000}{100\times 60\%\times 365}\approx 182.6(元)$,这个价格让张旭感到很意外,他没想到只要一间客房平均能够卖到 182.6 元,酒店今年的利润目标就能实现。你认为张旭这样计算对吗?

知识准备

3.2.1　客房价格类型

1. 门市价格

门市价格是指在店面里对外明示的商品价格,也称挂牌价格,是酒店在大堂展示出来的价格。酒店门市价格需参照同星级酒店平均水平,再结合本酒店成本预算以及回收年限制定房价。这种价格体现了一家酒店的档次。酒店出租房价并不一定是按照门市价来收取的,由于优惠、折扣、免费住宿等因素影响,会使实际出租房价低于门市价,有时还会低很多。只有在经营旺季执行旺季价时,才会接近或者等于门市价。

2. 散客价格

散客价格是指酒店房间对直接上门客人所出售的价格,会随着淡、旺季相应调整的。散客价格也被称为酒店最佳可售房价,指客人可以通过任何一个公开渠道购买酒店客房时所获得的价格,它是制定酒店价格体系的基础。

3. 协议价格

协议价格是指酒店与一些潜力公司签协议,商定该公司客人或员工入住该酒店时所享受的一个优惠价。这些公司往往可以为酒店提供稳定的客源,每月有稳定的入住需求。协议价格一般比酒店的挂牌价要低,但这通常是要达到一定的出租率的。一些知名的企业往往会和酒店签订协议价格,一般协议签订的时效默认为一年。协议价格分为两种,一种是固定协议价格,比如全年 400 元不变;另一种是变动协议价格,协议规定入住价格是当日散客价的一定比例的折扣。例如,协议价格规定 8 折入住,若酒店当日客房价格是 500 元,则协议价格是 400 元。

4. 会员价格

酒店或者酒店集团对会员价格有不同的定价规则。酒店客人通过注册会员入会,入会后客人可以通过自己一个自然年入住的房晚数量提升会员等级。每家酒店推出的会员等级名称不同。例如,万豪酒店集团推出旅享家,会员等级分为普卡、银卡、金卡等;凯悦酒店集团推出凯悦天地会员,会员等级分为探索者、冒险家和环球客。会员根据自身级别享受对应折扣,比如金卡 8 折,铂金卡 7.5 折。还有一些酒店的会员是以顾客购买储值卡来确认等级的,例如,当客人充值 10 000 元时,即享有铂金卡会员待遇等。持有会员卡的顾客除了享受价格优惠,还能拥有其他权益,例如欢迎礼品、客房升级、延迟退房、使用行政酒廊、入住积分兑换航空里程或免费房晚等。

5. OTA 价格

OTA 价格是酒店在线上分销渠道售卖的价格,常见的 OTA 平台有携程、美团等。酒店同 OTA 合作有两种形式,第一种是酒店在线上平台售卖客房,根据卖出的客房的收入给予平台 10%～15% 不等的佣金。第二种是酒店将一部分或者全部酒店客房按照一定价格出售给线上平台,之后由平台负责客房销售,房间的收入全部归平台所有。针对第一种形式,OTA 平台实行客房预付和现付两种模式。预付是指客人提前在 OTA 平台支付房费,针对入住需求明确,且入住日期一般固定的。预付价格往往会比较优惠。现付是指客人到前台之后再付费。

6. 客房包价

客房包价是指酒店在出租客房之外搭配其他酒店产品或者酒店外的其他产品及服务,并以优惠的价格出售给客人。常见的形式有客房加自助晚餐、水疗套餐、健身课程、瑜伽课程等。这些活动既能让客人感觉到实惠,又能够提升酒店其他部门的收益。例如,香格里拉酒店推出"自选包价"活动,顾客可通过此活动在一系列优惠服务项目中挑选自己喜爱的服务项目,所选择的服务项目将以优惠的价格计入基础房价。有的城市商务酒店为了吸引周末度假客人,选择与周边的娱乐休闲场所进行合作。

7. 日租房价格

日租房也称钟点房,是指白天租用给客人为期四小时的客房,以满足有临时休息需求的客人使用。提供日租房的酒店大多集中在一星级到四星级酒店,五星级等奢华酒店一般不提供日租房。酒店开设日租房既可以在淡季提升客房收入,也可以把一些抵店时间较晚的客人的房间提供给日租房客人,从而提升收益。不同酒店会对日租房的时间规定会有些许差异,大多是在每天 8:00—18:00。日租房的价格通常是当日散客价格的一半。

8. 团队价格

团队市场是酒店的另一个重要市场,团队客人是指旅行社或者公司组织的不少于 10 人所组成的团体,其出行是由组织单位事先计划、安排好的,并且这些单位会负责全部或部分费用。团队价格与散客价格有很大的不同,酒店会给予组织方较低的折扣。团队价格有只包含客房的,这类客人很少在酒店其他部门消费,例如商务团、一些旅行团、航空机组团等。还有包含房费和餐费的,常见的就是会议团。会议团除了有一定数量的房间需求外,还需要使用酒店的会议室或者用餐及宴会等。因此,除了房间以外还会产生其他综合消费。但是,会议团的客房协议价格一般会比较低。

除了以上常见的价格之外,酒店还会有一些特殊客人入住,并为这些客人制定特定的价格代码。

9. 业主价格

酒店业主是指酒店的投资人。业主价格是酒店业主使用酒店客房时所支付的价格。当酒店业主有住房需求时,酒店会以业主价格来收取客房费用,业主价格普遍会比较低。

10. 员工价格

员工价格是酒店或者酒店集团的雇员入住所工作的酒店或者集团其他连锁酒店时所享受的价格。员工价格是企业给予员工的福利,不同集团的员工价格不一,但是都会远低于酒店的售卖价格。例如,法国的雅高集团为其员工推出旅行优惠活动——雅高欢迎卡。欢迎卡的客房价格是年平均房价的 30%。

11. 免费房

免费房是酒店免费提供的住宿客房,主要是在一些特定条件下提供的。常见的免费房有以下几种。

(1)商业邀请:邀请潜在客户试住并考察酒店或者是答谢长期客户。

(2)补偿客人:服务补救的一种方式,用来补偿客人在酒店经历的负面体验。

(3)婚宴赠房:将婚房作为婚宴套餐的重要组成部分,赠予新婚客人。

(4)内部用房:主要是用于酒店管理人员或当值人员因公需要在酒店住宿,或者是集团总部高层、巡店人员、分店临时借调或支援人员需要住宿。

3.2.2 酒店客房价格的影响因素

酒店客房价格的制定受众多因素的影响,归纳起来有酒店内部因素和外部因素,具体如下。

1. 影响客房价格的内部因素

1)酒店档次和市场定位

价格是酒店档次和市场定位最直接的反映因素。国家星级酒店划分和评定标准规定了不同星级酒店的客房面积、设施设备、配套服务等标准和要求。五星级酒店的价格普遍高于其他星级档次的酒店,此外每一家酒店都有其市场定位,价格是酒店市场定位最直接的反映因素。以万豪酒店旗下两个品牌的丽思卡尔顿酒店和万豪酒店为例,虽然两个品牌都是五星级酒店,但丽思卡尔顿酒店以奢华酒店著称,其服务堪称世界一流,它的市场定位是奢华旅行家。在同一城市,丽思卡尔顿酒店平均客房价格大约是万豪酒店同等客房价格的1.5倍。

2)酒店地理位置

被誉为酒店大师的埃尔斯沃思·密尔顿·斯塔特勒(Ellsworth Milton Statler)曾讲过,对任何酒店来说,取得成功的三个最重要因素是地点、地点、地点。也许这位酒店大师的话有点夸张,但不可否认,随着旅游业的飞速发展,处于优越地理位置的酒店在日趋激烈的市场竞争中显示出来的市场竞争力和影响力,是一些区位较差的酒店难以匹敌的。酒店位于交通便利、市中心或中央商务区,以及旅游度假区等地区,其价格也会高于同等档次的其他地理位置的酒店。

3)客房成本

客房成本包含每间房间的固定成本和变动成本。固定成本是指不因酒店客房销售数量变化而变动的成本,例如客房的建筑成本、装修成本、家具成本等固定投入以及设备折旧和贷款利息等。变动成本是根据酒店客房出租数量的变化而变动的成本,其中包含人工成本、布草洗涤、水电能耗和客耗品等方面。

4)产品特色

酒店的特色之处是区别竞争者并获得竞争优势的关键。它不仅指酒店有形产品本身的差异,还包括产品设计、名称、服务以及销售渠道等诸多方面的差异。例如,位于三亚的亚特兰蒂斯酒店以特色海洋文化体验而走红,消费者可以在酒店水族馆观赏海底世界、体验潜水、急速漂流、嬉水玩耍等。此外,产品的特色还会让其自身别具一格,让消费者无法将其与其他产品进行比较,从而降低了消费者价格的敏感性。同时,具有差异优势的产品在应付替代品方面也较其竞争者处于更有利的市场地位,但取得差异优势的产品往往要付出较高的代价。

2. 影响客房价格的外部因素

1）消费者需求

消费者需求对酒店定价的影响可以从消费能力和消费淡旺季两个方面反映出来。顾客消费是酒店收入的来源，每位消费者心中都存在价格门槛。酒店定价太高，超过消费者可承受范围，就会减少其支付意愿；定价太低，又容易让消费者产生酒店服务质量不好的印象。客房价格应该在考虑不同群体的人均收入和消费水平的基础上，制定出消费者经济上和心理上都能接受的价格。消费者的实际支付能力构成了酒店产品在市场中的价格上限。所以酒店的产品定价应充分考虑消费者意愿及其能够支付的价格水平。消费淡旺季则主要体现在节假日、周末等时间对酒店价格的影响。

2）市场竞争状态

酒店决策者将随时根据市场产品的供给状况，调整不同的细分市场占比以及不同季节的各种类型房价。酒店商品的价格会随市场竞争状态的变化而不断调整，当供过于求时，酒店需要考虑适当降低价格；当供不应求时，酒店需要考虑适当提高价格。酒店定价的范围和自由度首先取决于市场竞争格局，商品经济中的市场竞争是供给方争夺市场的竞争。在激烈的市场竞争中，酒店的产品价格往往深受同行同类产品价格的影响和制约。

3）季节性影响

酒店对于房价的设置一般要根据一年中销售季节的不同（淡季、平季和旺季）、同一销售季节中的不同时段（节假日和平时）而制定不同的销售价格。酒店可以利用自己的产品销售具有季节性的特点，适当地给予顾客以季节性的折扣，使其设施和服务在淡季仍然可以被充分地利用，从而提高酒店的总体经济效益。

3.2.3　差异化定价

差异化定价是指酒店在提供同一产品或服务时，对客户制定不同的产品价格。酒店为什么要采用差异化定价的方法。

由于市场的需求和支付能力不同，我们对市场进一步细分。针对不同市场提供差异化的产品或服务以适应市场需求。这些差异化产品的价值最终通过价格来体现，价格的差异化最终体现为价格的细分。

如图 3-5 所示，该图形有两个坐标，横轴 Q 代表客房销售数量，纵轴 P 代表客房价格。图中的截距线是市场对客房的需求线，截距线上的 P1、P2、P3 对应的就是在该价格下客房的销售数量，即市场需求量。随着价格的增加，市场需求量在下降。当价格为零时，即酒店免费提供房间，客房需求量达到最大。由于一家酒店的客房数量是既定的，所以最多也只能满足市场对全部客房的需求。当客房价格无限大时，市场需求为 0，即无人愿意支付该价格购买产品。

如果酒店只提供 P1、P2 中的任意一档价格时，P1 的收益是图中 A+B 的区域，P2 的收益是图中 B+C 的区域。如果酒店同时制定 P1、P2、P3 三档价格，就可以获得图中 A+B+C+D 的收益。若将市场最大可能地细分，酒店理想状态下的收益是 P0Q 整个三角

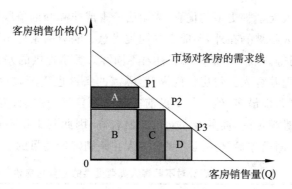

图 3-5 市场对客房的需求关系

形的区域。

酒店每多增加一种价格,酒店就更能提高收益。那么,酒店是不是要提倡不断细分价格呢?酒店是不可能将价格无限细分的。因为价格种类越多,管理的技术难度和操作难度就越大。而且在现实中,价格和需求的关系远比上述关系中简化的反比关系要复杂得多。在制定价格时,还必须考虑成本、利润、竞争、顾客心理、产品生命周期等因素。因此,酒店需要因地制宜,确定价格细分的程度和细分的种类。

酒店可以将同一类型的客房借助不同的价格种类进行价格细分。以满足不同的消费者市场。酒店常见的价格细分如表 3-3 所示。

表 3-3 酒店常见的价格细分

序号	价格类型	价格细分
1	公共价格	最优价
		促销价
2	OTA 价格	同公共价格
3	团体价	团体优惠价
4	公司协议价	变动协议价
		固定协议价
5	会员价	钻石会员价
		铂金会员价
		白金会员价
6	客房包价	房包餐
		房包水疗
		房包健身课
7	其他房价	业主价
		员工价

当价格体系制定完毕后,酒店要避免客房不同种类的价格在同一细分市场上售卖,进而扰乱市场价格秩序,降低酒店收益。这就需要酒店实施价格篱笆策略。

所谓价格篱笆策略,就是酒店用不同的策略对价格敏感度不同的顾客进行隔离,以使价格敏感度高的客人能享受更多的优惠,为酒店淡季或非高峰期争取尽可能多的收益;而价格敏感度低的客人则被隔在外,不能享受同类优惠。隔离的条件主要有购票时间、取消预订条件、在线支付等。表 3-4 是某酒店针对不同客人类型提供的差异化房价,同时还明确了相应的要求。随着客人支付房价的提升,隔离的条件也逐渐减少。普通旅游客人支付意愿低,因此限制条件最多,他们需要提前 7 天支付且不得取消、变更。这对于商务客人的商务出行是很难满足的,商务客人支付意愿较高,因此其不得不选择 266 元的价格。通过这些限制条件,酒店才最终达到了细分客人和差别定价的目的。

表 3-4 某酒店针对不同客人类型提供的差异化房价

房价/元	客人类型	提前支付	取消收费/元
266	商务客人	0 天	直接支付
206	高端休闲客人	3 天	100
156	普通旅游客人	7 天	不得取消、变更

任务实施

张旭分析酒店定价合理性的步骤如图 3-6 所示。

图 3-6 分析酒店定价合理性的步骤

步骤 1:熟悉影响酒店客房价格的因素。

张旭通过查阅滨海花园酒店营业历史数据,发现酒店有着明显淡旺季之分。每年 5—9 月是酒店的旺季,特别是暑假期间。因此,他发现影响酒店价格的因素主要有以下几点。

(1)酒店档次。酒店作为当地海边唯一一家四星级酒店,无论硬件设施还是员工服务都算得上是最好的。

(2)酒店地理位置。酒店地理位置得天独厚,距离大海仅几步之遥,附近环境优美、交通便利、商业繁华。

(3)消费者需求。酒店的客户群体主要是以旅游度假客人为主,由于需求原因,旺季酒店价格是淡季酒店价格的两倍。

(4)市场竞争状态。在当地市场,滨海花园酒店是当地的酒店龙头,因此其客房价格高于该城市的其他酒店。

步骤 2:明确定价方法。

张旭发现之前的计算是错误的,他没有考虑到酒店的客房成本,正确的计算应该是

$$单位客房售价 = \frac{固定成本 + 目标利润}{预期销量} + 单位变动成本$$

于是,他向收益经理询问,得知了酒店年度固定成本总额是 6 000 000 元,变动成本是 110 元/天。

$$单位客房售价 = \frac{6\,000\,000 + 4\,000\,000}{100 \times 60\% \times 365} + 110 \approx 567(元/间)$$

得到这个数字之后,张旭十分惊讶,他真正意识到沉重的固定资产将酒店房价抬升得如此之高。

步骤3:提交报告。

张旭运用定价的理论知识,梳理了酒店客房价格,并向收益经理提交了一份完整的报告。

小组训练

将班级每5名学生分为一组,每组确定1位负责人,完成表3-5所示的小组训练。

表3-5 小组训练(8)

训练名称	酒店客房定价分析
训练目的	引导学生关注酒店行业,参与实践训练。在讨论和撰写报告的过程中,训练学生的团队意识,同时提高他们对酒店客房价格制定方法的理论认识。通过践行职业道德规范,促进其塑造健全的职业人格
训练内容	前往市内合作的三家酒店,了解每一家酒店的基础房型价格制定方法。通过所学定价理论分析其价格制定的合理性
训练步骤	(1)小组成员通过与收益部门员工沟通,了解客房价格制定方法,根据所学定价理论分析其价格制定的合理性; (2)撰写一篇综合分析报告; (3)各组在班内交流讨论
成果形式	撰写一篇题目为《××酒店客房定价分析报告》的分析报告

任务3 动态定价

任务描述

张旭计算出滨海花园酒店今年的平均房价,然而他发现实际价格却并非如此。这时,他找到收益经理询问其中缘由,收益经理笑着说:"你计算出的是理论上的价格,而现实中客房价格是根据市场需求实时变动的。收益管理人员需要密切关注市场,及时调整价格。"收益经理给张旭布置了新的任务,让张旭熟悉动态定价的方法,并提交酒店6月的标准房型价格日历。

任务描述

任务分析

为了熟悉动态定价,张旭需要了解酒店动态定价的原因,并且查阅酒店客房价格历史数据,了解过往酒店的动态价格,熟悉动态定价的方法。

知识准备

3.3.1 动态定价的含义

动态定价是收益管理的要素之一,所谓动态定价是指酒店产品的价格以市场为中心,依据市场供求关系变化、细分市场预订模式差异等因素,以不同的价格卖给不同的人群,从而获得最大的收益。动态定价这个概念是从英国著名经济学家阿瑟·塞西尔·庇古提出的"价格歧视"概念衍生而来的。价格歧视是经济学概念,通常是指商品或服务的提供者在向不同的接受者提供相同等级、相同质量的商品或服务时,在接受者之间实行不同的销售价格或收费标准。经营者若没有正当理由,就将同一种商品或者服务对若干买主实行不同的售价,则构成价格歧视行为。

【拓展课堂】
价格歧视

动态定价最重要的因素就是酒店根据市场的供求关系而不断调整价格,有效地提升酒店收益。某酒店拥有300间客房,其5月客房出租率见表3-6。

表3-6 某酒店5月客房出租率

日期	1日	2日	3日	4日	5日	6日	7日
出租率/%	100	100	88	84	87	58	83
日期	8日	9日	10日	11日	12日	13日	14日
出租率/%	85	89	95	90	53	55	86
日期	15日	16日	17日	18日	19日	20日	21日
出租率/%	94	98	99	100	48	56	92
日期	22日	23日	24日	25日	26日	27日	28日
出租率/%	96	98	98	95	65	67	89
日期	29日	30日	31日				
出租率	97	80	96				

该酒店采用固定房价,其标准客房出租价格为568元/(间·夜),市场需求和酒店出租价格走势如图3-7所示。

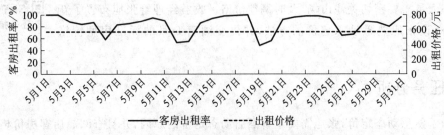

图3-7 固定房价与市场需求走势

该酒店的客房出租率每天都在发生变化,由于价格固定不变,酒店丧失了很多收益的机会。例如,出租率高的时候,酒店可以通过提高出租价格来增加收益;出租率低的时候,酒店没有通过适当的降价措施来吸引潜在客户,从而影响了酒店的收益。因此,在面对市场需求实时变化的情况时,固定的客房定价会让酒店利益受损。

若酒店采用灵活的动态定价方法,如表 3-7 所示,该酒店根据客房出租率执行对应的标准间价格。

表 3-7 散客动态价格

序 号	价 格 等 级	客房出租率/%	标准间价格/元
1	一级	90 以上	668
2	二级	80~90	618
3	三级	70~80	568
4	四级	60~70	528
5	五级	50~60	488
6	六级	30~50	458
7	七级	30 以下	428

我们将它投到折线图上可以看到酒店的出租价格和客房出租率几乎同步,如图 3-8 所示。当市场需求旺盛时,客房出租价格相应提升,酒店收入增加。当市场需求减弱时,客房出租价格下降,尽量吸引潜在顾客,稳定酒店收入。

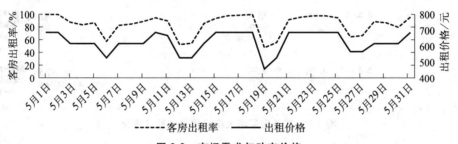

图 3-8 市场需求与动态价格

酒店客房的动态定价就是让酒店客房价格根据市场需求变化而变化,从而让酒店抓住任何可以增加收益的机会。由于酒店客房产品的边际成本较低,因此酒店可以以较低的成本来提高整体收入。

通过动态定价,酒店客房价格时刻根据市场需求变化而变化,从而可以满足酒店和顾客双方的利益。从酒店角度来说,高价客房直接增加了酒店收益;低价客房则提高了客房出租率,解决了闲置客房的问题,减少了资源浪费,进一步提高了收益。从客人角度来讲,酒店实行动态定价对他们也是有益的。客人可以通过比较淡旺季酒店的房价差别,调整自己的出行与入住计划,还可以通过提前预订客房或团体购房等途径,减少住宿支出,使原本因价格导致无法入住的问题得以解决。

3.3.2 动态定价的实施

1. 设定最佳可售房价

最佳可售房价(best available rate, BAR)是指客人在没有使用任何合同的情况下,通过任何一个公开渠道购买酒店客房时所获得的价格。最佳可售房价是酒店所提供的限制价最少的价格,是酒店制定价格体系的基准价。其他价格会在此基础上提高或降低。

酒店为了吸引客人,往往会搭配增值服务和一些具有限制条件的优惠。最常见的增值服务有以优惠的价格增加早餐、下午茶、水疗等。具有限制条件的优惠往往包括会员折扣、早鸟优惠、停留时长、在线支付、预订限时取消、购买数量等。如图3-9所示,某酒店豪华大床房的预订界面,其中508元是该酒店豪华大床房的BAR,在此基础上添加了早餐以及其他限制性条件,价格呈现出多样化。因此,酒店动态定价的关键就是确定BAR的价格。

图3-9 某酒店豪华大床房的网站预订界面

2. 设定价格等级

酒店动态定价是根据市场需求的变化进行定价,客房出租率是对市场需求最直接的反映。因此,酒店通常会把客房出租率分为不同档次,为每一档的出租率设定不同的价格,如表3-8所示。

表3-8 酒店基础房型价格等级

序号	价格等级	客房出租率/%	增值服务/元(含38元的早餐)	BAR/元	价差/元	优惠(9折)
1	BAR1	90以上	696	668	50	638
2	BAR2	80~90	656	618	50	588

续表

序号	价格等级	客房出租率/%	增值服务/元（含38元的早餐）	BAR/元	价差/份	优惠（9折）
3	BAR3	70～80	596	568	40	538
4	BAR4	60～70	566	528	40	498
5	BAR5	40～60	526	488	30	458
6	BAR6	40以下	496	458	—	428

收益管理中，酒店经常会采用触发点价格控制法，即将出租率设置为触发点，当出租率达到设定数值时，则会开放该等级的价格。随着收益管理系统的完善，系统可以实时监控数据，从而触发相应动作。

当酒店客房预测出租率在40%以下时，应在保证成本需求的条件下尽量以低价位提高客房的出租率，达到规模化赢利的目的；当预测出租率在60%～70%时，酒店可通过适当提高客房价格的方式，保证潜在客户有房可住，或者保证合作商的优质客户有房可住，达到调控住房率及酒店的收益最大化的目的。当预测出租率在90%以上时，酒店可采用设置最高价的方式调控住房数量，以便提供给诸如自来散客等高价值客户入住。此处设置出租率在90%以上的BAR1价格为668元。

根据出租率的不同，酒店一般采用绝对价格去设置价差。表3-7中，80%～90%对应的BAR2价格是在BAR1价格基础上减去50元，BAR3价格则是在BAR2价格的基础上减去50元，以此类推，表中价差金额需要酒店结合历史数据和竞争对手的数据等因素综合算出。

当不同出租率下面的BAR数值确定之后，增值服务和优惠就是在此基础上增减变化价格。通常来说，酒店可采用绝对数额设定增值服务价格，以及选择折扣价格来设定优惠力度。最终，我们可以得到酒店基础房型的价格等级。

通过以上价格等级可以看出，BAR是酒店客房价格的核心，BAR会随着市场需求的变动而变动，进而影响酒店全部客房的价格变动。同时，酒店收益管理人员可以根据客房出租率的高低在价格体系中对实时房价进行动态调整，从而避免主观臆想地去增减价格，导致酒店收益受损。

3. 制定酒店价格体系

酒店客房产品价格主要受需求、产品和细分市场三个方面的影响，因此其价格结构应该涵盖这三个方面的内容。其中，需求反映出酒店出租率，表3-9就是根据出租率来制定价格等级的。结合任务一的酒店产品，我们制定出一张酒店的动态价格结构表。这张表只是列举了部分房型和细分市场的价格代码。但在酒店的实际业务中，酒店的客房类型和协议客户数量要多很多，因此，酒店价格结构也会随之变得复杂。

表 3-9 酒店的价格体系

序号	价格分类	价格名称	价格代码	价格说明	房型1价格	房型2价格	……
1	公共价格	最佳可售房价 BAR	BAR1	出租率＞90%			
			BAR2	90%＞出租率＞80%			
			BAR3	80%＞出租率＞70%			
			⋮	⋮			
2	OTA 价格	OTA	OTA1	出租率＞90%			
			OTA2	90%＞出租率＞80%			
			OTA3	80%＞出租率＞70%			
			⋮	⋮			
3	会员价	白金会员	VIP1	BAR 9 折			
		铂金会员	VIP2	BAR 8 折			
		钻石会员	VIP3	BAR 7 折			
4	公司协议价	变动协议价1	CR1	BAR 的 8 折			
		变动协议价2	CR2	BAR 的 7 折			
		固定协议价1	FCR1	560 元			
		固定协议价2	FCR2	510 元			
5	旅行社散客价	旅行社散客价1	WHL1	BAR 9 折			
		旅行社散客价2	WHL2	BAR 8 折			
		旅行社散客价3	WHL3	BAR 7 折			
6	团体价	旅行团	TR	BAR 的 7 折			
		商务团	BR	BAR 的 8.5 折			
		会议团	CR	BAR 的 8 折			
7	客房包价	包价1	PAC1	根据套餐成本等情况制定			
		包价2	PAC2	根据套餐成本等情况制定			
		包价3	PAC3	根据套餐成本等情况制定			

续表

序号	价格分类	价格名称	价格代码	价格说明	房型1价格	房型2价格	……
8	其他房价	免费房	COMP	零房价			
		自用房	HSE	零房价			
		员工价	SR	零房价			

借助以上的价格体系,酒店收益经理可以在复杂的市场需求中,结合客人类型和客房类型,准确地调出对应的客房价格,无须临时计算价格,从而避免定价的盲目性。

4. 关注酒店预订和市场预测,实时更新房价日历

酒店收益部往往通过销售部和预订部得到接下来一段时间已接收到的预订信息,同时通过关注当地相关资讯,了解未来的一些会对酒店出租率产生影响的事件,这些事件主要包含各种大型会议、赛事、演出等。例如,2020年12月10日中国首届全国技能大赛开赛,这次比赛直接影响到当地一些酒店的客房出租率。除了重要事件,其他因素也需要酒店密切关注,例如天气、国家经济政策、竞争对手的价格和出租率。在2021年春节期间,三亚市发改委出台了《三亚市2021年春节期间旅游酒店标准客房价格调控实施方案》,要求当地酒店依据"优质优价,价质相符"的原则进行定价,并对三亚市旅游酒店分片区、星级档次制定了2021年春节期间旅游酒店标准客房差别化政府最高指导价(含手续费、服务费),最高限价5 900元/间。

头脑风暴

2021年7月,河南遭遇罕见的特大暴雨灾害,不少人因此"有家不能回"。为了帮助他们,郑州大部分酒店都未涨价,部分酒店甚至"暖心"降价帮助受灾群众渡过难关。但在郑州高铁东站的某酒店却趁机抬价。据报道,7月20日,因暴雨滞留在郑州的网友表示,该酒店一间房涨价到2 888元一晚。而记者查询发现,这家酒店平日价格在300元左右。

对于该酒店的做法,你怎么看?

任务实施

张旭制定6月酒店标准客房价格日历的步骤如图3-10所示。

图3-10 制定6月酒店标准客房价格日历的步骤

步骤1:知晓滨海花园酒店标准房型的基本价格。

通过翻阅资料张旭了解到6月酒店客房的平均价格,如表3-10所示。

表 3-10　滨海花园酒店标准房型的基本价格

价格类型	价格细分	标准房型价格/元	价格说明
公共价格	最佳可售房价(BAR)	1 280	—
	促销价	1 216	BAR 的 95 折
OTA 价格	携程价格	1 126	BAR 的 88 折
	美团价格	1 152	BAR 的 9 折
公司协议价	新奥能源公司协议价格	896	BAR 的 7 折
	天科医药生物公司	1 024	BAR 的 8 折
	华美国际旅行社	870	固定协议价格
	中兴青年旅行社	890	固定协议价格
旅行社散客价	华美国际旅行社	1 088	BAR 的 85 折
会员价	白金卡会员	1 024	BAR 的 8 折
	钻石卡会员	1 152	BAR 的 9 折
包价	金沙滩旅游景区包价	1 152	BAR 的 9 折
员工价	酒店员工优惠价	关闭	—

步骤 2：熟悉酒店的出租率和酒店价格体系的关系(见表 3-11)。

表 3-11　熟悉酒店的出租率和酒店价格体系的关系

序号	价格等级	出租率/%	标准房型价格/元
1	一级	90 以上	1 280
2	二级	80~90	1 216
3	三级	70~80	1 152
4	四级	60~70	1 024
5	五级	50~60	896
6	六级	30~50	785

步骤 3：结合酒店的每日出租率和客房价格类型，计算酒店 6 月的每日客房价格(见表 3-12)。

表 3-12　酒店 6 月的每日客房价格

星期一	星期二	星期三	星期四	星期五	星期六	星期日
	1	2	3	4	5	6
	OCC:85% BAR:1 216	OCC:82% BAR:1 216	OCC:89% BAR:1 216	OCC:67% BAR:1 024	OCC:51% BAR:896	OCC:51% BAR:896
7	8	9	10	11	12	13
OCC:95% BAR:1 280	OCC:89% BAR:1 216	OCC:99% BAR:1 280	OCC:82% BAR:1 216	OCC:71% BAR:1 152	OCC:41% BAR:785	OCC:39% BAR:785

续表

星期一	星期二	星期三	星期四	星期五	星期六	星期日
14 OCC:72% BAR:1 152	15 OCC:95% BAR:1 280	16 OCC:78% BAR:1 152	17 OCC:78% BAR:1 152	18 OCC:65% BAR:1 024	19 OCC:51% BAR:896	20 OCC:51% BAR:896
21 OCC:95% BAR:1 280	22 OCC:89% BAR:1 216	23 OCC:99% BAR:1 280	24 OCC:82% BAR:1 216	25 OCC:71% BAR:1 152	26 OCC:51% BAR:896	27 OCC:51% BAR:896
28 OCC:95% BAR:1 280	29 OCC:89% BAR:1 216	30 OCC:99% BAR:1 280				

小组训练

将班级每5名学生分为一组,每组确定1位负责人,完成表3-13所示的训练。

表3-13 小组训练(9)

训练名称	酒店客房动态价格小调查
训练目的	引导学生关注酒店行业,参与实践训练。在讨论和撰写报告的过程中,训练学生的团队意识,同时提高他们对酒店客房动态定价的认识。通过践行职业道德规范,促进其塑造健全的职业人格
训练内容	学生分组,在调研基础上进行讨论,集体分析。指定市内的一家星级酒店,了解其动态价格实施的策略与方法,用所学知识分析该酒店动态价格的合理性
训练步骤	(1) 小组成员通过实地分析酒店动态价格的设置,判断其合理性; (2) 撰写一篇综合分析报告; (3) 各组在班内交流讨论
成果形式	撰写一篇题目为《××酒店动态价格实施调查与分析》的分析报告

学习小结

本项目主要介绍了酒店产品的概念、客房价格类型、价格影响因素、定价方法和动态定价等基础知识,知识结构如图3-11所示。

酒店的产品和价格是收益管理的重要因素。酒店收益管理需要挖掘酒店客房的独特卖点,利用装修、面积、朝向、楼层等因素推出差异化产品。此外,通过提供不同的服务进一步区分客房类型,从而更好地迎合不同消费者的需求。党的二十大报告中提出:"必须坚持在发展中保障和改善民生,鼓励共同奋斗创造美好生活,不断实现人民对美好生活的向往。"顾客的需求提升驱动着供给侧的创新,酒店产品创新的案例比比皆是,许多酒店在

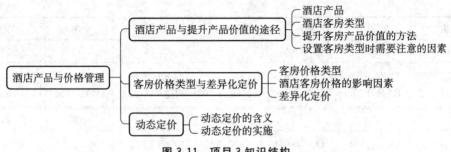

图 3-11　项目 3 知识结构

以数字科技、人脸识别、AI 机器人服务、智能化家居等提升客人住店品质。收益管理离不开优质的产品,优质的产品才能满足人们对美好生活的向往。

酒店的产品差异化为差别定价奠定了基础。单一的客房价格不能充分发挥酒店收益管理的作用,因此,酒店收益管理部门需要对酒店的客房制定价格体系。在设立基础房型和价格的基础上,针对不同客房类型进行差异化定价,同时结合客人入住时间的不同进行动态定价。

学习测试

一、单项选择题

1.（　　）拥有快捷的入住及离店手续办理流程、延迟退房政策、配备行政酒廊,以及为客人提供欢乐时光、免费早餐、行政会议室等特色服务项目。

　　A. 标准房　　　　　　　　　　　B. 豪华房

　　C. 商务房　　　　　　　　　　　D. 行政房

2. 以下不属于酒店产品特性的是(　　)。

　　A. 季节性　　　　　　　　　　　B. 价值储存性

　　C. 不可预见性　　　　　　　　　D. 质量不稳定

3. 某酒店的目标市场主要以商务散客为主,应该把房型比例设成最大的是(　　)。

　　A. 标准客房　　　　　　　　　　B. 豪华客房

　　C. 商务套房　　　　　　　　　　D. 行政客房

4. 关于门市价格说法错误的是(　　)。

　　A. 门市价格是指在店面里对外明示的商品价格,也称挂牌价格

　　B. 门市价格的制定需参照同星级酒店平均水平,再结合酒店成本预算以及回收年限制定房价

　　C. 酒店出租房价严格按照门市价来收取

　　D. 酒店门市价这种价格体现了一家酒店的档次

5. 关于酒店日租房的说法错误的是(　　)。
   A. 日租房也称为钟点房,是指白天租用给客人为期四小时的客房,以满足有临时休息需求的顾客使用
   B. 所有酒店都会为客人提供日租房
   C. 酒店开设日租房既可以在淡季提升客房收入,也可以把一些抵店时间较晚客人的房间提供给日租房客人,从而提升收益
   D. 日租房的价格通常是当日散客价格的一半
6. 以下是以成本为导向的定价方法的是(　　)。
   A. 千分之一定价法　　　　　　B. 理解价值定价法
   C. 声望定价法　　　　　　　　D. 随行就市法
7. 下面以竞争为导向的定价方法的是(　　)。
   A. 成本加成定价法　　　　　　B. 声望定价法
   C. 收支平衡法　　　　　　　　D. 追随定价法
8. 以下不是影响酒店定价内部因素的是(　　)。
   A. 酒店档次及其市场定位
   B. 酒店地理位置
   C. 客房成本
   D. 政府的价格指导

二、简答题

1. 按层次划分,酒店客房类型都有什么?
2. 酒店价格类型都包含什么?
3. 影响酒店定价的因素有哪些?
4. 酒店该如何实行动态定价?

三、案例分析题

1. 精品酒店(Boutique Hotel)中的"精品"源于法语的"Boutique"一词,原指专卖时髦服饰的小店。精品酒店最初是指起源于北美洲的私密、豪华或离奇的酒店环境,以提供独特、个性化的居住和服务水平作为自己与大型连锁酒店的区别。精品酒店是体验经济背景下逐渐演变而来的,因此通常来说,精品酒店代表的是独一无二的住宿体验,通过产品服务赢得住户的高满意度。

为了扩大规模并增加对商务旅客的吸引力,精品酒店正在开设越来越多的分店,形成自身的酒店连锁。但同时,每一家酒店均将当地的元素融合到设计特色、食品和整体文化中,仍然保留自身的特征。

在精品酒店大受欢迎后,酒店连锁企业也积极地将精品酒店的独特理念和设施融入自身品牌中。可以预见,未来将有更多的连锁酒店向精品酒店靠拢。全球精品酒店行业

竞争将更加激烈。

（资料来源：腾讯网．"行业前瞻"2023—2028年全球及中国精品酒店行业发展分析[EB/OL]．[2023-05-06]．https://new.qq.com/rain/a/20230506A067HD00．）

思考：请结合你所在城市分析如何开展精品酒店才能赢得客人的青睐？

2.2020年春节小长假前夕，热门目的地的酒店迎来接待旺季。有用户发现，在同一线上平台上预订同一酒店的同一房型，自己和别人预订的价格不同。2020年1月15日，南方都市报官微就酒店房间价格的话题面向社会读者发起"春运槽点小调研"。结果显示，参与调研的用户中，89%的消费者表示有同样的疑惑；42%的消费者表示并不了解背后的原因，但影响了春运出行体验；19%的消费者觉得是自己"运气不好"；高达61%的消费者坚信背后有猫腻。

思考：你认为出现上述情况的原因是什么呢？

3.2021年清明假期，一则"泰山酒店房价高，游客挤厕所过夜"的新闻引发关注。有游客称泰山山顶南天门附近酒店住宿要1200元一间，不少游客因此挤在厕所过夜，一时间引起热议。不仅泰山如此，清明假期期间，中国名山山顶酒店1000元/晚的双人标间价格较为常见，如黄山、华山等。

思考：你认为这些酒店是如何定价的呢？

请每位同学阅读案例，以团队为单位对案例进行讨论，完成案例后面的问题。

万豪将为旅享家忠诚度计划采用动态定价系统

万豪宣布，从2022年3月起，对万豪旅享家忠诚度计划实施动态定价，即根据市场需求灵活设置产品和服务价格。根据新定价机制，类别1酒店的一间客房在"非高峰期"期间每晚需花费5 000点旅享家积分，而在高峰期的类别8酒店每晚需花费100 000点旅享家积分。参与万豪PointSaver计划的酒店的兑换率最多可降低20%。

万豪表示："价格将更接近酒店价格，并为会员在兑换住宿积分时提供更多灵活性和选择来探索我们的产品组合。灵活的积分兑换率意味着将有更多的房间可用于兑换住宿，因为我们的酒店将能够更好地管理房间库存。"

（资料来源：环球旅讯．万豪将对忠诚度计划实施动态定价机制[EB/OL]．[2021-10-27]．https://www.traveldaily.cn/express/158045.）

结合案例请回答以下问题。

1．为什么越来越多的酒店在会员计划中引入动态定价？

2．你认为会员计划引入动态定价的弊端都有哪些，如何规避？

3．你认为未来酒店动态定价的发展趋势是什么？

学 习 评 价

	能/否	准确程度	评价目标	评价类型
通过本项目学习,你			掌握酒店产品的基本概念和类型	专业知识评价
			从收益管理角度理解客房类型的设置	
			熟悉酒店客房的价格类型	
			理解影响酒店客房定价的因素和定价方法	
			掌握酒店动态定价的概念、意义和实施方法	
			结合酒店特点设置客房类型	专业能力评价
			运用常见的客房定价方法制定客房价格	
			根据酒店特点制定酒店价格结构表	
			树立不断创新酒店产品的意识	素质学习评价
			具备对客房诚信定价的职业操守	
			端正合理利用动态定价为酒店争取最大收益的职业态度	

自评人(签字)	教师(签字)
年 月 日	年 月 日

项目 4 酒店销售渠道管理

学习目标

知识目标

- 掌握酒店销售渠道的基本概念及分类。
- 熟悉酒店常用的销售渠道及优势。
- 了解酒店应如何合理利用销售渠道获得收益。
- 从收益管理角度理解酒店销售渠道的设置及管理方法。

能力目标

- 正确区分酒店销售渠道的类型。
- 根据酒店特点构建最优销售渠道。
- 针对不同类型酒店设计销售渠道组合。

素养目标

- 养成独立严谨的思维方式和思维习惯。
- 与时俱进,善于挖掘酒店新兴销售渠道。
- 提升数字化思维意识。

学习导引

任务 1　酒店直接销售渠道

任务描述

张旭已经在酒店实习了 4 个月。由于滨海市是典型的旅游城市,酒店收益会随着季节变化而产生较大变动。在旺季,价格灵活,措施得当,很容易满房。而在淡季,即使将价格下调至很低,销量也并不理想,不能给酒店带来可观的收益。酒店收益经理告诉张旭:"《大学》里有一句很经典的话'欲正其心者,先诚其意;欲诚其意者,先致其知;致知在格物。'要想提升

任务描述

酒店的收益,可以从销售渠道方面展开分析,在分析过程中要养成科学的思维习惯。"经理让张旭对酒店目前的销售渠道进行分类,并深入调研酒店直接销售渠道。通过分析酒店可开拓的直接销售渠道,降低酒店成本(即减少佣金),维护和开发酒店直接客源,从而提升酒店收益。

任务分析

要完成经理交代的任务,张旭需要先深入了解酒店销售渠道的相关资料,根据之前大学期间学习过的酒店销售渠道方面的内容,理论结合实践,对本酒店的销售渠道进行分类。同时,他还需要深入了解酒店的直接销售渠道,整理分析最新的直接销售渠道,找到合适的直接销售渠道并进一步发掘属于酒店自己的客源。

知识准备

4.1.1　酒店销售渠道的概念

市场营销大师菲利普·科特勒曾指出:"渠道是指某种货物或劳务从生产者向消费者移动时,取得这种货物或劳务所有权或帮着转移其所有权的所有企业或个人。"即指商品和服务从生产者到达消费者的过程中所经过的路径。

对于酒店的投资者而言,一家酒店开业后需要考虑的问题之一是如何将酒店产品和服务销售给最终消费者(无论是公司、机构还是个人),并在销售和推广环节做好各个方面的工作,从而让酒店得到更好的市场发展。如果酒店希望获取更多生意,就必须了解酒店产品的销售渠道,并通过最优的渠道将产品出售给最适合的客户,以实现酒店收益的最大化。因此,酒店销售渠道可以定义为连接酒店产品和客户之间的桥梁,它包括从客户产生消费动机到最终进入酒店并消费其产品的整个过程中所发生的各种活动。

随着社会的发展,酒店的销售渠道也在不断变化。一些渠道是随着移动互联网技术的推广而出现的,例如微信小程序、抖音等,而一些其他渠道则逐渐因新通信工具的

出现而减弱甚至消失,比如传真预订渠道。不同酒店需要根据自身主要目标客户群体寻找适合自己的销售渠道,从而顺畅地将酒店客房、餐饮、宴会等产品和服务销售出去。

4.1.2 酒店销售渠道的分类

酒店的销售渠道对酒店的经营状况有着举足轻重的影响。不同的酒店需要基于自身的经营特点和定位,选择不同的销售渠道,并优化不同销售渠道的结构占比,如此才能提高获客能力、降低获客成本、扩大自身客源,实现收益最大化。不同酒店的主要销售渠道和销售渠道数量也存在一定的差异性。例如,北京的一家五星级酒店可能采用多样化的销售渠道,而一家民宿、酒店式公寓或共享住宿则可能只有网络预订这一种单一渠道。

随着时代的发展,为了增强对客户的吸引力并提升酒店业绩,除了稳固现有酒店销售渠道外,酒店还应不断开拓新的渠道。同时,根据不同的分类标准对销售渠道进行分类,以便深入分析并合理使用。

1. 按销售渠道所有权分类

(1) 直接销售渠道简称直销渠道,是酒店产品向顾客转移中不经过任何中间环节的销售渠道,即酒店直接投资建设并拥有的销售渠道。这些渠道隶属于酒店,在工作安排、价格调整、客户沟通等方面能够自行管理和控制,不受外界因素限制,不需要向第三方支付佣金。并且顾客是直接向酒店预订的,与酒店形成了直接的合同关系,便于酒店构建自己的客户群体,将其发展成为忠诚客户。但打造直销渠道,需要酒店投入资金与资源,用来寻找顾客和维护客户关系。一般中等以上的酒店需要若干名销售人员,而且这些员工的工资和福利等人工成本较高,加上销售奖励提成等需要付出更高的成本。

(2) 间接销售渠道简称间接渠道,是指酒店产品向顾客转移过程中需要通过一层或者多层的中间环节,构成这些中间环节的组织或机构。间接渠道是第三方投资打造并拥有的销售渠道。当酒店直销渠道的客源不够多时,酒店就要求助于间接渠道来获得客源,但需要向这些组织或机构支付佣金。与直销渠道相比,其优点是运行成本低、宣传力度大、市场范围广、能够使酒店产品快速进入市场并被客户所认知等,并且可以发掘出潜在客户;缺点是难以管控、运用不够灵活、难以形成自己稳定的客户群体和需要支付高额的佣金等。某国际酒店集团旗下五星级酒店的销售渠道如图 4-1 所示。

2. 按技术手段分类

(1) 线上销售渠道是指借助互联网来进行交易的渠道,包括 OTA、GDS、官网、移动端 App、微信平台、小程序、直播平台、社交媒体销售平台等。酒店客户通过线上渠道寻找酒店、查询信息、选择产品与服务、支付并完成购买,整个购买过程是利用互联网工具完成的。

(2) 线下销售渠道是传统的销售渠道,是指依靠人与人面对面或不见面的沟通方式

图 4-1 某国际酒店集团旗下五星级酒店的销售渠道

进行交易的渠道,包括面谈、电话、电子邮件和传真等方式。酒店线上与线下主要销售渠道如图 4-2 所示。

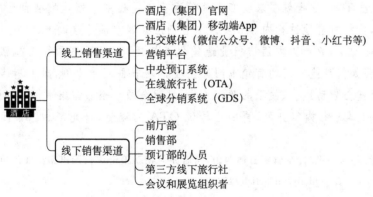

图 4-2 酒店线上与线下主要销售渠道

从发展趋势来看,越来越多的顾客通过线上销售渠道购买酒店的产品与服务。所以,酒店线下销售渠道的产量占比呈下降趋势。因此,很多酒店减少了销售部、预订部和前厅部的人员数量,增加了一些新的职位,如渠道经理、网络营销经理和收益管理经理等,主要负责管理线上销售渠道。

> **案例分享**

酒店新渠道与传统营销孰优孰劣

无论是小红书,还是抖音、视频号,新媒体平台的兴起都在慢慢改变酒店的营销格局,也在对酒店传统的营销方式发起挑战。

有的酒店为了节省成本,在运营新媒体平台时没有按照对应的平台规则来制定相应的投放策略,只是简单地将以往投放在OTA平台或者微信公众号的内容照搬到抖音、小红书等平台上。如果仅仅是照搬,而不深耕新的渠道,酒店则很有可能会被淘汰。

对酒店来说,布局一个新渠道不是一蹴而就的,而是需要慢慢学习、适应并成长的。南京金奥费尔蒙酒店市场传讯总监表示,南京金奥费尔蒙酒店在一开始接触小红书时也是针对某一个领域开始入手,制作相对应的内容,慢慢培养审美,在该领域取得一定的效果后再往其他领域发展。

而对于新兴与传统的营销渠道孰优孰劣的问题,书香酒店大客户部总监的理解是:"不同渠道后面实际上代表着一个群体,如果能够把某个渠道运营好,那酒店也就一定能够经营好该渠道后端的用户。换言之,书香酒店更注重的是每个渠道背后的用户会接受哪种形式的营销,从而根据不同的渠道制作并投放对应的内容。"

不过,在推进新的营销投放战略时,也会有一定的阻碍。例如,从品牌的角度来看,运营新渠道不仅仅是为了推广产品,也是为了在用户心中树立更好的品牌形象,加深用户的体验感,从而实现更长久健康的经营。

而站在酒店的角度,其营销往往是结果导向的,换句话说就是要用订单数据来说话。"因此,往往内容产出的过程就会很头痛——如果是站在酒店的角度,那么产出的内容就会偏向推销化;如果是站在用户的角度,其产出的内容则是更偏于体验向的。两种方式的受众、目的完全不同,这也就要求我们在营销运营的过程中清晰地找准自己的受众,结合平台的定位,再相对应地进行内容分发。"书香酒店大客户部总监说道。

值得一提的是,随着国内酒店行业连锁化率的提高,营销不再是仅仅靠门店单打独斗,品牌、集团如何赋能门店的营销也同样重要。以书香酒店为例,旗下新店开业前三个月,集团层面就会启动线上、线下的营销工作,集团会通过全媒体渠道,包括抖音、小红书、B站,乃至知乎等进行内容分发,再配合传统OTA的流量,以此来加强集团对于门店营销的赋能。

(资料来源:环球旅讯.传统营销日薄西山,酒店如何在新渠道中找到出路?[EB/OL].[2023-06-12].https://www.traveldaily.cn/article/174420.)

4.1.3 酒店直接销售渠道

直接销售渠道是酒店产品和服务在流向消费者的过程中不经过任何中间环节的销售渠道。如消费者未经预订直接入住酒店或直接通过酒店预订系统预订房间。目前常见的酒店直接销售渠道包括酒店前台、预订部、销售部、区域销售机构、酒店的电子商务平台等。

1. 酒店前台

前台是酒店最古老的销售渠道。在现代化通信手段出现之前,人们外出时,一般都是临近天黑寻找酒店办理住宿的,前台是当时最重要的销售渠道。直到今天,大多数酒店仍设有前台。在很多酒店里,前台对于提高酒店的收益有以下几方面的优势。

(1) 前台工作人员可以向客人介绍酒店的特色产品,提高客人的入住意愿。

(2) 在客人登记的时候可以进行有效的增销服务。

(3) 前台通过装修、装饰等营造酒店文化氛围,展示自身的特色、个性,从而吸引客人成为酒店的忠实客户。

(4) 客人在浏览完在线旅游代理网站后会向酒店前台打电话咨询,酒店前台可以借此机会将其转为直接预订。

(5) 前台工作人员有机会挖掘潜在客户。

2. 预订部

酒店85%以上的客房收入来自预订部,因此在收益经理的工作内容中预订部的运营与管理占比相对较大,收益管理策略要通过预订部落地执行。预订部接受直接预订的主要方式有电话预订、邮件预订和传真预订。

在不同酒店,预订部隶属的部门各不相同。在一些规模较小的酒店,预订部设在前台,预订部人员跟前台人员工作内容几乎完全重叠。在一些规模较大的酒店,预订部和前台分开设立,同属于前厅部,两个部门的人员双向流动,互补余缺。如果酒店有专门的收益管理部,预订部也可能隶属于收益管理部,除了处理各种预订事宜外,也需要维护客户信息,分析客户预订和消费行为,与酒店其他部门沟通协调,适时调整酒店各类产品和服务的价格,使酒店收益最大化。大型酒店集团还设有集团预订中心。

3. 销售部

销售部是酒店的核心,承担着酒店市场分析、计划、执行与控制等重要工作,负责酒店的产品组合、产品销售和销售回收款等经营重任。因此,销售部的运转水平和销售经理工作质量的好坏,直接关系到酒店的营收水平。销售部常常代表着客户的需求和利益,销售部工作人员需从不同角度对客户进行细分,从而优化酒店收益。例如,家庭可以细分为亲子家庭、空巢家庭等。销售部人员对于客户的消费心理有着深入的了解,因此可以制定合适的套餐价格,吸引客户入住酒店。

知识链接

销售部与预订部在销售方面的不同

(1) 销售部的员工需要有计划、有组织地对潜在客户和重点客户进行销售访问,向客户介绍和推销酒店产品,征询客户对酒店的意见和建议,争取达成交易,签订销售合同。预订部的员工只需要坐在酒店办公室,接打电话,处理订单信息,与酒店相关部门协调

即可。

(2) 销售部主要做批发业务,顾客主要是会议团体和旅行团体,如公司、协会、学校、机关单位等。预订部主要做零售业务,顾客对象主要是散客。

(3) 销售部签一个合同,涉及的业务量可能是上百甚至上千个间夜客房,涉及的销售区间可能是半年、一年甚至更长,而预订部涉及的业务量可能是一个间夜或几十个间夜,涉及的销售区间可能只是一天或几天。

(4) 销售部会与酒店其他相关部门一起策划特别促销活动,如美食节、情人节、圣诞节、春节、客房包价以及其他主题促销活动,并组织实施。预订部则不会参与策划。

(5) 销售部只负责销售,不负责过后的具体预订及入住。预订部则是具体操作,接收销售部所签合同带来的顾客预订,并安排之后的入住事宜。例如,销售部与一家公司签订协议一年500(间·夜),之后预订部在此协议下,接收该公司的多次预订,并按协议价计算金额。对于以散客为主的酒店,如主题酒店、民宿和一些经济型酒店,常规的预订量即可达到酒店的业绩目标,不需要销售部员工签订大的合同,销售部人员也不用走出酒店进行上门推销。而对于一些会议型酒店、度假型酒店,预订部的销售通常有限,需要销售部员工主动与目标顾客群接洽,与旅行社接拾,签订大的合同和订单。

4. 区域销售机构

通常只有大型的酒店才会设立专门的区域销售机构。区域销售机构有两类:一是为销售机构所在区域的酒店争取客源。比如,一些国际酒店品牌会设立欧洲办事处、大中华区办事处,负责该地区旗下品牌酒店的高管任命工作、法律事务工作、财务审计工作以及重点客户的销售和维护工作。二是为酒店争取更广泛的客源。比如,中国一些高星级酒店在海外设立销售机构,扩大酒店在当地的知名度,发展当地的客源群体,为酒店输送当地客人。区域销售机构是酒店销售部的延伸,类似于将销售部设在千里之外。设立区域销售机构的一个最重要原因是节约销售人员的差旅费,以及酒店的运营费用,建立、维护和拓展更广泛的客源,使酒店有稳定的收入。

5. 酒店的电子商务平台

1) 酒店官方网站

酒店官方网站除了展示酒店的各类信息外,也是顾客值得依赖的预订平台。一些大品牌、知名度较高的酒店,均在官方网站上设立专门的预订通道,方便顾客随时预订。例如华住会,它是华住酒店集团会员俱乐部,也是一个高效、简单、温情的酒店预订平台,入住华住集团旗下的酒店品牌皆可通过华住会在线预订平台进行预订,如图4-3所示。酒店建立官方网站,一方面,可以降低宣传成本费用;另一方面,一个界面优美、布局合理、信息丰富、操作便捷的官方网站将极大程度地吸引顾客,提升顾客的预订可能性。不少酒店鼓励顾客在官方网站免费注册成为会员,使其可以在线更改或取消订单、查阅历史订单、参与积分兑换计划、发表评论意见等,这样酒店可以及时了解顾客的需求,与顾客建立持久的联系,从而提升酒店的收益。

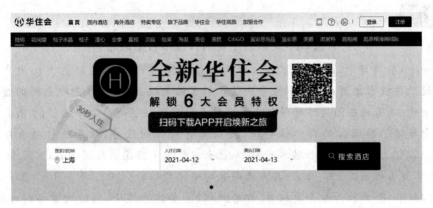

图 4-3 华住会在线预订平台

> **知识链接**
>
> **酒店官网——绝佳的预订平台**
>
> 如遇到一些特殊情况,官网就是一个绝佳的预订平台。例如顾客临时有出行计划,希望入住某酒店,但又不习惯给酒店打电话预订;一些顾客(如影视明星、体育明星)对其个人信息的保密程度要求较高,不希望个人信息被泄露,往往会通过酒店的官方网站预订客房。虽然近年来在线旅行社发展迅速,但是这些顾客一般不会通过在线旅行社预订客房,而是通过酒店官方网站预订或通过酒店的销售员工预订。

2)专门的预订软件

专门的预订软件包括计算机客户端和手机客户端。在智能手机出现以前,计算机客户端与酒店官方网站的地位不相上下。随着智能手机的普及,手机客户端更为普及。酒店 App 可以帮助酒店更好地推广自身品牌,同时能够更好地服务于顾客,如华住会 App(见图 4-4)。酒店会员权益的升级功能,可以通过增值服务拉新留存,加强会员用户对酒店品牌的忠诚度,这对于用复购与保障稳定交易额具有重要的影响。

图 4-4 华住会 App

> **知识链接**

手机 App 是酒店主要的直接销售渠道之一

Newzoo 数据显示,截至 2022 年,中国市场拥有超过 9.5 亿智能手机用户。手机 App 通过软件技术把酒店产品和服务安装在顾客的手机上,为酒店开辟全新的营销模式和推广手段,成为现在酒店市场营销中主要的直接销售渠道之一。手机 App 有利于酒店通过后台数据了解顾客的群体性特征,提供有针对性的服务,从而进行精准销售。以 2021 年 3 月酒店服务类 App 榜单为例,华住会以 571.7 万用户位居榜首,首旅如家、锦江酒店、格林酒店位列二、三、四名,其月活增长均超过两位数。2021 年 3 月,华住会 App 发布 3.0 新版本,全方位升级会员权益、订房流程、美食体验模块,同时新增品牌特色权益、金会员省钱季卡先享后付、会员优先在线选房、"30 秒入住、0 秒退房"等功能。截至 2020 年年底,华住会拥有会员数量超 1.6 亿个。首旅如家于 3 月 28 日会员日推出全新会员卡,在住宿服务权益升级的基础上,提供住+吃、行、游、娱、购 5 大生活类权益以及 230 多项特权。截至 2020 年上半年,首旅如家会员数量达到 1.22 亿个。

(资料来源:易观分析.2021 年 3 月住宿类 App 用户洞察[EB/OL].[2021-04-26]. https://zhuanlan.zhihu.com/p/367912501.)

3)微销售

在大数据技术不断发展的背景下,酒店可以获悉各类潜在顾客的需求,进行产品改造和升级,进而通过互联网新媒体,进行精准销售。微博、微信、抖音、小红书等已成为酒店的预订渠道,"微销售"如火如荼。酒店的市场部或预订部需要安排专门人员,时刻关注酒店的微信公众号平台和微博平台,快速回复顾客的留言和评论,并建立良好的互动关系。例如,酒店在其官方微博上发布一些链接,顾客点击链接,即可预订客房。酒店还可在官方的微信公众号上附加各类客房的预订通道,方便顾客在线预订。许多酒店通过开发微信小程序提升自己的竞争能力,吸引大量顾客。

微信小程序作为酒店直销的重要渠道,其优势具有如下几方面:让酒店直销触手可及,流量更多;让酒店服务更加个性化,用户体验更好;让酒店营销更轻松,获客能力更领先,提高酒店市场竞争力。

只有顺应时代变化,才能发展得更好。从当前大趋势来看,随着人工智能、物联网和 5G 技术的发展,智慧酒店已经进入发展初期,微信小程序不仅能帮助传统酒店快速提升自主营销及获客能力,还能基于智能硬件+酒店场景,更快速、更便捷地解决人与物、人与场景的连接问题,让酒店在市场竞争中抢占智慧酒店红利。

> **案例分享**

花筑民宿酒店联合小红书平台打通交易闭环

旅悦旗下首批花筑门店入驻小红书,并连接花筑旅行小程序开通直接预订功能,用户可以在小红书社区内完成从民宿种草、搜索攻略到民宿预订的整个闭环。花筑门店利用其丰富的产品特色,将民宿资源及其周边体验通过小红书平台精准的分发机制,有效送达用户,通过"线上分享"消费体验,引发"社区互动",继而推动其他用户"线下消费",反过来又带来更多"线上分享",最终形成正向循环。

用户可以通过在小红书社区内搜索"花筑旅行"企业号,进入页面就能发现位于笔记栏上方的"立即预订"入口,点击即可直接预订。还可以从"线下门店"入口进入各个民宿酒店的主页查看地址设施以及相关笔记等详情介绍并直接进行预订。门店信息页所关联的用户笔记则相当于门店的视频和图文评论,可以直观有效地帮助用户做出消费决策。

借助小红书的平台资源和社区生态,可以为每一家花筑民宿提供一个充分展现自己的平台。除"花筑旅行"主账号之外,每一家花筑门店都可以单独开通与主账号连通的账号,通过精细化运作,让用户不光可以看到每一家门店的店内景色,深入了解民宿日常生活、本地特色文化、周边旅游以及美食制作等更为全面详尽的内容,还能够通过评论和私信回复提升服务质量及用户体验,吸引用户从"种草"走向"拔草"。同时通过内容聚合效应,成倍提升花筑品牌在平台上的曝光度以及用户触达率,让用户轻松通过一家花筑门店发现更多的花筑好店分享,进而从一家门店的粉丝转化成为花筑品牌的忠实粉丝。

通过对新的销售方式的不断尝试与探索,旅悦集团正在内容营销方面为花筑门店开辟更多渠道,赋予更多技术支持。同时集团也鼓励门店自己生产内容,将花筑民宿酒店打造成为目的地生活方式体验的入口,成为旅行的主体卖点,进而帮助它们将内容转化为消费。对民宿酒店营销新玩法的把握,不仅可以有效促进花筑品牌的曝光度及知名度,其在未来的营销中也将至关重要。

(资料来源:科技快报.种草预订一站搞定,花筑民宿酒店联合小红书平台打通交易闭环[EB/OL].[2020-07-20]. http://news.ikanchai.com/2020/0720/366712.shtml.)

任务实施

张旭分析酒店可开拓的直接销售渠道的步骤如图 4-5 所示。

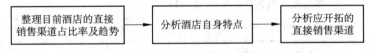

图 4-5 分析酒店可开拓的直接销售渠道的步骤

步骤 1:整理目前酒店的直接销售渠道占比率及趋势,如表 4-1 所示。

张旭通过整理酒店的直接销售渠道,了解到酒店目前使用的直接销售渠道有前台、预订部、销售部、酒店官网,进而通过对比近两年的各直接销售渠道的占比,总结其趋势,如表 4-1 所示。

表 4-1 目前酒店的直接销售渠道占比率

渠道名称	2022 年市场占比/%	2023 年市场占比/%
前台	6	5
预订部	10	10
销售部	25	20
酒店官网	3	3

步骤2：分析酒店自身特点。

在这次的任务中通过对酒店近两年的直接销售渠道的分析,不难发现大部分的直接销售渠道销售数据是呈下降趋势的。作为单体酒店想要提高收益,应尽量花费较少的成本推广自己的产品。目前酒店的直接销售渠道效果并不理想,因此可以考虑开拓新的直接销售渠道。

步骤3：分析应开拓的直接销售渠道。

酒店想要利益最大化,现在需要快速地建立起其他的直接销售渠道。如果使用自身的网络可以降低20%左右的客房成本,而对于酒店来说目前最大的问题就在于怎样去有效地推广自身的网络。张旭建议经理不妨尝试建立酒店的微信公众号、预订小程序等渠道,同时借助旅游垂直搜索引擎的应用迅速帮助酒店打通自身的推广瓶颈。

小组训练

将班级每5名学生分为一组,每组确定1位负责人,完成表4-2所示的训练。

表4-2 小组训练（10）

训练名称	不同类型酒店的直接销售渠道应如何选择
训练目的	引导学生关注酒店行业,参与实践训练。在讨论和撰写报告的过程中,训练学生的团队意识。通过此次训练,使学生熟悉酒店直接销售渠道的具体分类,能够掌握不同类型的酒店直接销售渠道的重要性
训练内容	学生以小组为单位去往市内两家不同定位的星级酒店,分别调研酒店的直接销售渠道及其市场占比
训练步骤	(1) 小组成员前往不同定位的两家酒店,调研两家酒店的直接销售渠道及各渠道的占比率,并分析其合理性; (2) 撰写一篇综合分析报告; (3) 各组在班内进行汇报、交流、讨论
成果形成	撰写一篇题目为《不同类型酒店直接销售渠道的选择与对比分析》的调查报告

任务2 酒店间接销售渠道

任务描述

酒店建立自身的直销网络势在必行,但在建立直销网络之前,仍然需要通过分销渠道来提升酒店的名气,利用网络口碑吸引客户,将其引向自己的网站。因此作为单体酒店,间接销售渠道仍然是必不可少的。收益经理找到张旭:"酒店现在需要根据自身的具体情况,选择合适的间接渠道促进销售,正如《大战邳彤》中的'兵来将挡,水来土掩',接下来你的任务就是分析和比较各间接销售渠道的优势。"

任务分析

张旭想要为酒店选择最合适的间接销售渠道,就需要对目前酒店的分销渠道进行搜集和整理,同时根据之前学过的理论知识,结合实践分析各渠道的优劣势。

知识准备

随着旅游市场进一步国际化,单靠直接销售渠道难以有效地吸引分散在各地的客户,直接销售渠道愈显脆弱,许多酒店开始借助批发商、零售商、代理商等销售机构和个人在销售信息上的优势开展销售活动。间接销售渠道是指酒店产品经过两层或两层以上的中间环节,如通过旅行社、旅游组织商、航空公司等中间媒介,最后转移到客户手中。客户通过酒店之外的中介或代理商购买酒店的产品和服务,将款项支付给中介或代理商,中介或代理商定期与酒店进行资金清算。在间接销售渠道中,酒店与中介或代理商是批发的关系,中介或代理商与客户是零售的关系。间接销售渠道根据介入的中间商层次的多少不同,又可分为短渠道和长渠道两种。

间接销售渠道的优点有:有助于产品的广泛分销;缓解酒店人力、财力、物力等力量的不足;有利于酒店产品的间接促销;有利于酒店之间的专业化协作。

间接销售渠道的缺点有:需求滞后差;加重客户负担;不利于沟通。

4.2.1 旅行社

在互联网时代到来之前,旅行社拥有十分广泛的团体客源市场,可直接向消费者销售其代理的交通产品、住宿产品或景点门票,因此它是一种典型的代理零售商。酒店与旅行社建立业务关系,将其纳入酒店间接分销渠道,客源将得到一定保证,并可以提前处理剩余的客房,降低客房空置率,从而获得最大营收。随着互联网和创新科技的快速发展,线下旅行社在酒店预定渠道中的占比持续下降,在线旅游(OTA)预订平台则受到更多人的青睐。

知识链接

旅行社与酒店的合作模式

(1) 旅行社向酒店推送客源,酒店按照数量或消费金额向旅行社返点、支付回扣或佣金。这一合作模式的具体方案纷繁多样,双方的合作协议可能仅是口头的,也可能是书面形式的;可能没有固定期限的任务目标,按固定的返点率结算,也可能约定一定期限,在该期间内实行阶梯式激励,旅行社推送的客源越多,获得的收入越多。

(2) 旅行社以低价从酒店获得一定量的客房销售权,按市场价卖给散客或团队,赚取中间的差价。旅行社通常会要求酒店给予较大折扣,这会对酒店的收入有影响。在这一模式中,那些自身销量较大的酒店不愁客源,通常不愿与旅行社合作或者只向旅行社提供较少房源。而那些度假型酒店,则需要与多家旅行社合作,以获得稳定的客源和销售量,

保证基本的收入水平。

酒店与旅行社合作的一个痛点是资金结算周期。旅行社并非与酒店实时结算,而是定期结算,短的一周,长的一个月、一个季度或一年,这会增加酒店的营运资金压力,并且有时会产生拖欠和坏账,给酒店带来经济损失。早前的旅行社都是线下的,随着互联网的兴起,旅行社也先后有了专门的网站,普通的散客也可以通过旅行社的网站预订酒店。由于预订数量较少,散客也并非旅行社的主要销售对象,旅行社并未对这种在线的零散预订给予过多关注。然而,由于散客的在线预订需求非常大,所以诞生了一种新的业态——在线旅行社,即在线旅游分销商。

4.2.2 在线旅游分销商

在线旅游分销商也称在线旅行社,它先与各酒店分别签订合同,获得一定数量酒店产品的销售权,然后在网络上销售给顾客,赚取代理佣金。OTA 最开始萌芽于线下旅行社,是对线下旅行社酒店散客预订业务的深耕和拓展。OTA 的主要收入来自酒店给的销售佣金和增值服务。随着市场的演变,如今的一些 OTA 已具有非常高的市场地位,掌握了多种多样的产品,它们会将旅行社、酒店的产品重新组合,进行分拆销售或打包销售,从而赚取增值部分的差价。

知识链接

酒店为何愿意默认 OTA 价格低于官网价格

通常,OTA 的酒店挂牌销售价低于酒店官方网站的销售价,其中一个重要原因是OTA 以批发的形式从酒店获得房源,而酒店官方网站的预订价是零售价。

酒店为何愿意默认 OTA 的价格低于官方网站价格?这是因为酒店希望 OTA 承揽一部分销售量,使酒店的收入得到基本的保证。顾客是否会全部转向 OTA?不一定。一些顾客对价格不敏感,不愿将个人信息透露给 OTA,就不会从 OTA 渠道预订。加上酒店官方预订渠道会提供一些顾客优享活动或会员计划,这些顾客并不会轻易转向 OTA。

(资料来源:儒邻. 酒店与 OTA 的价格博弈,才是酒店人的必修课![EB/OL]. [2020-09-19]. https://baijiahao.baidu.com/s?id=16782239872225083l8&wfr=spider&for=pc.)

OTA 的产生背景有两个:一是互联网的兴起;二是弥补传统线下旅行社的线上业务部分。OTA 阵营又分国内和国外,国内主流的 OTA 有携程、美团、飞猪、去哪儿、艺龙、大众点评、同程旅游、马蜂窝等;国外主流的 OTA 有普利斯村(Priceline)、缤客(Booking)、亿客行(Expedia)、猫途鹰(TripAdvisor)、安可达(Agoda)、好订网(Hotels)等。

以上在线旅游分销商中,有些专注于酒店客房的预订,如好订网(Hotels)。更多的则专注于多元化经营,是传统线下旅行社业务的线上复制版,如携程。还有的经营范围已经超出了酒店和旅游,如美团和大众点评,涵盖了美食、团购、外卖、酒店、旅游、机票、电影票等吃喝玩乐的多个方面,是跨领域的分销商。

除了以上在线旅游分销商,近年来兴起了专注于酒店会议室和宴会预订的网站,如会小二、酒店哥哥和会唐网。还有专门做酒店婚宴预订的网站,如道喜啦。此类公司目前并不直接销售酒店产品,只是将酒店产品汇集在一起,根据顾客的需求,为顾客推荐最合适的酒店,再由顾客和酒店进一步洽谈并交易。

各个OTA由于主营业务不同,盈利模式也不尽相同,如表4-3所示。

表4-3 OTA主营业务与盈利模式比较

OTA	主营业务	盈利模式
携程、艺龙	机票和酒店的预订	佣金
途牛	服务品质和产品定制	差价
去哪儿	以搜索为工具、利用点击量营收	服务与广告收入
酒店哥哥	会议场地搜索、比价、预订平台	向酒店收年费和电话置顶费

目前,一些规模较小的地域性旅行社仍只有线下业务。一些规模较大的线下旅行社,比如中国国旅、中青旅,除了保持传统的线下业务,设计开发旅游路线和旅游产品外,也建立了专门的网站,销售各类旅游和酒店产品,实际上变成了线上旅行社。OTA和这些大的旅行社销售的很多产品是一样的,因此形成了同质化竞争。但在与酒店的合作中,两者在主要业务、顾客群体、盈利形式等方面也存在不同,如表4-4所示。

表4-4 旅行社、在线旅游分销商与酒店的合作模式比较

合作模式	旅行社	在线旅游分销商
主要业务	酒店产品和服务的推荐、销售	酒店产品和服务的挂牌销售
顾客群体	团队为主、散客为辅	散客为主、团队为辅
盈利形式	差价为主、佣金为辅	佣金为主、差价为辅

案例分享

单体酒店相对于连锁酒店更依赖于OTA

国内上市酒店主要分为连锁酒店和单体酒店两种,连锁酒店受益于规模化经营,效益普遍优于单体酒店。近年来,OTA行业集中度逐步提升,由于单体酒店在客源方面更依赖OTA的线上导流,两者议价地位的悬殊导致单体酒店需要支付给OTA更高的通道费用,极大地压缩了利润空间,进一步推动单体酒店的转型加盟,使得连锁品牌占据酒店行业领先位置,如表4-5所示。

表4-5 单体酒店与连锁酒店多维度比较

比较维度	单体酒店	连锁酒店
品牌效应	局限于区域和规模,营销成本高,难以形成影响广泛的品牌效应	规模带来平台性品牌效应,统一营销,边际成本递减
客户来源	缺少独立的自有渠道,依赖OTA平台线上导流	通常建立自有销售渠道,拥有完善的会员体系,OTA占据流量相对较低

续表

比较维度	单体酒店	连锁酒店
管理效率	自行管理,信息化程度弱,人房比较高,效率较低	集团统一配备线上管理系统,人房比低,效率较高
资源消耗	耗材订单小,成本高	耗材集团统一提供,成本低

4.2.3 第三方网站

酒店既可运用互联网新媒体进行直接销售,又可以充分运用互联网的优势进行间接销售。随着互联网技术的成熟,酒店可以基于第三方网站进行推广销售。

案例分享

百度地图与华住集团达成双赢战略合作

百度地图在 2021 年百度生态大会上宣布与华住集团达成战略合作,接入华住旗下超过 7 300 家酒店。这意味着百度地图在目的地生活服务上再度加码,利用位置优势深入酒店服务场景。

百度地图瞄准酒店直销渠道展开攻势,通过系统直连、联合运营的方式与华住集团打造联名会员,使用百度地图进行华住集团旗下酒店预订即可享受其会员专享的优惠价格,以及免费早餐、行程变更免费取消、酒店极速确认等服务。打开百度地图尝试预订时发现,预订页面中"酒店预订"的按钮右侧,已经单独出现"华住直营"菜单栏,点击预订后随即跳转到百度地图授权用户注册华住会会员界面并进行交易。

对于华住集团而言,百度地图早在 2015 年就已经官宣月活用户突破了 3 亿。移动互联网市场和数据交流平台比达咨询的监测数据显示,2021 年 4 月百度地图的月活用户达到 3.89 亿。在 2021 年第三季度,华住会会员数量也稳健增长至 1.89 亿。华住集团的直销入口与百度地图进行整合,刺激双方的用户进行酒店消费,对于二者而言都存在巨大的增量。

而对百度地图来说,此举也是利大于弊。百度地图打出建立数字底座的旗号,百度地图总经理表示,百度地图数字底座成为企业内循环的助推器,通过深度融入业务场景帮助越来越多的合作伙伴实现从信息到流程再到整体业务提质升级。而成为酒店的直接渠道商,无疑是百度地图融入业务场景的一条快车道。

(资料来源:环球旅讯.瞄准酒店直销渠道,百度地图这次"定位"准了?[EB/OL]. [2021-12-29]. https://www.traveldaily.cn/article/149774.)

4.2.4 会议展览经营商

会议展览经营商公司主要客户是企业,也有各类非营利组织或个人。各类会展公司承办的展览大小不一,大到历时几个月涉及数千人的会展,小到几个小时的数十人发布

会。因具备综合效益高、社会影响大、可形成稳定的客户群体等优势而备受旅游企业的关注。会议展览经营公司在举办的各类活动中，一般需要场地、客房、餐饮、会议室等多种产品和服务，与酒店合作是业务发展的必然需求。酒店与会展公司、会议公司合作，将获得稳定的客源，收入水平也将保持稳定，因此是双赢之举。

酒店运营中，各类酒店基于自身的规模和场地条件，一般都会跟当地的会展公司、会议公司进行合作，给予其一定的优惠，但对方需保证一年内完成一定的业务量。商务型酒店、会议型酒店更加注重此类业务合作。

知识链接

婚庆公司与酒店的合作方式

1. 合作的初衷

婚庆公司的客户资源相对酒店更加丰富，而酒店在婚礼、宴会等方面则更加专业。因此，婚庆公司与酒店的合作可以形成一种互利共赢的局面。

2. 建立合作机制

（1）建立合规的合作协议。好的合作协议可以避免后期合作中产生的各种纠纷，明确各自的权利与义务，确保交易的合法性和安全性。协议的签订应该尽可能详细，覆盖面越广越好。

（2）明确合作流程。合作流程是整个合作的基础，顺畅的流程为合作双方的高效运作提供了保障。双方应该在协议中详细规定相关流程并建立流程监督机制，以保证流程的顺利完成。

（3）建立服务标准。为了提供更好的服务，在合同中制定服务标准具有非常重要的意义，如婚庆公司的服务标准包括婚礼前策划、现场布置、敬酒等环节；酒店的服务标准主要指化妆舞台、门童接待、团餐等方面。

3. 选择合作方式

（1）分成模式。分成模式是目前市场上的主流合作模式。通常情况下，婚庆公司会向酒店收取客户的婚礼、宴会等费用的一定比例作为本次合作的收益，双方分成比例约定为 10%～20%。

（2）固定租金。固定租金模式相较于分成模式来说，更容易启动，且风险较小。但是，酒店方也要选择旺季与淡季进行合作收租，若未能达到收租标准，将会面临无法盈利的风险。

4. 维持合作关系

一份长期有效的合作方案所要解决的问题，不仅是方案建立、合作机制建立、合作方式选择，还需要在合作关系维护方面下功夫。婚庆公司在合作过程中应该时刻保持诚信与服务质量，保证供货质量满足酒店的要求，为酒店提供优质的服务，赢得长期的合作信任。

（资料来源：婚纱摄影网. 深度解析婚庆公司与酒店合作方案［EB/OL］.［2023-06-21］. http://www.wed139.com/post/67035.html.）

4.2.5 全球分销系统

全球分销系统（global distribution system，GDS）是计算机预订系统的一种，早前主要应用于航空业，目前也广泛应用于铁路运输业、旅游业、酒店业、出租汽车行业和娱乐业等。美国航空公司于1946年引入了第一个全球分销系统，该系统早期的初衷是减少人工差错，降低航空公司的成本，并提高订票效率。运行模式是一个航空公司开发一个软件，构建一个强大的服务器和中央信息处理器，将公司所有产品的信息输入系统，供公司的各分支机构和销售网点查询产品的销量、库存和价格情况。后来，随着技术的发展和市场的拓展，该系统逐渐吸引其他公司将其产品输入其中，大家共享产品的销售信息。最后，该系统成为一个专门的平台，同时服务多家公司，连接供给方和需求方，具体而言，该系统吸引多家公司（特指卖家）将其产品信息输入系统，再吸引更多的公司（主要是买家）在该平台查询相关的产品信息，并进行交易。

全球分销系统汇集各类信息并发布，从而促成交易。查询系统的权限是一种资源，可以自用，也可以出售给专门的公司，由其代理。这些代理公司刚开始时为一个个独立的消费者提供查询服务，后来将查询的权限让渡给一个个独立的消费者，供其查询并交易，代理公司凭此获得收入。例如，携程购买这种查询的权限，将这种权限免费提供给单个消费者，消费者查询之后，如果发生交易，向卖家支付款项，携程将从卖家那里获得佣金收入。在互联网普及之前，很多酒店没有官方网站。国际旅客预订酒店时，只能通过旅行社，旅行社则通过全球分销系统预订酒店，因此全球分销系统是很多酒店的重要销售渠道之一。随着互联网的普及，很多酒店都建立了自身的官方网站，分流了部分全球分销系统的预订量。尽管如此，全球分销系统汇聚了众多的酒店产品信息，仍然拥有强大的信息优势和规模经济，并且不断地进行系统升级，改进系统硬件和架构，以更廉价、更易操作、更方便使用的系统提供给客户。目前全球分销系统仍然是旅行社、OTA和酒店的重要合作伙伴。

知识链接

酒店、第三方代理和OTA平台之间的相互关系

旅游业身为经济第三大产业，近几年发展趋势猛增，酒店需求量也在持续加大。即是先机，后续势必跟随发展，OTA平台分销渠道则顺势崛起。但伴随着酒店行业体量的增加，同行竞争激烈也是一痛点，后继便又孵化了第三方代理分销这一模式。

1. 酒店和OTA平台

OTA平台是酒店线上售卖房间的一种渠道，其价值巨大，是目前最主要的一种线上售房形式。同时，酒店选择和哪个OTA平台合作，要结合自家的实际情况。每个OTA平台在客源定位、分发渠道能力以及运营逻辑上都存在着较大差异。一家店的客户定位和平台客户定位一致，才能产生良好的化学反应。

一方面，酒店可以依靠OTA平台获得精准的流量，便于提升入住率和知名度；另一方面，各大OTA渠道的抽成也把酒店稀释得粉碎，所以OTA平台给酒店带来利益的同时也进行着一定力度的压榨。

2. 酒店和第三方代理商

近年来,除了竞争力不断白热化,市场饱和,酒店自身的运营存在某些问题外,成本增加是运营中不可忽视的方面。成本增加包含人力成本增加、维修成本增加、客房使用物品增加、水电费增加、税务成本增加、房屋成本增加、顾客需求成本增加等,这意味着酒店需要更多的客源、更多的营收来维持运营。第三方代理的出现起到了很好的润滑剂的作用,不管是在酒店分销,还是酒店运营服务方面,皆是酒店最亲密的合作伙伴。帮酒店解决难点的同时,还分担了OTA平台的压制和运营成本的增加,也为消费者提供了更专业的住房服务。

一方面第三方酒店代理会提高酒店房间出租率,另一方面酒店也会偶尔拒绝跟代理合作,原因是市面上存在着一部分搬单行为,这种灰色行为大大地影响了酒店的价格体系,使得酒店很是头疼。例如,飞猪App上就存在搬单行为,上面有大量客房未经酒店同意被私自上架到平台上售卖,从而导致客人到店无房或无法取消等问题。存在负面影响的都是搬单赚差价的房贩子,根本不是酒店代理商。通常不了解酒店行业的人常常误以为酒店方厌斥的是代理,其实是没有抓住真正的始作俑者。

目前三方是互相依靠彼此进行借力,实现共赢,虽然各方均顶着一定的压力,但是仍具有较强的可行性。未来的发展方向不可能再一家独大或者支配市场地位。酒店能够合作的平台会变多,OTA代理商也不需要在顾忌酒店是否不需要合作,有了三方鼎立的局面,他们彼此的硝烟也不可能再被放大化操作。

(资料来源:OTA小静. 酒店、第三方代理和OTA平台之间的相互关系[EB/OL]. [2021-07-01]. https://www.sohu.com/a/474932273_121167263.)

以上对酒店主要的五个间接销售渠道进行了阐述。除此之外,随着市场经济的发展,酒店还有不少中间商渠道可以利用,如酒店协会、航空公司会议组织机构、购物网站等。注重分析顾客的消费行为和渠道的选择途径,正确选择适合自己的销售渠道,是酒店实现收益最大化的必经之路。

任务实施

张旭分析酒店间接销售渠道优劣势的步骤如图4-6所示。

图4-6 分析酒店间接销售渠道优劣势的步骤

步骤1:整理近两年酒店间接销售渠道占比率及佣金并对比。

张旭通过整理发现酒店目前使用的间接销售渠道有旅行社、美团、飞猪、携程、小红书,如表4-6所示。

表4-6 酒店目前使用的间接销售渠道

渠道	2020年占比率	2020年支付佣金	2021年占比率	2021年支付佣金
旅行社	25%	10%	22%	10%
美团	8%	8%	10%	10%

续表

渠道	2020年占比率	2020年支付佣金	2021年占比率	2021年支付佣金
飞猪	10%	8%	15%	10%
携程	3%	10%	5%	18%
小红书	5%	8%	10%	5%

步骤2：分析目前酒店间接销售渠道的合理性。

旅行社是酒店团队客人的重要来源渠道，但旅行团客人的出行季节性较强，淡旺季明显，在旅游市场淡季时其容易导致酒店客房闲置，此外旅行社与酒店之间的结算周期长；OTA也是酒店主要的销售渠道之一，对比近两年占比率会发现OTA占比率呈上升趋势，同时需支付的佣金也在不断上升，因此可发现目前酒店过于依赖OTA渠道，高额的佣金会让酒店不堪重负，还会让酒店进入打价格战的恶性循环之中。另外，OTA和酒店自身相比，有一个很大的劣势在于，即使OTA拥有强大的技术支持和营销能力，但它们对于酒店产品和目的地的了解。

步骤3：提交分析报告。

张旭运用理论知识梳理了酒店的间接销售渠道，并向收益经理提交了一份完整的分析报告。

小组训练

将班级每5名学生分为一组，每组确定1位负责人，完成表4-7所示的小组训练。

表4-7 小组训练（11）

训练名称	酒店间接销售渠道的优劣势
训练目的	引导学生关注酒店行业，参与实践训练，在讨论和撰写报告的过程中，训练学生的团队意识。通过此次训练，使学生熟悉酒店间接销售渠道的种类及占比率，并能够掌握不同间接销售渠道的优劣势
训练内容	学生以小组为单位去往市内某家星级酒店，调研该酒店的间接销售渠道及市场占比，并分析其合理性
训练步骤	（1）小组成员共同前往某家星级酒店，调研该酒店的间接销售渠道及市场占比； （2）撰写一篇综合分析报告； （3）各组在班内进行汇报、交流、讨论
成果形成	撰写一篇题目为《酒店间接销售渠道的优劣势调研分析》的调查报告

任务3 渠道的收益管理策略

任务描述

通过前面的任务，收益经理肯定了张旭的分析能力，对张旭说："作为单体酒店虽然

OTA 的产量并非酒店整体产量的主要来源,但没有 OTA 客人就会大大减少整体产量,但如果过分依赖 OTA 则会影响酒店的收益。西汉散文家桓宽《盐铁论》中有句话'明者因时而变,知者随事而制'说的就是明智的人会随着时代的改变而改变,有学问的人会根据事情的发展变化来制定策略。你现在是否可以根据本酒店的特点,尝试着通过优化销售渠道组合进一步提升酒店收益呢?"

任务描述

任务分析

为了能够完成经理布置的任务,张旭需要根据酒店的经营管理模式,从收益管理的角度去分析不同渠道的有效性,从而针对酒店对销售渠道进行优化组合。

知识准备

酒店的收入在很大程度上取决于客人所使用的预订渠道,因此渠道管理会直接影响到收益管理。随着 5G 时代的到来,智慧酒店的话题也越来越受到人们的关注。传统酒店面临着越来越激烈的竞争,尤其是近几年消费者开始追求品质消费,价格已不再是选择酒店的唯一决定性因素。无论是中高端酒店还是经济适用型酒店,都在想方设法吸引更多的客户。新的营销模式和销售渠道的出现为酒店产品提供了更广阔的空间和更多的平台,总体来说,对酒店而言是一件好事。

然而,在这个渠道多元化的时代,酒店管理渠道也面临着新的挑战。酒店分销应该是多元化还是聚焦化?这似乎是一个矛盾的问题,但实际上,酒店需要既"多元"又"聚焦"。聚焦重点在于:分销渠道并不是越多越好,酒店需要对渠道收入和成本进行合理分析,优化渠道组合,以达到利润最大化的目的。多元方面则需要除了客房分销渠道外,酒店还要能够以拉动其他收入为导向,实现最大化收入和提高坪效。

因此,本任务的重点是如何通过优化渠道来增加收益管理。

4.3.1　选择合适的销售渠道

对于酒店而言,如何选择销售渠道模式,以直接销售为主还是以间接销售为主,通常是一项具有挑战性的任务。如果选择采用间接销售,则需要解决渠道长度和宽度的问题。短渠道主要利用旅游代理商和旅游经销商进行一层渠道销售,而长渠道则需要设计旅游批发商;宽口径的渠道则在同一层次上只精选几个得力的中间商建立紧密的联系,以求在某一目标市场中取得较大的市场份额,同时也能够加强对渠道的控制。表 4-8 展示了不同的酒店销售渠道模式。

表 4-8　酒店销售渠道模式

渠道类型	渠道分级	具体模式
直接销售渠道	零级渠道	酒店—最终消费者
间接销售渠道	一级渠道	酒店—旅游代理商—最终消费者
		酒店—旅游经销商—最终消费者
		酒店—其他销售渠道—最终消费者
	二级渠道	酒店—旅游经销商—旅游代理商—最终消费者
		酒店—其他销售渠道—旅游代理商—最终消费者
	三级渠道	酒店—旅游批发商—旅游经销商—旅游代理商—最终消费者

酒店选择适合的销售渠道应该综合考虑以下几方面的因素。

1. 细分市场的特点

每家酒店所处区域不同，其细分市场结构也不相同，而不同的细分市场客源又来自不同的渠道。由于细分市场的客源结构特点不同，酒店选择的销售渠道也会有所不同。例如，商旅散客主要来自集团官网、预订部、集团中央预订系统、在线旅游服务商或手机App 等；旅行团体主要来自旅行社、旅游批发商和全球旅游分销商等；会议团体主要来自政府、公司、学校等。因此，当酒店考虑销售渠道时，首先需要考虑细分市场的要素，并为每个细分市场选择合适的销售渠道。这就需要将销售渠道和细分市场相对应，并进行筛选和取舍。

2. 酒店产品定位与服务特点

酒店应根据自身的产品定位和服务特点选择合适的销售渠道，不同类型酒店侧重的销售渠道如表 4-9 所示。例如，商务酒店通常适合采用直接销售或较短的渠道，直接与目标市场的公司企业接触；而休闲度假酒店则面临着分散的目标市场，更多会利用旅行社代理等方式进行销售。同一家酒店的不同产品和服务的销售渠道也有所不同：客房是酒店最主要的产品，通常采用中间环节进行间接销售，而餐饮、娱乐、健身等设施则主要面向住店客人及当地居民和企业进行直接销售。

表 4-9　不同类型酒店侧重的销售渠道

酒店类型	目标客户群及特点	酒店销售需求	侧重的销售渠道
商务型酒店	商务型客人，提前做好住宿安排，对价格不敏感	让客户更加及时、快捷地了解酒店的产品和特色	自建渠道，酒店预订类应用
经济型连锁酒店	大众客人，多为临时有住宿计划，客人对价格较为敏感	让更多的客户了解到酒店的产品和特色	第三方在线酒店预订平台
度假类型酒店	旅游度假休闲客人，具有猎奇心理	酒店产品及特色能够快速吸引游客	旅行社，在线旅游社区，游记类的应用

3. 渠道数量与支付成本

"酒店销量的保障与渠道数量成正比。"这是酒店经营管理者的共识。为了确保基本的销量,酒店会选择与多个在线旅行社合作。不同渠道的成本存在差异,直接渠道成本最低,而间接渠道成本最高。例如,某酒店的在线营销主要有三种渠道:酒店官网、OTA 和 GDS。在这三种渠道中,通过酒店官网预订的成本最低,约为 5 元/(间·夜),而通过 OTA 预订的成本最高,达到 60 元/(间·夜),是官网直销成本的 12 倍,通过 GDS 预订的成本居中,约为 20 元/(间·夜)。

酒店官网渠道是最具有成本效益的销售渠道。酒店在线直销水平提高 1 倍,预订成本可减少 46%,如表 4-10 所示。

表 4-10　某酒店在线销售渠道成本比较——每百间夜预订成本对比

渠道类型	销售成本(每间·夜成本×销量)/元	
	A 酒店	B 酒店
直销——酒店官网	5×30	5×60
分销——OTA 中介	60×50	60×20
分销——GDS 等订房中心	20×20	20×20
在线渠道总成本	3 550	1 900

提高在线直销份额可以极大地削减酒店的预订成本。然而,如果缺乏直接渠道或者直接渠道的预订转化率不高,导致分销成本过高,就不能带来理想的利润增长。因此,虽然多个渠道可以提高销量,但是管理和维护费用也会随之增加,因此需要平衡选择合适的销售渠道数量。例如,在阿里旅行渠道上,除了每年 1.5 万元的技术服务费外,还需要支付每间夜 3% 的佣金,这些成本都需要列入酒店的整体运营成本中。不同渠道的运营和维护成本也并不相同,电话预订渠道需要电话和接线员,微信预订渠道需要一个后台管理员,酒店销售部需要多个专业的销售人员,OTA 渠道需要一个功能齐全且强大的信息管理系统,而互联网新媒体和第三方网站渠道需要专门的销售或公关人员进行专门的销售设计,进行多轮洽谈,最终确定销售方案。

在选择销售渠道数量时,酒店应充分考虑产品供应量与渠道的匹配,控制销售渠道数量在能满足酒店产品供应量的前提下,进而降低管理成本。

4. 顾客消费行为

当前,顾客消费行为多样化和销售渠道多元化共存。即便是同一细分市场的顾客,也会因消费习惯或兴趣偏好不同而选择不同的其所信赖的渠道分销商。因此,酒店需要善于积累和分析住店顾客的消费行为和选择渠道的偏好,了解和掌握不同渠道分销商的特性,在选择销售渠道时筛选出与客源需求相适应的渠道分销商,并通过筛选来实现渠道结构的优化。例如,旅游度假散客可能更倾向于在携程网上订房,因为他们在订酒店的同时还可以享受更多景点门票的网上预订服务。对于位于景区的旅游度假酒店来说,携程网与其他 OTA 网站相比可能是首选的销售渠道,因为该渠道分销商的客源群体与旅游度

假酒店的客源市场需求更相适应。

5. 同类渠道中选择转化率高的渠道

转化率是指浏览酒店详情页的客人,最终能够支付下单的比率。通常计算公式为实际下单人数除以在线浏览人数,即转换率 $=\dfrac{\text{实际下单人数}}{\text{浏览酒店详情页人数}}$。酒店的转化率通常与渠道流量、曝光率密切相关。例如,某酒店有两个不同的在线分销渠道,A 渠道的转化率为 2%,B 渠道的转化率为 3%。相较于 A 渠道,B 渠道的转化率更高,这意味着酒店产品在 B 渠道的售卖能力更强,因此 B 渠道对于酒店来说更有效。

4.3.2 酒店销售渠道收益管理策略

为了使酒店销售渠道的效能得到最大限度的发挥,酒店需要建立相应的管理体系作为保障。除了制定管理制度和工作流程外,还需要做好以下几点。

1. 合理优化渠道占比结构

渠道占比是指不同类型的渠道客人数量分别占客人总数的比例。直接销售渠道和间接分销渠道在销售渠道结构占比方面具有不同的影响。一方面,直接销售渠道的客源全部来自集团或品牌的自有客源,因此自有客源比例高,意味着集团或品牌的基本市场相对较为稳定,不易受到外界环境的影响,可以更好地建立忠诚客户体系,从而降低市场波动风险。另一方面,如果间接分销渠道的客源占比较高,则意味着酒店客源市场主要依赖于第三方渠道,酒店会在一定程度上受到第三方渠道的制约,客源稳固性也会下降,增加了市场风险。

另外,销售渠道的选择还会影响酒店的收入和利润。例如,如果有一位客人要预订一间客房,住三个晚上,每晚房价为 500 元,那么酒店获得的收入总额为 1 500 元。但如果客人通过不同的销售渠道预订,例如酒店官网、传统旅行社、OTA 平台等,酒店最终的净收入则可能会存在一定差距,如表 4-11 所示。因此,酒店需要合理调整不同销售渠道的占比,以实现长期稳定的发展和最大化的经济效益。

表 4-11 不同预订渠道的酒店净收入

预订渠道	渠道成本费用计算	酒店净收入/元
酒店官网	酒店投资建设和维护官网的成本费用相当于预订收入的 6%,即 1 500×6%=90(元)	1 410
传统旅行社	旅行社通过全球分销系统(GDS)做了这个预订,这个预订需要分摊酒店投资与维护 GDS 的费用,约占收入的 6%,并且还要支付 36 元给 GDS 作为交易费。此外酒店还要支付收入的 10% 给旅行社作为佣金,即 1 500×6%+36+1 500×10%=276(元)	1 224
OTA	假设酒店支付给 OTA 的佣金率为 15%,即 1 500×15%=225(元)	1 275

从上表中可以看出,通过传统旅行社预订客房,在净收入方面,酒店收入相较于官网直接预订减少了186元,降低了13%;而通过OTA平台预订,酒店净收入为1 275元,比官网直接预订减少了10%。因此,通过不同销售渠道获得客源和收入时,酒店需要支付不同的成本费用,获得的净收入和利润也会有所不同。

对于所有类型的酒店来说,如果仅考虑客房收入,那么通过直销渠道(如官网)获得客源时,酒店的净收入和利润最高,OTA平台其次,GDS最低。但是,如果考虑除客房收入外的餐饮、会议、展览、宴会和康乐等方面的综合收入时,那么通过直销渠道获得客源时创造的收入最多,GDS次之,OTA平台最少。因此,可以推断出,对于酒店来说,直销渠道的销售量占比越高,酒店的综合收入、净收入和利润就越高;分销渠道的占比越高,酒店的综合收入、净收入和利润就越低。由于有限服务酒店大部分收入来自客房,而全服务酒店的客房收入与餐饮、会议、宴会和康乐等收入占比相当,因此对于有限服务酒店来说,OTA平台占比应该高于GDS;而对于全服务酒店来说,GDS占比较高更有利。

对于新开业的酒店而言,在市场拓展和培育阶段,需要依赖分销渠道来积累原始客源,此时分销渠道的占比应该高于直销渠道,以确保客源流量,满足酒店的日常经营需求;而对于运营正常的酒店而言,直销渠道的占比则应该高于分销渠道,以降低酒店成本支出和减少市场风险。当然,酒店的区位、类型、产品等方面差异很大,对于销售渠道类型的要求也会有较大的差别,这就要求酒店管理者在日常工作中掌握好尺度,优化直销渠道和分销渠道的占比结构。

2. 提升OTA渠道获客能力

随着OTA平台的不断发展,来自OTA平台的客户占酒店客源比例越来越大。因此,越来越多的酒店开始重视OTA平台,并且一些酒店设置了OTA渠道经理来负责经营OTA平台。图4-7是流量漏斗模型,该模型反映了OTA平台商家从用户开始浏览到最终下订单的转化过程。通过流量漏斗模型可以看出,酒店只有提高曝光量、流量和转化率,才能确保订单量的最大化。

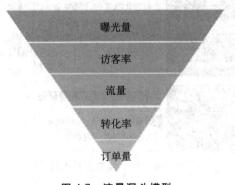

图4-7 流量漏斗模型

【拓展课堂】
OTA的制胜秘诀

1)曝光量

曝光量是指在固定周期内,酒店被OTA平台用户所看到的次数。当用户通过任意一个OTA平台进入酒店列表页时,页面会加载出一系列酒店信息并呈现在用户面前。图4-8展示了在某个OTA平台搜索"北京"时所展示的酒店,首页上展示的酒店数量为

4家。如果继续下滑操作,每屏都会展示4家酒店。每次页面加载时,酒店被视为一次曝光。以该页为例,这四家酒店同时获得1次曝光,曝光量为1。对于酒店来说,如果在搜索中排序位次过低,就可能失去曝光的机会。因此,酒店需要尽可能提高自己在OTA平台上的排名,以便更容易获得曝光量。

图 4-8 某平台酒店列表页

酒店可以选择与OTA平台合作,通过挂牌、广告投放等方式获得在平台上的排名优势。以携程为例,挂牌类型分为特牌、金牌、银牌,获得特牌的商家可以稳定在列表页的前几位。但并非所有酒店都适合采取类似的形式来增加自身曝光量,例如在一些小城市,平台里大部分酒店都显示没有挂牌;或者酒店周围其他酒店数量不多、差异性明显且竞争不激烈,那么就没有必要通过挂牌的方式来提升曝光量。此外,酒店还可以通过参与平台活动、减少关房量、降低拒单率、增加保留房等方式来提高在平台上的曝光量。

2) 流量

流量是指点击进入酒店详情页的用户数量,它主要由曝光量和访客率来决定。当用户点击进入任意一家酒店时,就进入了酒店详情页。从列表页到酒店详情页,用户需要进行一次点击行为和一次页面加载行为。被点击的这家酒店获得了一个用户,也就是获得了一个流量。例如,有100个用户进入某OTA平台上的酒店列表页,其中两位用户访问了同一家酒店的详情页,则该酒店的访客率为2%。对于这家酒店来说,获得两个用户访问,即获得两个流量。因此,可以得到以下公式:

$$流量 = 曝光量 \times 访客率$$

当酒店与竞争对手同时展示在OTA平台列表页上时,吸引用户点击访问是提升流量的重要环节。以下几个方面需要重视。

(1) 谨慎选择列表首图。选择酒店色彩饱满、构图完整的图片作为首图,避免选择不完整的景观图片。豪华型和舒适型高档酒店通常选择酒店外观图片做首图;经济型酒店则一般选择房间的照片,但也要突出特色,让客人感觉整洁明亮。酒店拍摄时要预留一些夜景照片,有灯光映衬,会带来温馨柔和的亲切感,容易引起客人共鸣,找到家的感觉。如今,列表页的首图不再局限于静态图片,短视频也可以用作首图。相比其他静止的首图,短视频首图样式更为突出,展示的信息更为全面,可以带来更高的转化率。

(2) 恰当使用各类标签。OTA平台列表页上的标签代表一个流量入口,例如亲子房、休闲度假等标签。拥有标签多的酒店,在客人面前曝光的机会就更大,获得的流量也往往更高。准确的标签展示可以精准显示酒店的属性,从而展示给合适的客人,促进转化率的提升。例如,想订亲子酒店的客人看到"亲子酒店"标签可能更容易下单。

(3) 重视点评分数。提升点评分数的第一步是做好客诉处理。酒店应加强对客人在店期间意见的了解,积极有效地处理客人投诉,避免客人带着负面情绪离开。酒店可以整理近一年的历史差评,分析高频问题,优先解决整顿。同时,采取合理的激励方式,鼓励员工提高服务质量,加强培训,提升整体对客服务质量。客人的高好评率可以吸引更多客人关注和点击,提高流量和预订率。

3) 转化率

转化率是指在一定统计周期内酒店订单数占访客量的比例,即

$$转化率 = \frac{支付订单量}{访客量}$$

对于用户来说,转化率是衡量酒店对用户购买的说服力的一个指标,尤其是从详情页呈现的信息内容方面考虑,这包括酒店信息、价格、评论、照片等众多层面。良好的详情页信息呈现可以提高用户的信任度和购买意愿,进而增加酒店的转化率。酒店提升OTA平台转化率的途径有以下几种。

(1) 优化酒店信息。酒店需要在OTA平台上展示详细、准确、客观的酒店信息,包括房型、设施、服务、位置等,让用户能够清晰了解酒店的特点。同时,为了提高可信度,酒店应该保证所展示的信息与实际相符,并及时更新。

(2) 提供吸引人的套餐和促销活动。在OTA平台上提供优惠套餐、限时折扣、免费

早餐等促销活动,可以吸引更多用户预定。此外,酒店还可以通过联合营销、会员卡等方式为用户提供更多的价值,增强用户忠诚度。

(3) 发挥口碑效应。良好的口碑是吸引用户预订的重要因素之一。酒店应该积极回应用户评价、处理投诉,提高服务质量和用户满意度,从而赢得更多的好评和口碑。

(4) 加强内容推广。在 OTA 平台上提供精美的图片、视频和文字介绍,展示酒店的特色和亮点,吸引用户浏览并对酒店产生兴趣。此外,适当参与 OTA 平台的营销活动、提供定向推送活动等,也可以增加酒店在平台上的曝光量和转化率。

(5) 提供更多便捷服务。为了方便用户预订和入住,酒店可以在 OTA 平台上提供在线支付、电子票据、快速 check-in 等便捷服务。同时,酒店还可以满足不同时段性需求,增加收入,发挥自身特色,如提供商务会议室、度假套餐、主题客房等,吸引不同类型的用户预订。

3. 保持直销和分销渠道价格的一致性

在酒店中,直销渠道客源群体主要来自预订部、销售部、官方网站和手机应用等;而分销渠道的客源群体则主要来自旅行社、OTA 和全球分销系统等。对于散客和团体客人而言,无论是酒店的直销渠道还是分销渠道,在同一种产品上,价格应该具有一致性,以保证市场竞争的公平和公正。如果不同平台之间的价格差距太大,就会违反酒店业内维护定价公平合理的规定,并且会损害消费者的权益,导致不良后果。保持直销与分销渠道之间价格的一致性,并不意味着酒店不能在不同的销售渠道中进行各种促销活动。酒店可以在不同的渠道上推出促销价格,如限时抢购价、团购价等,这些都是某一特定产品在特定市场周期内的促销价格,而不是标准价格。只要酒店在直销与分销渠道之间保持同一种产品的标准价格一致,就可以说存在价格一致性。

案例分享

收益管理的一场事故

杨先生预订了上海洲际集团某家门店的一间房间。作为洲际集团的会员,杨先生希望享受房型升级的优惠待遇。他联系了门店的 GRO,并被告知所需房型无法升级,但可在前台支付 300 元进行指定房型的升级服务。前台称原本需要额外收取 600 元才能升级至该房型,而杨先生因为是会员所以只需额外支付 300 元。杨先生同意了此服务,使用酒店官方 App 下单并提前锁定了套房。然而,两天后他在携程网上发现以该价格可以预订套房房型,杨先生感到不满并询问前台可否减免费用。不过前台表示自己无权决定,只好请来前厅部经理。但经理回应称如果用户想要通过官网预订套房,就必须额外支付 300 元的增值服务费。最终,杨先生取消了在官网的订单,改用携程网成功预订到了同样的套房,并且没有额外付费,还可以享受到更多的行政待遇。于是他决定将来再次入住该酒店时首选携程网预订,不仅价格更优惠,而且待遇更好。

4. 有效做好网评管理

据统计,80%的客人在预订酒店之前会先看 6~12 条评论,在其中 99% 会仔细查看酒店的点评回复。恰当的酒店回复是展示酒店专业态度的重要方式，尤其是对于非好评内容的恰当回复，能够避免差评负面效应的扩大。调研显示，62%的客人表示，相比那些对客户评论置之不理的酒店，他们更愿意选择积极回复客户评论的酒店。这表明了点评回复的重要性。

顾客对于酒店的点评已经由简单的表扬和批评演变为多渠道、多类型和多维度的客观真实评价。点评内容更趋于专业化和理性化，发布的渠道也更加广泛。当酒店的直接预订渠道加入了点评功能后，酒店相较于其他第三方机构（如在线旅行社）的竞争力会更强，因为这些点评对旅行者选择和确认预订酒店提供了有用的信息。因此，酒店需要高度重视网评的力量，并通过有效的网评管理，提高网评得分，这将为酒店带来更多客源并增加酒店收益。

知识链接

做好酒店 OTA 点评管理

为了争取客人的好评，酒店应当采取一系列策略来确保服务质量超出客人的期待。首先，从客人预订的那一刻起，就开始跟进好评的工作，确保在整个服务过程中表现出细致周到的服务态度。客人入住后，应进行详尽的记录工作，通过制作网络渠道客源登记表展现酒店的专业性和用心。在退房高峰期，前厅负责人需及时提供必要的关注，合理安排人手，并在适当的时候提出好评请求。此外，主动索要好评并迅速解决任何差评问题是关键，目标是留下好评，及时解决不满以防差评外流。

避免差评的措施同样重要，这包括从内部管理到硬件设施的维护，都应予以充分的重视和维护。对网络客户的用心服务从接单开始就不应停歇，重点关注开房和退房的每一个环节。入住时，通过热情有序的沟通，确保客人知道如何快速联系服务人员；退房时，通过主动询问和积极处理任何不满、赠送小礼物等手段换取客人的好评，避免客人带着不满离开。

对于差评的回复，酒店应采取积极的态度进行处理。对于客观和中肯的差评，应当作为自我改进的机会，及时进行整改以提升服务质量。对于恶意差评，需要及时收集证据并与相关渠道经理沟通申诉，确保不让不公正的评价影响酒店声誉。在回复差评时，保持礼貌和专业是至关重要的，因为这不仅反映了酒店的文化，也是员工素质和修养的体现。通过妥善处理差评，可以有效减少其负面影响，甚至转化为积极的效果。

（资料来源：雅兰君. 抓住3点，做好酒店OTA点评管理！酒店市场营销管理者看过来[EB/OL].[2022-05-19]. https://zhuanlan.zhihu.com/p/516710695.）

5. 重视构建私域流量

基于目前互联网的属性，建立和重视私域流量、培养和运营高价值用户对酒店同样十分重要。OTA客户属于平台的流量，和酒店没有任何关系。酒店需要通过各种方式，如促销和广告等OTA运营方式，来获得这些流量的一次青睐。

构建私域流量是指通过运营裂变等方式获得更多的流量，留存在自己的渠道上，变成自己的流量。酒店可以借助各种渠道提高销量，建立自己的粉丝群，并在不同平台上发展自己的粉丝，建立属于自己的私域流量。私域流量相当于粉丝经济，酒店可以通过自己的粉丝进行宣传和销售等活动。在建立私域流量方面，酒店具有一个天然优势，即任何平台上的一次性客户最终都要到酒店入住。因此，酒店线下拥有很多场景可以将一次性客户转化为私域流量，如图4-9所示。

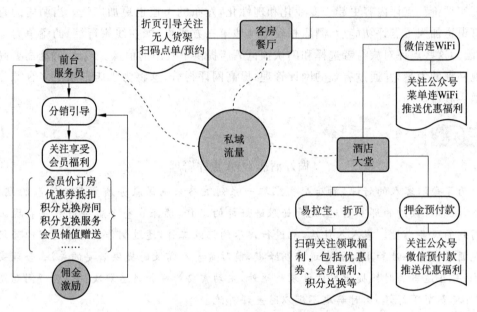

图4-9　酒店线下转化为私域流量的场景

酒店可以打造一个属于自己的形象，结合自己的日常工作，将酒店的流量导入自己的平台上，从而扩大自己的影响，将自己培养成一个KOL（key opinion leader，关键意见领袖）。当然，这需要酒店的公关宣传部门、销售部门、收益部门等相互协作，从而增加酒店的营收。

知识链接

酒店品牌如何形成私域流量

对于酒店而言，私域流量并不是新生事物。办理会员、协议客户等措施早已在为品牌争取私域流量。现在的私域流量只是在此基础上继续深耕，通过多渠道低成本获客并导流，进行内容运营触达用户，提升用户的复购率和ARPU值（每用户平均收入），以培养品牌"超级用户"，提升LTV（用户终身价值）。这样，酒店可以降低对OTA平台的依赖性，也可成为酒店运营管理强势开辟的精耕地带。

那么，搭建私域流量具体该如何做呢？

1. 搭建私域流量平台

建立各类新媒体平台，如微信个人号、微信公众号、抖音、快手、小红书、微博等。根据品牌实际情况，聚焦选择平台。

2. 全场景设置导流入口

（1）线上导流：新媒体平台建立起来之后，持续输出内容，做好日常互动与客服回复，导流至微信生态，从而进行后期内容运营触达用户。

（2）线下导流：店内物料设计，如大堂、餐厅、电梯、会议室、洗衣房、房间等处摆放具有营销信息的导流海报（营销信息＝导流"诱饵"）。

3. 加强私域平台功能版块搭建，提供便捷式服务

基于用户角度，可提升关注后的价值感。例如，在线订房、客服咨询、酒店服务、商城购物、扫码连WiFi等功能版块。在此版块中，一些品牌如锦江酒店、亚朵酒店、菲林酒店等可以作为参考。

在私域的各个场景中，不能急于实现流量变现，而应经营品牌与用户之间的"关系"。搭建私域流量是一个系统化的工程，其中运营环节是最关键的。想要做好私域流量需注意以下几项内容。

（1）不断探索分析，迭代优化平台功能版块，从而满足用户在不同场景下的需求，为用户提供更为便捷的服务。

（2）内容运营需围绕受众用户，输出持续性且高质量的内容，深耕视觉展现、互动版块、功能嵌入、营销活动等方面。通过每次内容数据的反馈，不断迭代内容及运营策略，从而实现流量变现。

（3）在搭建私域流量的同时，不可忽视公域流量的建设。私域流量与公域流量两者并非对立关系，相反，公域流量是私域流量的重要来源，也是品牌数据的背书。

搭建私域流量是一个长期工程，因此我们需要找到核心点，围绕核心去做精细化运营，不断为受众用户提供超预期的服务，才能实现最终的转化目标。

（资料来源：古道餐饮策划．酒店品牌如何去做私域流量？［EB/OL］．［2021-09-16］．https://baijiahao.baidu.com/s?id=17110500745748500073&wfr=spider&for=pc．）

案例分享

用心运营私域流量，坚持总有结果

说起私域流量的运营，锦江之星昆山同丰路酒店已经坚持了一年以上的时间。酒店运营着三个微信号，和近百家协议客户及大量的酒店住客成了微信好友。酒店将客房消毒清洁、厨房备餐送餐、安心净享房等工作内容拍摄成小视频，发送给微信好友，让客人通过视频，看见酒店实实在在的工作过程，感受到实实在在的安心。视频发出后不久，酒店就收到了不少协议客户的咨询，1家、2家再到3家企业将酒店的客房承包作为员工返程用房，酒店的出租率从12%到50%，再到2月16号开始每天达到90%以上。因为坚持，总有结果，该酒店总经理说："私域流量或许一开始不会有很大的效果，但坚持下去，把每一位客户都留在微信里，和他们成为好友，用心维护，终有一天会有收获的！"

（资料来源：网易．锦江之星｜疫情寒冬下出租率100%，这些酒店是如何做到的？［EB/OL］．［2020-03-07］．https://www.163.com/dy/article/F74IMNBS0518GKLH.html．）

任务实施

针对酒店淡季时对销售渠道进行优化组合,制定方案的步骤如下,如图 4-10 所示。

```
分析酒店目前各销售渠道的现状 → 分析并优化酒店销售渠道组合 → 提交淡季销售渠道优化组合方案
```

图 4-10 酒店淡季销售渠道优化组合制定方案步骤图

步骤 1:分析酒店目前各销售渠道的现状。

滨海花园酒店位于海滨城市,受季节影响较大,酒店为商务四星酒店,其主要目标顾客、客源结构占比、全年平均价格对比如表 4-12 所示。

表 4-12 酒店各销售渠道情况

酒店主要目标顾客	客源结构占比	全年平均价格对比
商务客人、散客	协议客人>旅行社>OTA>商务团队>直接散客	OTA>直接散客>协议客人>商务团队>旅行社

步骤 2:分析并优化酒店销售渠道组合。

分析优化酒店销售渠道组合,如表 4-13 所示。

表 4-13 酒店销售渠道组合

渠 道 类 型		渠 道 组 合
直接销售渠道	线下渠道	酒店前台
		预订部
		销售部
	线上渠道	酒店官网
		酒店官网微信小程序
间接销售渠道	线下渠道	旅行社
		会展会议公司
	线上渠道	OTA
		自媒体平台

通过拜访当地公司得知,有些协议公司考虑将更多的会议放在酒店进行。淡季时,酒店一般以团队为基础,同时吸引散客的预订,此时可以侧重于提高间接销售渠道的占比。酒店可以继续拓展本地会议市场的业务,与会展、会议公司进行合作;还可针对之前承办过会议的客户进行回访,以增加二次承办会议的机会;同时利用自媒体和第三方平台提升酒店的口碑。旺季时,酒店可以更加侧重于散客以及高品质团队的预订,此时可以更侧重于提高直接销售渠道的占比,对酒店网站进行优化,为顾客提供最为便捷的预订渠道。

步骤 3:提交淡季销售渠道优化组合方案。

张旭通过调查分析向经理提交了酒店销售渠道优化组合方案。

小组训练

将班级每 5 名学生分为一组,每组确定 1 位负责人,完成表 4-14 所示的小组训练。

表 4-14 小组训练(12)

训练名称	酒店销售渠道优化组合对于收益管理的重要性
训练目的	引导学生关注酒店行业,参与实践训练。在讨论和撰写报告的过程中,训练学生的团队意识。通过此次训练,使学生了解销售渠道的优化组合在提升收益管理中的重要作用
训练内容	学生以小组为单位去往市内两家不同的星级酒店,调研两家酒店的销售渠道组合,并进行对比分析
训练步骤	(1) 小组成员共同前往两家不同类型的星级酒店,调研两家酒店的销售渠道组合构成,并结合酒店的收益进行分析; (2) 撰写一篇综合分析报告; (3) 各组在班内进行汇报、交流、讨论
成果形成	撰写一篇题目为《酒店销售渠道优化组合对于收益管理的重要性》的调查报告

本项目主要介绍了酒店销售渠道的概念、分类方法、直接销售渠道的类型、间接销售渠道的类型、选择合适销售渠道应考虑的因素、有效的销售渠道管理策略等基础知识,知识结构如图 4-11 所示。

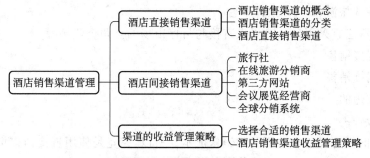

图 4-11 项目 4 知识结构

数字中国首次被写入政府工作报告是在十九大,此后,数字经济进入了高速发展的快车道。党的二十大的胜利召开,按下了数字经济发展的加速键。党的二十大报告中明确指出,要加快建设制造强国、质量强国、航天强国、交通强国、网络强国、数字中国。

销售渠道的运用和管理是酒店收益管理中非常重要的工作。直接销售渠道与间接销售渠道各有优缺点,酒店要根据自身的定位、类型和顾客偏好等因素优化渠道结构。随着数字时代互联网的飞速发展,酒店从业人员需要转变思维方式,进行数字化营销。通过利用线上销售渠道积累用户数据,搭建企业私域流量池,利用技术手段实现精准营销,与客户建立更直接、更有温度的连接,从而降低营销成本,提升营销效果。

学习测试

一、单项选择题

1. 在间接销售渠道中,酒店的中间商的数量说法不正确的是(　　)。
   A. 一个或者多个
   B. 好几个
   C. 只能是一个
   D. 有两个或两个以上

2. 客人的预订订单可以通过酒店集团的(　　)传输至各个酒店。
   A. 酒店管理系统(PMS)
   B. 前厅预订系统(FRS)
   C. 收益管理系统(RMS)
   D. 中央预订系统(CRS)

3. 随着互联网和创新科技的快速发展,线下旅行社在酒店预定渠道中的占比持续下降,(　　)则受到更多人的青睐。
   A. 会议展览经营商
   B. 第三方代理
   C. App
   D. 在线旅游(OTA)预订平台

4. 商务酒店宜采用(　　)渠道直接与目标市场的公司企业接触。
   A. 直接销售
   B. 间接销售
   C. 较短的
   D. 较长的

5. 不同的销售渠道有着不同的销售成本。所以,究竟是使用直接销售渠道还是间接销售渠道,要具体情况具体分析,酒店收益管理人员要善于做好(　　)。
   A. 销售渠道的计划
   B. 销售渠道的规划
   C. 销售渠道的组合
   D. 销售渠道的组织

6. 做酒店新媒体,每周微信内容最好包含(　　)内容。
   A. 主题性文章
   B. 产品介绍
   C. 粉丝拓展
   D. 酒店活动

二、判断题

1. 酒店的销售渠道是一种顾客可以直接或间接地购买酒店产品的媒介。（ ）
2. 在线旅行社是酒店的直销渠道之一。（ ）
3. 直接销售渠道，又称零层渠道，是酒店产品和服务在流向消费者的过程中不经过任何中间环节的销售渠道。（ ）
4. 第三方预订平台起到宣传、引流、补充客源的作用，不要轻易关闭客人预订入口。（ ）
5. 收益管理的技术性原则是：严格限定市场、渠道、时间，不能冲击到原有价格体系。（ ）
6. 预订月消费间夜越多，酒店获得的展示排名、广告曝光、用户流量越大。（ ）
7. 需要认清自身的定位及消费者特性，才能进行精准而有效的官微运营。（ ）
8. 直接销售渠道可以增加酒店的收入和利润，因此不论什么类型的酒店都要尽量选择直接销售渠道。（ ）

三、简答题

1. 酒店的销售渠道可以如何划分？
2. 酒店的直接销售渠道分别有哪些？举例说明不同酒店分别倚重哪些销售渠道？
3. 酒店的间接销售渠道分别有哪些？举例说明不同酒店分别倚重哪些销售渠道？
4. 酒店在选择销售渠道时，需要考虑哪些方面的因素？

四、案例分析题

桂林阳朔的一家小酒店

"桂林山水甲天下，阳朔山水甲桂林。"一年四季到阳朔的游客络绎不绝。最初，阳朔没有多少外地人去做生意，竞争不大，加之酒店的地段非常好，背靠着山，正面对着著名的阳朔西街，所以小酒店经营得有声有色。而后，随着越来越多的外地人到阳朔做生意、开酒店，小酒店生意就变得惨淡了。更悲催的是，小酒店门后更靠近的地方修起了高楼，并且里边还修了更高级的酒店。小酒店就被"淹没了"。当时，电商正在逐渐兴起，小酒店的老板也是一个对于新兴事物非常敏感的人，很快就在网上建立了自己的官网，还通过一些App推广自己的酒店。虽然花了一点钱，但是效果还是非常显著的，有很多人会通过网上或者电话预订酒店客房。可是，好景不长，在互联网上推广的时候，其他酒店也在这样做，并且支付更多的推广费用甚至降低房费价格。这样的血拼真的是苦不堪言。

问题：

1. 你该如何向小酒店的老板提出建议，优化酒店的销售渠道组合，进而提升酒店的收益呢？
2. 请每位同学阅读案例，以团队为单位对案例进行讨论，完成案例后面的问题。

"网红酒店"的营销渠道

目前,越来越多的酒店开始意识到成为"网红酒店"不仅可以提高酒店的知名度,更可以直接带来入住率和收入的提升。如今"网红酒店"主要流行于社交应用平台上,如抖音、微博、小红书这一类的平台越来越多地影响到消费者对酒店的选择。因此需要构建新媒体自循环矩阵,打造网红酒店源源不断的流量循环系统。

1. 引流

酒店可通过优质的内容制作,在多媒体内容聚合型平台进行发布,如抖音、微博、小红书、马蜂窝等。从视频、图文、体验、口碑等多个角度深度展示酒店产品,引导用户产生购买欲望,加入品牌种草。简单无负担的短视频在出现之初就与文旅产业表现出极高的契合度,泸沽湖蜜悦·秘密花园、阿坝浮云牧场、成都天堂洲际大酒店正在这波浪潮中崛起,而这些酒店的位置标签在抖音中的总体播放量超乎想象,基本在百万级以上。而像三亚亚特兰蒂斯酒店这样的顶级酒店的标签阅读量更是超过11亿次。

随着抖音浪潮的袭来,酒店业也开始蹭热度,开启了抖音的跨界之旅,目前首旅如家酒店集团、三亚亚特兰蒂斯酒店、菲林酒店、亚朵酒店等已经纷纷入驻抖音,开启品牌宣传之旅。三亚康年酒店因为一条点赞高达47万个、播放量破百万的抖音视频,出现了连续三天满房的状态,并且火热程度只增不减,可以说是不经意间就收获了流量变现带来的红利。引发涟漪效应,至今三亚康年酒店位置标签总体浏览达到1.5亿次。

2. 蓄水

通过创建品牌公众号,持续产出高质量的原创内容,逐渐聚集起一批与品牌理念契合度高的忠实受众,并明确粉丝属性及需求,搭建起定位清晰、内容明确的内容版图。通过对客户属性的分析,可以搭建三种类型的社群,分别为粉丝服务群、单身交友群、兴趣爱好群。具体还可以根据酒店及当地的特性进行主题社群搭建。

成功社群运营的背后,带来的是社群自带消费流量和消费势能,潜客裂变为消费者,并在与品牌的持续沟通中,成为品牌的忠实粉丝。通过品牌客服微信的朋友群构建起一个"不打扰,不骚扰"的推荐圈,常常发布有关店面风景图、店内发生的趣事分享、当地的美景美食、酒店相关的优惠及活动等信息,通过简洁的文字和优美的配图吸引用户。

3. 成交

在用户建立起成交的意愿之后,品牌方多将其引导至携程、去哪儿等OTA平台交易。部分酒店则会搭建自己的交易平台,将用户牢牢锁定在自己品牌生态链中,这种情况多见于大型连锁品牌,部分特色酒店品牌也在做这方面的尝试。

请结合案例回答以下问题。

1. 案例中"网红酒店"的营销渠道有哪些?
2. 你认为"网红酒店"是如何利用渠道提升收益的?

学 习 评 价

	能/否	准确程度	评价目标	评价类型
通过本项目学习，你			掌握酒店销售渠道的基本概念及分类	专业知识评价
			熟悉酒店常用的销售渠道及优势	
			了解酒店应如何合理利用销售渠道获得收益	
			从收益管理角度理解酒店销售渠道的设置及管理方法	
			正确区分酒店销售渠道的类型	专业能力评价
			根据酒店特点构建最优销售渠道	
			针对不同类型酒店设计销售渠道组合	
			养成独立严谨的思维方式和思维习惯	素质学习评价
			与时俱进，善于挖掘酒店新兴渠道	
			提升数字化思维意识	

自评人(签字)　　　　　　　　　　　　　　教师(签字)

　　　　　　　　　　年　月　日　　　　　　　　　　　　　年　月　日

项目 5

酒店市场预测

学习目标

知识目标

- 掌握酒店市场预测的概念、内容和步骤。
- 掌握酒店市场预测的方法。
- 理解超额预订的原因、意义和方法。
- 熟悉因超额预订导致客人无法入住的处理方法。
- 熟悉客房容量控制和顾客住宿天数控制的方法。

能力目标

- 能按照预测的步骤和方法进行预测。
- 能对预测的结果进行分析,并采用合适的策略进行针对性应用。
- 能够根据市场需求和其他因素,设置超额预订。
- 能够运用不同细分市场的特点,采用恰当的容量控制。
- 能够根据市场情况,运用住宿天数控制法。

素养目标

- 用发展的眼光看待酒店市场。
- 树立求真务实的预测理念。
- 具备利用超额预订、容量控制提升酒店收益的意识。
- 具有换位思考、妥善解决过量预订造成客人投诉的服务精神。

学习导引

任务 1　市场预测的内容与步骤

任务描述

收益经理告诉张旭,一切事物都是变化发展的,要用发展的眼光看待酒店市场。市场瞬息万变,只有不断预测,才有可能确保酒店收益决策的科学性。经理让张旭预测滨海花园酒店 6 月的客房需求情况。

任务描述

任务分析

张旭认为市场预测需要明确预测的内容和方法,只有知道这些,才能更好地预测。

知识准备

市场预测是所有市场主体都需要考虑的问题,市场主体需要进行各种各样的预测,如预测产品的销售量和销售收入、原材料的价格、劳动力的成本等,整理并分析相关数据,从而进行生产和经营决策。

不同行业的预测变量不一样,如酒店在预测市场时,需要关注宏观环境、行业发展趋势、所在地区或商圈的发展状况、竞争对手的变化、酒店各细分市场的需求变化、采购情况、预订进度、客房出租率、餐厅上座率等。预测变量并不是一成不变的,而是一个动态调整的过程。

5.1.1　酒店市场预测的概念与作用

1. 酒店市场预测的概念

市场预测就是在市场调查获得的各种信息和资料的基础上,通过分析研究,运用科学的预测技术和方法,对市场未来的商品供求趋势、影响因素及其变化规律所做的分析和推断过程。酒店市场预测就是指运用定性、定量的方法,对影响酒店市场供求的各种因素的变化进行系统的调查的基础上,掌握酒店市场变化的趋势,对酒店产品和服务的供需量做出测量,最终帮助酒店管理者及早掌握未来市场情况,从而为制定正确的市场战略奠定基础。

2. 酒店市场预测的作用

所有的管理决策都是在预测的基础上做出的,预测是联系现在和未来的桥梁。酒店

市场预测对于提升酒店收益至关重要,是收益管理的基础,主要表现在以下四个方面。

1) 帮助酒店管理人员更好地把握机遇

很多酒店管理人员为了保证客房出租率,急于把酒店的产品和服务卖出。因此,在距入住日尚早的时候,客房便已预订一空。如果酒店能够对未来市场需求做出准确预测,就可以预留一部分房间,等到临近入住日期时以更高价格出售,从而提升收入。可见对于未来需求的预测,能够帮助酒店管理人员更好地把握机遇,增强其对未来的信心,从而获得高额回报。

2) 为酒店节省成本,增加利润

人力是酒店主要成本之一,如果酒店可以对客房入住率、入住人数、入住时间等数据进行分析和预测,并把这些数据提供给客房部、前厅部等各个部门,便可以帮助它们根据业务情况合理安排人力,避免劳动力浪费的情况。同时也可以防止人员不足,影响服务质量。此外,根据预测的数据也可以合理安排物资采购、库存分配等,避免因物资积压导致资源浪费。对于酒店来讲,控制了成本,就相当于提高了收入,增加了利润。

3) 优化酒店业务结构

很多酒店都利用历史数据进行分析,但都比较粗放。我们需要的是对历史数据的不同业务构成进行分析,诸如按照不同的业务类型(散客或团队)、细分市场(公司、休闲、批发商等)、不同的入住星期、季节以及入住天数等来进行划分,并加上其所能带来的价值,这样基本能够划分出酒店的业务结构。

一般来说,低价需求(如团队、包价等)都出现得比较早,而那些高价需求总是出现得比较晚。如果我们不加以控制的话,酒店有限的客房可能会被低价的,或者仅入住当天的需求所占据。通过对不同业务进行分类而得出的无限制的需求预测,能够帮助我们更精确地了解在业绩中,不同的业务所出现的模式以及趋势,进而了解业务结构的构成和变化,以帮助酒店进行最佳业务结构的选择。

4) 市场预测的好坏直接影响收益管理工作的成败

进行收益管理工作需要大量的决策,涉及渠道的关闭与开放、价格的调整、销售政策的制定等等。这些决策都应建立在对未来预测的基础上,如果过于悲观,可能会导致房价制定过低,销售无限制,房源过早卖完,失去获得更好房价的机会。相反,如果过于乐观,可能会导致定价太高,销售限制过于严格,很多房间难以出售。因此,从需求预测这一环节就直接关系到了最终的收益,从而影响收益管理工作的成败。

5.1.2 市场预测的内容

市场预测关系到收益管理的成败。为了精确地预测未来某个时间段的需求,管理者需要确定预测的内容,这是为了给收益管理工作提供决策依据。市场预测的内容具体如下。

1. 无限制市场需求

无限制市场需求是指在酒店不加选择、不设限制的情况下,客人对酒店产品和服务的有效需求。其中值得注意的是，客人对产品和服务总的需求量可以超过酒店总供应量的上限。无限制市场需求让酒店清楚了解自身最大的市场需求量，从而根据自身情况对市场需求做出反应。无限制市场需求包括酒店已经接待服务的市场需求，还有酒店未能提供产品和服务满足的市场需求，其公式为

$$无限制市场需求 = 已确认的市场需求数量 + 潜在的市场需求数量$$

其中已确认的市场需求数量可以通过酒店经营的数据报告获得，然而潜在的市场需求数量是可能变化的量。潜在的市场需求数量是用户实际需要的，但是由于某些原因不能兑现的产品和服务的需求量，原因通常有两个方面。

1）酒店主动拒绝客人的房间数量

因住宿时长、价格、房间数量等条件酒店主动拒绝的房间数量，其中包含酒店因过量预订而无法提供客房的情形。

2）酒店被动减少的房间数量

顾客因自身原因取消预订、无故未到（No-show），导致酒店被动减少的房间数量。

酒店无限制市场需求可以进一步细化为以下公式：

$$无限制市场需求 = 已出租房间数 + 可出租但未出租的房间数 \\ - No\text{-}show - 取消的订房数 + 因超额预订而拒绝的房间数$$

在此公式中，已出租房间数是最容易获得的，可以直接通过酒店经营报告得知。如果酒店在平时经营中做好记录，有完整的历史数据，No-show、取消的订房数和因超额预订而拒绝的房间数也可以通过记录得知。然而最不容易获得的数据是可出租但未出租的房间数，这部分数据往往会因多方面原因造成。

现如今，大数据可以帮助酒店管理者来解决一些问题，因为从其数以万计的海量数据中不仅可以找到顾客在对酒店客房预订、取消和 No-show 时的行为、动机以及心理活动，还可以分析顾客流失的去向和机会，使无限制市场需求预测工作的精准度得以提高。一些 OTA 平台开始借助自身流量和数据为酒店提供订单转化率的数据信息，即客人进入酒店下单与详情页浏览量的比值，并且还能为酒店提供流失顾客去向等信息等。通过这些数据可以在一定程度上知道可出租但未出租的房间数。

无限制市场需求分析可以让酒店全面了解市场，优化客源结构。无限制市场需求是酒店在市场上最大量的需求。有时，最大量的市场需求甚至会超出酒店自身的承载能力。如表 5-1 所示，是某酒店（100 间客房）上半年各月需求量汇总。

表 5-1 某酒店上半年各月需求量汇总

月份	已确认需求量/ (间·夜)	潜在需求量/ (间·夜)	无限制需求量/ (间·夜)	承载量/ (间·夜)
1月	1 600	420	2 020	3 100
2月	1 720	460	2 180	2 800
3月	1 800	500	2 300	3 100
4月	2 810	620	3 430	3 000
5月	2 920	700	3 600	3 100
6月	2 550	680	3 230	3 000

通过表 5-1 可以看出,酒店已确认需求量和潜在需求量相加就是酒店无限制需求量。酒店在 1 月、2 月、3 月的需求量偏低,此时可以选择降价促销等方式促进客房销售。在 4 月、5 月、6 月需求量提升的时候,特别是需求量已经超过酒店当月的最大承载量的时候,可以采取抬高价格、增加限制条件等方式,例如设置最低入住天数,取消优惠活动等策略,尽可能将客房留给价值更高的细分市场,从而让酒店收益最大化。因此,无限制市场需求预测可以让酒店更好地了解市场,优化客源结构。

2. 预订进度分析

预订进度分析是随着时间推移,持续关注酒店客房预订数量的方法。它可以帮助酒店管理人员把握市场需求的变动以及酒店相应满足市场需求的能力,并及时做出销售策略调整。通常来说酒店的客房预订进度可以将实际预订量同当年的预测数据或历史同期数据进行对比。

以图 5-1 为例,这是某酒店在距离入住前第 7 天的实际预订量和预测数据对比情况。通过这张图可知,酒店实际预订量在距离入住前第 25 天的时候与预测数据保持持平,在之后的预订进度中,实际预订量一直好于预测数据。因此,可以基本断定酒店的实际预订量会好于预测数据。酒店此时可以选择提高房价、减少促销等方式扩大酒店收益。如果实际预订量实际低于预期,酒店则需要通过降低房价、增加促销等方式扩大酒店收益。

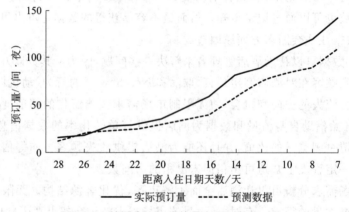

图 5-1 某酒店实际预订量和预测数据对比

酒店不仅需要预测,而且要反复预测,因为酒店在制定预算时是建立在当时有限的市场信息基础上,而随着时间推移,市场信息会发生变化,这就需要管理人员根据变化情况及时调整。收益管理不能只满足于把剩下的房间卖出去,而是要适当提高房价,把握好房间的销售时机,尽量把房间卖给平均价格高、利润高的细分市场。

3. 消费者预订模式

此外,每家酒店还需要分析本酒店各类细分市场的预订模式,让自身的预测更有针对性。酒店的客户有很多种,每一类顾客采用的预订模式经常会存在差异。例如,休闲度假散客时间相对灵活,同时价格敏感度高,往往会提前安排行程。而商务散客出差行程经常具有临时性,并且他们价格敏感度低,因此预订时往往会接近入住日期。

收益管理人员预测了不同市场的行为模式后,需要有针对性地采取不同策略实现酒店收益最大化。例如,在主要的商务散客预订之前,通过促销等手段将客房以相对优惠的价格出售给休闲度假散客。随着商务散客预订量的增加,酒店则选择取消优惠或者增加限制等策略将客房出售给价值更高的商务散客。

4. 市场供应情况变化

酒店需对所处市场的供给因素变化情况进行监控。比如,周围是否有新开业的酒店,已有酒店是否增加或减少了客房数量,是否有客房停止销售、装修改造等。对于上述情况,管理人员应密切关注,把握提高收入的机会。例如,竞争对手酒店需要停业装修一年,那么可以与该酒店洽谈,将协议客户在此期间介绍到自己酒店。此外,未来一年的价格可以适当调高,以获取更大的收入。

5. 竞争对手价格变化趋势

酒店必须清楚市场的价格领导者是谁,谁主导价格的变化,以及竞争对手以往的价格策略和变化趋势,比如,它们给协议客户的折扣、各个销售渠道的价格水平等。如周围竞争对手全部涨价,那么自己的酒店也需要及时调整,否则客房大量以低价售出,可以接受高房价的客人反而无房可住,最后只能到竞争对手的酒店入住,那么对于自家酒店将带来收益的损失。

6. 影响供求关系的重大事件

市场环境是影响酒店日常经营的重要因素,市场环境极其复杂,且具有不确定性、不可控性和机会与威胁并存的特点。未来,如果产生有利的市场环境,则有助于酒店增加需求,提高收益;如果产生不利的市场环境,则会对酒店经营管理带来负面影响,减少收益。预测时,收益管理者还必须考虑到正在或即将发生的事件,包括那些过去几年没有发生但有可能在本年度发生的事情,这些信息都会对需求产生影响。例如,2022年北京冬奥会给北京酒店市场带来了很大商机,这是因为冬奥会期间市场对酒店客房的需求量急剧上升,甚至出现了一房难求的局面。酒店的房价也因此大幅度上涨,不少酒店的收益大增,可以说冬奥会的举办属于有利市场事件。重大事件通常包括如下方面。

(1) 酒店所在地区的学校开学和放假。

(2) 各种节假日。

(3) 地区性大型会议、展览、比赛、文娱表演。

(4) 恶劣的天气、自然灾害。

(5) 其他突发事件,如突发性事故。

收益管理人员应及时收集相关重大事件的信息,以对经营策略进行第一时间调整。

5.1.3 市场预测的步骤

1. 明确预测目的

明确预测目的是开展市场预测工作的第一步,因为预测目的的不同,预测的内容、项目、所需要的资料和所运用的方法都会有所不同。明确市场预测目的,就是根据销售中所存在的问题,拟定预测的项目,收集相关的数据,选择对应的预测方法,建立预测模型进行预测。在酒店收益管理中,预测目的决定了预测内容的选取,我们前面提到了常见的预测内容,例如,无限制市场需求、客房预订进度分析、市场供应情况和重大事件等。

例如,为了使酒店实现客房收入最大化,收益经理需要把客房的预订量和销售价格作为需要预测的指标进行预测。如果因为房价过高,导致预订量很少,就应该调整房价以增加预订量;或者因为房价较低,导致预订爆满,就应该调整房价以适当减少预订量,从而使房价和预订量的乘积最大,减少因房价过高或过低给酒店造成的潜在经营损失。正是因为有了一定时间内的客房预订量和销售价格的预测,才能正确处理好客房出租率和平均房价之间的平衡关系。

2. 收集预测资料

进行市场预测必须有充分的资料。只有有了充分的资料,才能为市场预测提供进行分析、判断的可靠依据。在市场预测计划的指导下,调查和搜集预测有关资料是进行市场预测的重要一环,也是预测的基础性工作。

一般来说,收集的预测资料分为两类。一类是酒店自有的资料,这类资料是指来自酒店经营过程中所产生的反映酒店经营状况的资料。例如,每日客房预订量、每日客房超订量、每日房价、顾客的入住天数、每日宴会预订量等。另一类是营销资料,这类资料是指有关市场营销环境变化的日常信息,这些信息帮助管理人员制订和调整市场营销计划以及营销策略。例如,整个市场的供需情况、市场环境的意外事件、竞争对手的资料、宏观经济政策的调整等。

收集的预测资料还可以分为一手资料和二手资料。一手资料是指通过观察记录下来的资料,或者直接从询问对象处收集到的资料。例如,通过信件、电话、人员调查或者人员观察、摄像头等机械观察得到的资料。二手资料是指酒店内存储的各种资料和酒店外公开发表的各种资料。例如,通过酒店内部的预订表、登记表等内部资料获得顾客要求、顾客类型、住宿天数、订房渠道等信息,也包括酒店外部的顾客研究报告、市场需求情况研究报告、竞争情况报告、酒店协会统计资料等。

资料收集完成后,还要对收集到的资料进行分析和鉴别,去掉具有市场特殊性或不真实并与预测关系不密切的数据,避免给预测结果带来大的误差。例如,2021年7月18日至21日,河南郑州遭遇了有气象记录以来最大的暴雨袭击,航空、铁路、公路所有班次全部取消,给郑州的酒店业造成了很大影响。这次暴雨事件的结果使市场需求急剧下滑,客房预订量大幅度减少,酒店收入也大幅度减少。所以,在收集完资料进行整理时应该剔除或者修订在此期间的客房预订量数据。因为该数据被视为极特殊情况下的历史数据,极少发生,不具有普遍性。

知识链接

数据收集包括对历史、现状和未来资料的收集。

首先,收集历史数据,大多数企业的信息管理系统中对过去数据的保留都有历年、历月,甚至是过去每天的数据。例如,酒店信息管理系统中可以获得历年的客房销售量、销售价格、销售收入、超预订情况、散客及团队情况等。

其次,收集关于现状的数据,这些数据包括当天、本周、本月或未来某个月已得到的数据情况。如航空公司近期的预订情况、预订价格变化等。表 5-2 是某航空公司机票预订数据的记录。

表 5-2 某航空公司机票预订数据的记录

−8	−7	−6	−5	−4	−3	−2	−1	0	离港日期
6	9	20	24	33	41	54	57	70	4月10日
8	14	20	23	39	50	55	59	61	4月11日
1	2	3	3	6	12	14	20	28	4月12日
6	6	10	11	13	19	22	24		4月13日
3	11	19	25	30	31	33			4月14日
1		3	10	16	20				4月15日
0	1	2	8	13					4月16日
1	12	24	30						4月17日

假如当前日期是 4 月 12 日,第一行表示离港的天数,最后一列表示航班离港的日期,其余表示截至订票时间点预订机票的总数。这些数据可以反映在不同的预订时间旅客对该等级机票的需求规律。

最后,收集未来一段时期,企业所在市场发展变化的数据和资料,包括本地社会经济的发展前景、本区域的行业发展状况、竞争对手的情况等。

3. 选择预测方法

根据预测的目标以及各种预测方法的适用条件和性能,选择出合适的预测方法,一般分为定性与定量两种。不同的预测指标有不同的预测方法,有时可以运用多种预测方法来预测同一目标。选择合适的预测方法,对于提高预测精度,保证预测质量,有着十分重要的意义。通常从以下三个方面来考虑预测方法的选择。

1) 合适性

不同的预测指标,对应的预测方法可能不同,根据指标的性质来判断和选择合适预测方法和模型。例如移动平均法、指数平滑法、季节指数法、直观判断法适用于短期预测;回

归分析法、经济计量模型法适用于1年以上的短期与中期预测;经验判断法、趋势分析法适用于5年以上的长期预测。例如,在客房分配模型的选择上,因为存在价格差异因素,一般选择随机规划模型。

2)精确性

选择预测方法时,要考虑的另一个重要因素就是精确性。满足较高精度要求的预测方法有回归分析法、经济计量模型法等;适用于精度要求较低的预测方法有经验判断法、移动平均法、趋势外推法等。如果预测目标是战略性的,一般采用中长期预测方法,对精确性要求较低;如果预测目标是战术性或者业务性的,一般采用中近期或短期预测方法,对精确性要求较高。例如,为了减少季节性不规则变动对预测精确性的影响,一般选择时间序列分析法中的移动平均法或指数平滑法。

3)费用

预测方法的选择,既要达到精度要求,满足预测目标的需要,又要尽可能节省费用。用于预测的费用包括调研费用、数据处理费用、程序编制费用、上机费用、专家咨询费用等。一般来说,对预测的精确度要求高,相应的数据量需求就大,所需要的调研费用及存储费用就会相对多一些。但如果这时采用对数据量要求不大的预测方法,预测费用虽然少了,但由于预测精确度低而引起的预测损失有可能会更大。因此,预测费用是进行预测方法选择的因素之一。然而对预测费用加以考虑时,绝不能认为,预测方法越复杂,预测所需要的数据量就越多,预测就越准确。显然,采用较低的花费得到所要求的精确度是一种理想的结果。费用预算较低的方法有经验判断法、时间序列分析法及其他较简单的预测模型法。费用预算较高的方法有:经济计量模型法及大型复杂的预测模型方法。

因为影响预测的因素有很多,所以庞大的数据存量是必要的,需要进行精细的数据筛选,并经过复杂的数学计算,仅仅依靠人力是不够的,而是需要计算机来为我们服务。在实际的预测工作中,往往采取组合预测法,即把几种预测方法结合起来预测同一问题。

4. 做出预测

对选定的指标做出预测,是预测工作的重要环节,一般来讲分两个步骤。首先,是对获得的数据和资料进行处理。收益经理需要从收集到的庞大的数据存量中初步筛选出有用的信息,结合指标分析对象,选择不同类型的预测模型,利用计算机数据处理软件(如Excel的统计函数、SPSS统计软件、STATA数据处理软件或酒店购买的收益管理软件)进行处理。其次,上一步处理的数值只是初始结果。由于受市场存在复杂性、收集信息的不完整性、选择方法的不同、预测经验的不足等因素影响,初始结果存在一定的误差。收益经理需要对预测结果进行验证,找到误差并对超出误差范围的预测值加以修正。根据修正后的结果对未来的发展趋势做出预测,提供可供选择的策略,并预测实施该策略后的可能结果。

案例分享

餐厅收益管理中需要收集餐厅各就餐团体登记时间、结账时间、消费额、就餐人数等数据,通过数据运算与处理,可得出餐厅的收益率。如某餐厅9月11:00—20:00的餐厅收益率数据，这个过程就需要分析软件 SPSS 建模处理，如表 5-3 所示。

表 5-3　某餐厅 9 月 11—20 点的餐厅收益率数据

星期	时间									
	11:00	12:00	13:00	14:00	15:00	16:00	17:00	18:00	19:00	20:00
星期一	197.3	194.3	155.9	244.4	181.3	335.7	354.4	353.7	346.7	325.7
星期二	174.1	203.6	198.7	177	265.6	328.7	321.5	315.3	283.7	427.8
星期三	176.6	139.4	243.5	243.5	207.5	379	346.6	450.9	424.1	305.4
星期四	201.9	212.1	203.6	54	156.3	352.1	440	366.6	287.2	418.6
星期五	235.1	234.8	54	54	280	394.4	394.8	403.8	409.3	402.4

餐厅收益率越高，表明餐厅在该阶段收益越好，也说明餐厅在该阶段处于忙碌期。餐厅可以在高餐厅收益率阶段，提前递交账单，加快顾客就餐时间；在低收益率阶段，应延长顾客就餐时间，鼓励顾客消费。

5. 实施策略及修正预测

分析预测结果与目标是否一致，是否达到当初的要求。如果有误差，判断是否在允许的范围内。如果不符合要求，必须重新确定目标，或重新选择预测方法，再行预测。一般来说，需要预测人员、收益经理、总经理等人员共同对预测结果加以判断、分析和调整，最终确定预测值。收益经理通过分析最终预测值提出经营策略，并多部门联合实施收益管理策略。策略实施后，会影响酒店的经营，酒店收益经理需要收集新的数据，按照上述的程序，得出新的结果，及时调整经营策略和方案。

案例分享

表 5-4 为四家酒店的基本信息，旨在说明数据结果的运用及定性分析方法的分析过程。

表 5-4　四家酒店的基本信息

酒店	开业时间	客房数/间	会议场所	会议室总面积/平方米	最大会议场地面积/平方米
1	2011 年	487	10	18 720	8 900
2	2011 年	493	17	29 783	9 628
3	2011 年	445	13	14 270	6 967
4	1983 年	850	15	25 005	13 002

这些数据有什么用处呢？首先，看开业的年份：第四家酒店是 1983 年开业的，那么这家酒店设备是否陈旧？员工有没有激情？员工是否更有经验？相比于新开业的酒店会提供更好的服务吗？酒店品牌是否在市场上占有很大的优势？顾客可能对这个酒店更了解，而不了解其他三个品牌的酒店吗？其次，分析酒店的客房数量：第四家酒店的客房数是最多的，就可能需要更多的人力。根据不同的人员结构，定价策略也会不一样。最后，

看会议场所,可能目前还是有一些酒店只有客房,但是如果酒店的主要客户群体是团队,那么就需要为其提供会议场地。如果酒店拥有客房,但是会议场地很小,酒店所能容纳的承办会议的规模就会越小。当然,还会考虑酒店的一些配套设施,酒店是否有健身中心,是否有西餐厅,都会成为酒店的一个优势或劣势。所以,我们选择一个酒店的时候不仅仅看基本的设施,还会考虑酒店的方方面面,如企业的长期发展战略。只有根据这些,才能区别于你的竞争对手,根据市场的变化做调整。

任务实施

张旭认为他需要结合历史数据、当前预订进度、重大事件等多方面进行预测,他预测6月酒店客房需求情况的步骤如图5-2所示。

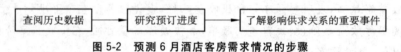

图 5-2 预测 6 月酒店客房需求情况的步骤

步骤1:查阅历史数据。

他跟经理要了过去三年的同期历史经营数据,如表5-5所示。

表 5-5 酒店历史经营数据

数据来源	客房销售数量/(间·夜)	入住率/%	客房价格/元
前三年	2 136	71	359
前两年	2 376	79	369
前一年	2 610	87	389

过去三年,即使客房价格小幅提升,酒店6月的市场需求仍然呈逐年上升趋势。

步骤2:研究预订进度。

酒店今年和去年的预订进度如图5-3所示,明显今年的预订量多于去年同期。

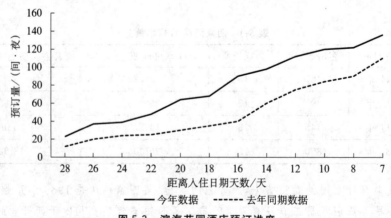

图 5-3 滨海花园酒店预订进度

步骤3:了解影响供求关系的重要事件。

张旭通过调查发现,最近当地最重要的竞争对手因设施陈旧,决定6月开始停业装修。当地城市一年一度的帆船比赛也在 6 月进行,6 月游客数量预计比去年同期增加 50%。

综合以上分析,张旭认为酒店 6 月会出现明显的需求上升。

📋 小组训练

将班级每 5 名学生分为一组,每组确定 1 位负责人,完成表 5-6 所示的小组训练。

表 5-6　小组训练(13)

训练名称	市场预测内容的应用
训练目的	通过此次训练,引导学生将市场预测内容进行实践应用。在讨论和撰写报告过程中,训练学生的团队意识,同时加深其对市场预测的认识,培养其相应的专业能力与职业核心能力;通过践行职业道德规范,促进其塑造健全的职业人格
训练内容	去往一家校企合作的××酒店收集相关资料,根据所学酒店市场预测内容,选择合适的预测内容,收集相关资料,并进行分析
训练步骤	(1) 小组成员先各自掌握市场预测内容,了解市场预测在酒店经营中的重要作用; (2) 去酒店通过访谈、参观收集相关资料,撰写相关综合分析报告; (3) 各组在班内进行交流、讨论
成果形式	撰写一篇题目为《××酒店市场预测内容的实际应用》的分析报告

任务2　预测方法

📖 任务描述

收益经理发给张旭一张当月的酒店收益日历,让张旭根据收益报表和日历,预测当月 18 日的收益情况。收益经理说市场预测要具备求真务实的精神,从而严谨科学地预测市场。

任务描述

🔍 任务分析

张旭要想完成经理布置的任务,需要学会认识收益日历的内容,并熟练掌握市场预测的方法。

👤 知识准备

在上述的预测步骤中选择预测方法很重要,酒店市场预测的方法有很多种,主要划分为定性预测方法和定量预测方法两大类。

5.2.1 定性预测法

定性预测方法是建立在经验判断的基础上,并对判断结果进行有效处理的预测方法,适用于预测对象受到各种因素的影响,又无法对其影响因素进行定量分析的情况。定性预测主要基于主观评价和判断,如市场调研法、德尔菲法、集合意见法等。例如,要投资兴建一家酒店,首先需要做前期投资规划、可行性分析、市场定位以及未来若干年的经营预算等,其主要目的是对项目未来发展状况、经营业绩以及投资回报情况做出估计和判断。实际上,估计和判断就是对项目未来发展情况的一种预测,而此时酒店尚在筹建规划中,没有任何的历史经营数据可供参考,只有依靠市场调研和同行业酒店的数据来作为预测的依据。在此基础上,只能通过定性的预测方法,依靠专家的经验和综合分析作出判断和预测。

1. 市场调查法

市场调查法是酒店最常用的预测方法之一,由收益管理部门或销售部门进行市场调查,进行识别、收集、分析和传播营销信息的工作,目的是提高产品销售量。市场调查涉及销售活动的整个过程,主要包括以下方面。

(1)市场宏观环境。主要调查内容包括市场的购买力水平、消费者物价指数、经济结构、国家的方针、政策和法律法规、风俗习惯、科学发展动态、气候等各种影响销售的因素。

(2)市场需求调查。主要调查内容包括酒店产品或服务需求量调查、消费者收入调查、消费结构调查、消费者行为调查(入住的原因、频率、时间、方式、入住后的评价)等。

(3)市场供给调查。主要调查内容包括酒店的客房数、客房类型等。

(4)市场营销因素调查。主要调查内容包括产品(消费者使用的情况、消费者的评价)、价格(消费者对价格的接受情况、对价格策略的反应)、渠道(通过什么渠道知道酒店的)和促销(各种促销活动的效果)等。

(5)市场竞争情况调查。主要调查内容包括对竞争企业的调查和分析,了解同类酒店的产品、价格等方面的情况,它们采取的竞争手段和策略,做到知己知彼,通过调查帮助酒店确定销售策略。

市场调查法主要应用于酒店的中长期预测,预测的步骤如下。
(1)根据工作内容事先确定预测的指标。
(2)确定需要调查的内容,调查的内容与要预测的指标具有高度相关性。
(3)设计包括调查人员、问卷、调查对象、进度安排以及预算在内的完善调查方案。
(4)在调查实施的全过程中进行采集和分析数据。
(5)选择合适的方法对相关指标进行预测,并对预测结果进行修订。
(6)通过收益管理会议对预测结果作出评价,并最终做出决策。

2. 集合意见法

集合意见法是由预测人员召集企业的管理者、业务人员,根据已收集的信息资料和个人的经验,对未来作出判断预测,最后由组织者把预测方案、意见集中起来,最终取得预测结果的方法,这类方法适用于短期指标预测。集合意见法主要包括管理人员集合意见法和销售人员集合意见法。

1) 管理人员集合意见法

这种情况要求酒店经营管理部门的负责人(如财务总监、销售总监、收益管理经理等)独立地进行销售情况的预测,然后汇总所有人的结果,在一起反复讨论和调整,直到达成一致的结果。

2) 销售人员集合意见法

这种情况是召集销售人员对顾客的购买量、价格变化、市场供需变化、竞争对手情况等方面进行分析,对预测结果进行汇总、讨论,最后达成共识的预测方法。

采取集合意见法进行预测,一般步骤如下。

(1) 预测组织者根据企业经营管理的要求,向参加预测的有关人员提出预测项目和预测期限的要求,并尽可能提供有关背景资料。

(2) 预测有关人员根据预测要求及掌握的背景资料,凭个人经验和分析判断能力,提出各自的预测方案。在此过程中,预测人员应进行必要的定性分析和定量分析。定性分析主要分析历史上生产销售资料,目前市场状态,产品适销对路的情况,商品资源、流通渠道的情况及变化,消费心理变化,顾客流动态势等。定量分析主要确定未来市场需求几种可能状态(如市场销路或市场销路差状态),估计各种可能状态出现的主观概率及每种可能状态下的具体销售值。

(3) 预测组织者计算有关人员的预测方案的方案期望值。方案期望值等于各种可能状态主观概率与状态值乘积之和。

(4) 将参与预测的有关人员分类,如厂长(经理)类、管理职能科室类、业务人员类等,计算各类综合期望值。综合方法一般是采用平均数、加权平均数统计法或中位数统计法。

(5) 确定最后的预测值。预测组织者将各类人员的综合期望值通过加权平均法等计算出最后的预测值。

5.2.2 定量预测法

定量预测方法是一种运用数学工具对事物规律进行定量描述,预测其发展趋势的方法。定量预测主要基于客观数据和历史资料。定量预测需要处理较多的历史数据,因果分析和时间序列分析是主要的定量预测方法。因果分析是在回归方程的基础上的一种方法,由于这种方法比较复杂,在收益管理中很少用到。我们主要介绍时间序列分析法。

时间序列分析法其实是一种回归预测方法,属于定量预测。它是运用过去的时间序列数据进行统计分析,推测出事物的发展趋势,同时考虑偶然因素给预测造成的随机波动的影响,还要对数据进行适当处理,进行趋势预测。时间序列预测法主要用于短期预测,主要分为以下七种方法。

1. 直接预测法

直接预测法又称幼稚预测法,是时间序列预测法中最简单的一种预测方法。使用这种方法,通常用最近发生的情况来预测将来的情况。管理者根据经验和需求影响因素所处状态的判断,对未来的需求量做出估计,比如管理者经常使用类似"下个月的需求和去年同时期的需求基本一致""明天的市场环境和今天无异"等规则进行预测。直接预测法本质上是基于历史模式和当前状态之间的相似性研判而进行的一种规则推理。

直接预测法在实际应用过程中,由于简单、易用和成本低,往往成为管理者的首选,其精确性有时甚至要超过那些由上千个等式组成的计算模型。但是直接预测法也有不可逾越的一些缺陷,主要表现在主观性太强,预测效果往往因管理者的经验、知识水平而有很大的不同,不利于定量化表达与计算等。

直接预测法中,日历因素是预测中首要考虑的因素,所谓日历因素就是指某些特殊节日或者某日的活动对预测的影响。以 2022 年春节为例,春节是在阳历 2 月 1 日,这种节假日就属于日历因素。有了日历因素,酒店需要结合自己的历史数据来判断生意到底好不好。只有结合了历史因素和日历因素,才能合理地预测未来的需求。

日历因素可以有不同的维度,日历因素可以按月份、季度、星期分类,也可按周中、周末、节假日维度分类,如中国法定节假日有元旦、春节、清明节、劳动节、端午节、中秋节、国庆节;还有特殊事件维度,如当地特色节日(如泼水节)等非放假节日;以及展会、演唱会、体育赛事、考试等事件。只要对潜在需求产生较大影响的,均应记录下来。

每家酒店都有必要绘制自己专属的营销日历,并将过去和未来的日历因素记录在案,为后续的营销策略提供指导,如表 5-7 所示。

表 5-7 营销日历

2021 年	星期	事件	2022 年	星期	事件
4 月 24 日	星期六		4 月 23 日	星期六	
4 月 25 日	星期日	上班	4 月 24 日	星期日	上班
4 月 26 日	星期一		4 月 25 日	星期一	
4 月 27 日	星期二		4 月 26 日	星期二	
4 月 28 日	星期三		4 月 27 日	星期三	
4 月 29 日	星期四		4 月 28 日	星期四	
4 月 30 日	星期五		4 月 29 日	星期五	
5 月 1 日	星期六	劳动节假期	4 月 30 日	星期六	劳动节假期
5 月 2 日	星期日	劳动节假期	5 月 1 日	星期日	劳动节假期
5 月 3 日	星期一	劳动节假期	5 月 2 日	星期一	劳动节假期
5 月 4 日	星期二	劳动节假期	5 月 3 日	星期二	劳动节假期
5 月 5 日	星期三	劳动节假期	5 月 4 日	星期三	劳动节假期
5 月 6 日	星期四		5 月 5 日	星期四	

续表

2021年	星期	事件	2022年	星期	事件
5月7日	星期五		5月6日	星期五	
5月8日	星期六	上班	5月7日	星期六	上班
5月9日	星期日		5月8日	星期日	

在空白日历中要以星期相互对应，而不是以日期对应。例如，2021年4月24日应该对应2022年4月23日。因为这两个日期都是周六，周六的预订规律和客源相近。如果把两年的4月24日进行对比，这样就会导致对比不准确。制定好空白日历后，需要添加未来的日历因素，这样可以直观地观察到今年日历的变化。在纵向对比历史和数据时，也可更快速地找到可比的日期。在节假日进行同比时，需要注意日期的对齐，即2021年的劳动节，需要对比2022年的劳动节，这样对比才具有分析的意义。

选择合适的可比日期，如法定节假日需要同日期进行对比。例如，5月1日对比5月1日，星期对比，周六对比周六，相同事件对比，今年中国国际进口博览会首日对比去年的中国国际进口博览会首日。

选定好的对比范围做预测时，可根据下述指标项提前准备好相关数据。首先，需要观察的是过去实际经营程度是怎么样的，来判断这一天的需求强弱。其次，对比当前和历史相同时间是领先了还是落后了。

常用的预测方法有根据预订进度进行预测。例如，预测数＝实际发生数＋在手预订＋预测未来净增值。

假设有一家100间客房的酒店，需要预测3天后（10月15日）的经营数据，那就要选择目标日期对应可比的数据。根据2021年可比的日期，如表5-8所示，当晚这家酒店的出租率为80%，平均房价为219元，每间可供出租客房收入为175元。

表5-8 酒店2021年10月15日收益数据

项目	OCC/%	ADR/元	RevPAR/元
数据	80	219	175

从表5-9中可以看出，2021年提前3天时有30间客房预订，平均房价为189元，客房收入为5 670元。想要预测的这一天有24间客房预订，平均房价为169元，客房收入为4 056元。

表5-9 酒店2021年与2022年提前三日的预订数据对比

项目	年份	
	2021年	2022年
在手预订量/间	30	24
在手均价/元	189	169
在手客房收入/元	5 670	4 056

表5-10是2021年预订前3日的客房增量、均价和客房收入。

表 5-10　酒店 2021 年预订前 3 日的客房增量

项目	客房增量/间	ADR/元	客房收入/元
数据	50	237	11 850

如果 2022 年形势跟 2021 年相似，以当前在手预订 24 间加上 50 间，共 74 间，即可以得到 74% 的出租率。以此类推，可以得到客房收入为 4 056+11 850=15 906（元），故预测 2022 年 10 月 15 日的 OCC 为 74%，ADR 约为 215 元，RevPAR 为 159.1 元。假设通过对比过去 4 周发现，2022 年的运营数据总体比 2021 年平均下降 10%。那么可以对预测值再下调 10%，从而得到 2022 年 10 月 15 日的预测值，如表 5-11 所示。

表 5-11　酒店 2022 年 10 月 15 日的预测值

项目	OCC/%	ADR/元	RevPAR/元
数据	66.6	193.5	143.19

2. 简单序时平均数法

简单序时平均数法也称算术平均法。即把若干历史时期的统计数值作为观察值，求出算术平均数作为下期预测值。这种方法基于下列假设"过去这样，今后也将这样"，把近期和远期数据等同化和平均化，因此只能适用于事物变化不大的趋势预测。如果事物呈现某种上升或下降的趋势，就不宜采用此法。

$$销售量预测值 = \frac{各期销售量之和}{期数}$$

例如，某酒店 2021 年 1—9 月客房销售量资料如表 5-12 所示。

表 5-12　某酒店 2021 年 1—9 月客房销售量

月份	1	2	3	4	5	6	7	8	9
销售量/间	550	560	540	570	600	580	620	610	630

要求：用简单序时平均数法预测 10 月的客房销售量。

$$10 月的销售量预测值 = \frac{550+560+540+570+600+580+620+610+630}{9} \approx 584（间）$$

3. 移动平均法

移动平均法是从 n 期的时间序列销售量中所选取一组 m 期（假设 m 小于 $n/2$，且数值固定不变）的数据作为观察数据，求其算数平均数，并不断向后移动，连续计算观测值平均数，以最后一组平均数作为未来销售量预测值的一种方法。

$$销售量预测值 = 最后 m 期算术平均销售量 = \frac{最后移动期销售量之和}{m 期}$$

为了使预测值更能反映销售量变化的趋势，可以对上述计算结果按趋势值进行修正。

$$销售量预测值(Q) = 最后 m 期算术平均销售量 + 趋势值 b$$

趋势值 b = 最后移动期的平均值 − 上一个移动期平均值

例如，某酒店 2021 年 1—9 月客房销售量资料如表 5-13 所示。

表 5-13　某酒店 2021 年 1—9 月客房销售量

月份	1	2	3	4	5	6	7	8	9
销售量/间	550	560	540	570	600	580	620	610	630

要求：

(1) 用移动平均法预测 10 月销售量（假设观察期为 3 期）。

(2) 用修正的移动平均法预测 10 月销售量（假设观察期为 3 期）。

根据公式：

$$10\text{月的销售量预测值} = \frac{620+610+630}{3} = 620(\text{间})$$

$$\text{上一个移动的平均值} = \frac{580+620+610}{3} \approx 603(\text{间})$$

所以 $b = 620 - 603 = 17$（间）。

修正的 10 月销售量预测值 $= 620 + 17 = 637$（间）。

4. 趋势平均法

趋势平均法是在移动平均法计算 n 期时间序列移动平均值基础上，进一步计算趋势值的移动平均值，进而利用特定基期销售量移动平均值和趋势值移动平均值来预测销售量的一种方法。

销售量预测值（Q）＝基期销售量移动平均值＋基期趋势值移动平均值
　　　　　　　　　×基期与预测期的时间间隔

注：某一期的趋势值＝该期销售量移动平均值－上期销售量移动平均值

基期趋势值移动平均值＝最后一个移动期趋势值之和÷趋势值移动期数

$$\text{基期与预测期时间间隔} = \frac{\text{销售量移动期数}m + \text{趋势值移动期数}s}{2}$$

$$\text{基期的序数值} = \text{时间序列期数}n - \frac{\text{销售量移动时期数}m + \text{趋势值移动时期数}s - 2}{2}$$

例如，按照表 5-14，用趋势平均法预测酒店 10 月的销售量（假设销售量的移动期 m 为 5，趋势平均值移动期 s 为 3，时间序列数 n 为 9）。

表 5-14　某酒店 2021 年 1—9 月客房销售量

时间	销售量观测值	销售量 5 期移动平均值	变动趋势值	趋势值 3 期移动平均值
1	550			
2	560			
3	540	564		
4	570	570	+6	
5	600	582	+12	11
6	580	596	+14	13
7	620	608	+12	

续表

时间	销售量观测值	销售量5期移动平均值	变动趋势值	趋势值3期移动平均值
8	610			
9	630			

基期的序数值 $= 9 - \dfrac{5+3-2}{2} = 6$

基期与预测期的时间间隔 $= \dfrac{5+3}{2} = 4$

10月的客房销售量预测值 $= 596 + 13 \times 4 = 648$（间）

5. 加权平均法

加权平均法是对过去各期的销售量按近大远小的原则确定其权数，并据以计算加权平均销售量的方法。

$$销售量预测值(Q) = \dfrac{\sum(某期销售量 \times 该期权数)}{各期权数和} = \dfrac{\sum(Q_t \times W_t)}{\sum W_t}$$

权数设置原则：单调递增。

（1）自然权数：$1,2,3,4,\cdots,n$。

（2）饱和权数：将各期权数设定为一组单调递增的小数，且满足 $\sum W_t = 1 (0 < W_t < 1)$，此时销售量预测值 $(Q) = \sum(Q_t \times W_t)$。

例如，某酒店2021年1—9月客房销售量资料如表5-15所示。

表5-15　某酒店2021年1—9月客房销售量

月份	1	2	3	4	5	6	7	8	9
销售量/间	550	560	540	570	600	580	620	610	630

要求：用加权平均法预测酒店10月的销售量。

设：$W_1 = 1, W_2 = 2, W_3 = 3$，则

$$10月的销售量预测值 = \dfrac{620 \times 1 + 610 \times 2 + 630 \times 3}{1 + 2 + 3} \approx 622（间）$$

或设：$W_1 = 0.2, W_2 = 0.3, W_3 = 0.5$，即 $\sum W_t = 1$，则

10月的销售量预测值 $= 620 \times 0.2 + 610 \times 0.3 + 630 \times 0.5 = 622$（间）

6. 平滑指数法

平滑指数法又叫指数平滑法，是在前期销售量的实际数和预测数的基础上，利用事先确定的平滑指数（用 a 表示）预测未来销售量的一种方法。本质上讲，平滑指数法也是一种特殊的加权平均法。

销售量预测值 $(QT_t) =$ 平滑指数 $\times$ 前期实际销售量 $+ (1 -$ 平滑指数$)$
$\times$ 前期预测销售量
$= a \times Q_t - 1 + (1 - a) \times Q_t - 1$

注：平滑指数 a 的取值范围一般为 $0.3 \sim 0.7$。

例如,某酒店 2021 年 1—9 月客房销售量资料如表 5-16 所示。

表 5-16　某酒店 2021 年 1—9 月客房销售量

月份	1	2	3	4	5	6	7	8	9
销售量/间	550	560	540	570	600	580	620	610	630

要求:用平滑指数法预测酒店 10 月的销售量。

9 月实际销售量为 630 间,原来预测 9 月的销售量为 608 间,平滑指数 $a=0.4$。

10 月的销售量预测值 $=0.4\times 630+(1-0.4)\times 608\approx 617$(间)

7. 季节趋势预测法

季节趋势预测法根据酒店客房销售中每年重复出现的周期性季节变动指数,预测其季节性变动趋势。推算季节性指数可采用不同的方法,常用的方法有季(月)别平均法和移动平均法两种:①季(月)别平均法,就是把各年度的数值分季(或月)加以平均,除以各年季(或月)的总平均数,得出各季(月)指数。这种方法可以用来分析物料储备、客房准备、预计资金周转需求量等方面的经济事物的季节性变动;②移动平均法,即应用移动平均数计算比例求典型季节指数。

5.2.3　大数据预测

大数据时代的来临,给我们带来了思维的变革、商业的变革和管理的变革。就酒店市场预测工作来讲,大数据思维的出现,为我们展现了一个新的预测思维空间,使我们用传统预测方法难以找到的一些市场问题的答案通过运用大数据思维方法找到成为可能,而这些问题的答案需要对数以万计甚至更多的海量数据分析才能得到,仅依靠酒店客史中的有限数据是无法得到的。大数据预测对于酒店的作用可以体现在以下三个方面。

1. 帮助酒店进行精准的市场定位

酒店的建设和运营是一项艰巨的工程,需要投入大量的资金、时间和精力,酒店一旦建成并运营,发现市场定位不对,再重新市场定位,则要付出巨大的代价。因此,在建设之初就要进行酒店主题、规模、服务、客户群体、档次、市场发展环境等方面的数据收集和评估,对酒店进行精准的市场定位,以便在面对着同行业剧烈的竞争压力的情况下也能保持优势地位,并通过及时的战略调整先发制敌。

凭管理人员的经验和传统的方式收集的市场调查报告、专家意见、行业报告等信息存在着样本不足、数据量少、时间滞后、受主观影响大等问题,而大数据具有海量数据、客观、样本量大、时间同步性等特点,酒店管理人员可以借助大数据进行信息收集和分析,并选择合适的模型和方法对酒店进行更为精准的市场定位。

2. 助力酒店市场营销

在酒店市场营销工作中，无论是产品、渠道、价格还是顾客，可以说每一项工作都与市场数据息息相关。传统的营销手段中酒店获取数据资源的途径有限，无法全面掌握市场动态和供需情况，给酒店制定正确的竞争策略带来困难。大数据可以更快、更低成本地进行数据采集，通过实时监测或者追踪消费者在互联网上产生的海量行为数据，整个过程不仅快，而且成本几乎为零。大数据可以更精细地细分人群，传统营销大多以人口统计学特性来概括目标消费者，如消费习惯、心理特征、兴趣爱好这样的深度数据则需仰仗专业市场调查公司，而借助大数据技术，酒店营销者可以无限的接近、近乎准确地判断每一个人的属性，包括人口自然属性，还包括兴趣喜好、行为轨迹、购物经历等属性，从而进行目标人群定向，实现精准营销及优化。大数据可以更完整全面地描述消费者，消费者每天都在论坛、微博、社交网络等社区讨论品牌和产品，这些数据对于营销者来说同样重要，是深度洞察内心需求的关键所在。"大数据"对于市场营销的意义并不仅仅在于"大容量"，更重要的是，通过对海量数据的挖掘、整合和分析，可以创造出新的价值。利用数据驱动的广告策略，将数据提升到营销之前、之中来，就可以将效果监测转变为效果预测，让广告呈现在感兴趣的用户群体面前，实现真正意义上的精准营销。

3. 提升酒店收益管理水平

酒店业是当今竞争激烈的行业，大数据能够帮助酒店把合适的产品或服务，在合适的时间，以合适的价格，通过合适的销售渠道，出售给合适的顾客，最终实现酒店收益最大化的目标。顾客往往对酒店服务有很高的期望，并要求个性化的服务体验。酒店可以通过大数据收集到顾客产生的信息数据，并利用这些信息数据向顾客提供个性化的服务体验和合适的价格。酒店还可以利用大数据技术收集关于顾客行为和入住体验的信息，因为其中包含非常重要的顾客对酒店业务的价值认知和对服务体验的反馈见解。有了这些大数据作为基础，酒店管理者就可梳理出关于顾客偏好的重要信息，帮助企业增强和提供超个性化的服务，将服务质量提升到新的水平，从而提升酒店的收益管理水平。例如，酒店管理者通过大数据了解细分市场的订房量、酒店的价格走势进行差别定价。在市场疲软时推出促销价和折扣价等方式来招徕客源，在市场需求旺盛时通过提高价格来赢得更大的收益。对高支付意愿的顾客收取高价，对低支付意愿的顾客收取低价，从而把产品留给最有价值的顾客。其科学性体现在通过市场需求预测来制定和更新价格，最大化各个细分市场的收益。

大数据时代的来临，为酒店收益管理工作的开展提供了更加广阔的空间。酒店在实施收益管理过程中，如果能在酒店自有数据的基础上，借助更多的市场数据，了解更多的市场信息，同时引入竞争分析，将会对制定准确的收益策略、盈得更高的收益起到推进作用。只要酒店平时善于积累、收集、挖掘、统计和分析大数据，大数据就会有效地帮助酒店提高市场竞争力和收益能力，盈得良好的效益。

任务实施

张旭选择使用集合意见法预测 6 月酒店客房需求,具体步骤如图 5-4 所示。

图 5-4 预测 6 月酒店客房需求的步骤

步骤 1:邀请相关人员参与预测。

张旭分别邀请酒店运营总监、市场营销总监,前厅部、客房部与财务部三位经理与销售部六位销售人员参加预测。

步骤 2:根据职位不同将人员分组并完成预测。

张旭将将总监以上人员、部门经理及销售人员按照岗位不同分成三个组,并要求他们根据收益管理部提供的相关资料,依据实践经验进行分析和判断,并作出预测,预测结果如表 5-17~表 5-19 所示。

表 5-17 总监以上人员的预测结果

岗 位	预 测 值						期望值	权数
	最高值/间	概率	中等值/间	概率	最低值/间	概率		
副总经理	5 100	0.3	4 800	0.5	4 500	0.2	4 830	0.4
收益经理	5 280	0.2	4 980	0.6	4 800	0.2	5 004	0.3
销售总监	5 160	0.3	4 860	0.6	4 680	0.1	4 932	0.3

表 5-18 部门经理的预测结果

岗 位	预 测 值						期望值	权数
	最高值/间	概率	中等值/间	概率	最低值/间	概率		
前厅经理	5 160	0.3	4 860	0.7	4 500	0.2	4 818	0.5
客房经理	5 100	0.2	4 800	0.5	4 680	0.3	4 824	0.3
财务经理	5 220	0.3	4 980	0.6	4 800	0.1	5 034	0.2

表 5-19 销售人员的预测结果

岗 位	预 测 值						期望值	权数
	最高值/间	概率	中等值/间	概率	最低值/间	概率		
甲	4 920	0.2	4 800	0.6	4 680	0.2	4 800	0.2
乙	4 980	0.3	4 860	0.5	4 800	0.2	4 884	0.1
丙	4 800	0.1	4 680	0.7	4 380	0.2	4 632	0.1
丁	4 740	0.1	4 620	0.6	4 380	0.3	4 560	0.2
戊	4 680	0.3	4 500	0.5	4 320	0.2	4 518	0.3
己	4 860	0.2	4 680	0.6	4 500	0.2	4 680	0.1

步骤 3：预测结果归类。

张旭依据预测人员的知识和经验丰富的程度给出不同的权数，并对所得到的期望值用加权平均法进行综合计算。对三组综合期望值进行综合计算，得出综合预测值。在计算过程中，由于以上三组人员对市场的了解和掌握程度不同，应有不同的侧重，给予不同的权数。总监以上人员需要把握全局，视角范围广，应给予较大的权重；部门经理在酒店中起着承上启下的作用，实际工作经验丰富，一般对事物的认知比较客观，给予居中的权数；销售人员因指标考核原因一般会多从个人角度出发，未审视市场，存在局限性，给予较小的权数。

步骤 4：调整预测结果。

张旭对以上预测结果进行分析调整。根据最终的预测结果，需要分别与每一组的综合预测值进行比较分析，通过召开酒店收益管理会议讨论，进行调整和修订，最终做出决策。从以上结果看，预测值既低于总监以上人员的综合预测值，也低于部门经理的综合预测值，主要是受到销售人员预测值普遍偏低的影响。如果按照这个预测结果执行，可能会低于市场预期，使收益受到一定的影响，因此需要调整和修订。

小组训练

将班级每 5 名学生分为一组，每组确定 1 位负责人，完成表 5-20 小组训练。

表 5-20　小组训练（14）

训练名称	预测方法的应用
训练目的	通过此次训练，引导学生将市场预测方法进行实践应用。在讨论和撰写报告的过程中，训练学生的团队意识，同时加深其对市场预测的认识，培养其相应的专业能力与职业核心能力；通过践行职业道德规范，促进其塑造健全的职业人格
训练内容	去往一家校企合作的××酒店收集相关的资料，分析市场预测方法的实际应用
训练步骤	（1）小组成员先各自掌握市场预测方法； （2）去酒店通过访谈、参观，查阅相关资料等形式，具体分析该酒店应用的市场预测方法，并撰写相关综合分析报告； （3）各组在班内进行交流、讨论
成果形式	撰写一篇题目为《××酒店市场预测方法的实际应用》的分析报告

任务 3　超额预订

任务描述

张旭在查看酒店某日预订表的时候发现酒店接受了 110 间预订，而酒店只有客房 100 间，意味着有客人将无房可住。于是，他找到收益经理说明情况。收益经理告诉了他背后的原因。张旭询问："如果客人来了，没有房间怎么办？"收益经理说："这种情况要避免发生,一旦发生,我们要有责任要把客人安排好。"收益经理让张旭思考酒店如何计算出接收多出10间的预订量。

任务描述

任务分析

张旭找寻相关超额预订的知识,研究计算超额预订数量的方法。

知识准备

5.3.1 超额预订的概念

酒店超额预订(overbooking)是指酒店在原有客房全部预订的基础上,根据合理的比率进行超荷载量预订的一种策略。这是一种酒店经常会使用的收益管理方法,目的是为酒店提升收益。

5.3.2 超额预订的原因及类别

酒店为什么会使用超额预订呢?原因主要有以下几个方面。

(1)预订的客人没有到店。这里会有两种情况,一种情况是客人已经预订酒店客房,然而最终没有到店也没有提前取消预订,酒店把这种现象称为 No-show。还有一种是客人由于临时原因导致行程变化无法入住,进而告知酒店取消预订,酒店称为临时取消订房。

(2)预期续住的客人提前离开。由于临时情况,导致客人本该续住的却没有兑现,这种客人属于提前退房。

(3)超额预订可以帮助酒店获取更多利润。以某酒店为例,平均房价为560元/(间·夜),假设一天仅超额预订一间,一周只有两天需求较高,可以超额预订,相比不执行超额预订,酒店一周可增加收入为1 120元,一个月可以增加4 480元,一年则是58 240元。

基于以上原因,酒店往往会采用超额预订的方式提升收益。

超额预订可以分为两类,一类为内部超额预订,另一类是整体超额预订。内部超额预订是指酒店超额出售酒店较低等级的客房或者房间量较大的基础房型,当客人到店时,将超出预订的部分客人免费升级到高一级的房型。这种方法有助于酒店把不容易售出的高等级房型销售出去,避免这些房型在市场公开低价售卖,同时也增加了客人的满意度。值得注意的是,这种方式对超额销售基础房型比较有效。对于特殊房型,例如家庭房、景观房等不宜采取这种方式。因为客人预订此类房型往往有特殊的目的和需求,即使为客人免费升级房型,也未必满足客人最初的预订需求,从而引起客人投诉。整体超额预订是酒店超出酒店整体所能承载的客房数量而进行的销售,相比于内部超额预订,这类超额预订会有一定的风险。

5.3.3 超额预订数量和超额预订率的计算

超额预订数量计算应该考虑以下四个因素。

(1) No-show 的房间数量。

(2) 临时取消订房的房间数量。

(3) 提前退房的房间数量。

(4) 客人预期离开却延住的房间数量。

根据订房数量统计不同类别客人的数量和比率,利用公式计算超额订房数量和超额预订率,其计算公式为

$$X=(A-C+X)\times r+C\times f-D\times g$$

$$X=\frac{(A-C)\times r+C\times f-D\times g}{1-r}$$

其中,X 表示超额订房数;A 表示酒店可供出租客房数;C 表示续住客房数;r 表示临时取消和变更的比率;D 表示预期离店客房数;f 表示提前离店率;g 表示延期住宿率。

设超额预订率为 R,则可得出以下公式:

$$R=\frac{X}{A-C}\times 100\%$$

例如,某酒店有标准客房 300 间,根据资料统计分析,5 月 20 日预计续住房数为 100 间,预期离店房数为 50 间,该酒店预订取消率通常为 8%,预订而未到率为 5%,提前离店率为 4%,延期住宿率为 6%。问题:

(1) 应该接受多少超额订房?

(2) 超额预订率多少为最佳?

(3) 总共应该接受多少订房?

解:

(1) 该酒店接受的超额订房数为

$$X=\frac{(A-C)\times r+C\times f-D\times g}{1-r}$$

$$=\frac{(300-100)\times(8\%+5\%)+100\times 4\%-100\times 6\%}{1-(8\%+5\%)}\approx 28(\text{间})$$

(2) 超额预订率为

$$R=\frac{X}{A-C}\times 100\%=\frac{28}{300-100}\times 100\%=14\%$$

(3) 共应该接受的客房预订数为

$$A-C+X=300-100+28=228(\text{间})$$

5.3.4 超额预订率的影响因素

根据国际酒店行业的管理经验,酒店将超额预订率控制在 5%~20% 为宜。然而,每

家酒店所处的市场环境、目标客户的行为习惯等因素的不同,都会影响酒店超额预订的决策。因此,酒店在决定超额预订率的时候,需要考虑以下因素。

1. 酒店入住的散客和团队客人比例

通常而言,团队客人由于用房数量大,需提前和酒店销售签订订房合同,支付订金。同时,合同里会有明确条款规定临时取消等行为的处理。因此,团队客人出现临时取消和No-show 的概率比较低。若酒店当日客房中有较大比例的团队客人时,酒店应该适度收紧超额预订率。反之,则酒店可以适当提高比率。

2. 天气原因

天气是影响酒店超额预订率最重要的因素之一。天气的恶劣,将会直接导致客人临时改变行程,从而发生 No-show 的情况。因此,酒店在执行超额预订策略之前,需要实时关注天气情况。

3. 客人订房担保率

酒店在预订时,往往会建议客人使用信用卡作为担保,其目的就是尽可能减少 No-show 的概率。若当日酒店客人订房担保率占比高,则应适当减少超额预订量。

4. 历史经营数据

结合历史同时期经营数据可以辅助收益经理做出超额预订决策。例如,历史数据表明某一渠道的散客 No-show 的概率比较高,如果这一渠道的客人在当日预订量中占比高的话,酒店可以适当增加超额预订量。

5. 竞争酒店的出租率

酒店收益经理可以随时关注竞争对手的客房出租率,如果同一时间竞争对手出租率偏低,酒店可以容易帮助因超额预订而无法入住的客人寻找替代酒店,此时酒店可以适当提高超额预订率。

5.3.5 过量预订的预防与处理

合理区间的超额预订会提高客房出租率,增加酒店的经济效益。但是,超额订房的数量及超额预订率毕竟只是根据历史经营资料及主观分析的结果。因此,在实际酒店经营过程中,超额订房失败的案例也时有发生。如果客房超额预订工作操作失控,客人持有酒店的预订确认书,在预订时间内抵达酒店,酒店因客满而无法为他们提供所订住房,势必会引起客人的不满,甚至会影响酒店的品牌口碑。

1. 过量预订的预防

准确把握客人的到店率可为酒店做出超额预订决策奠定基础,因此,为了预防过量预订,酒店应尽可能确定客人的到店率。酒店可以采用以下方法。

（1）尽可能要求客人预订时做担保或者在线支付费用。担保可以促使客人履行约定,即使客人无法按时到店入住,客人一般也会提前主动告知酒店。为了鼓励客人预订时,线上支付房费,酒店往往会选择小折扣以激励客人完成支付。如图5-5所示,可以看出,该酒店的同一客房产品在线付和到店付时的价格差异。

图5-5 某酒店客房预订界面

（2）顾客预订时说明取消预订的方式,以及未按规定取消需要支付的赔偿。预订员在为客人预订时,可以适当提醒客人如果因临时原因取消,需要第一时间致电酒店,酒店为客人办理取消手续。特别是在酒店需求旺季时,酒店往往会要求,若客人要取消,需至少三天前告知酒店,否则将从担保中扣除一定费用。

（3）入住前与客人电话沟通确认。如果酒店预测某日需求量旺盛时,酒店可以在家人入住前1~2天,致电客人是否确定入住,从而准确把握预订客人的到店率。

2. 过量预订的处理

超额预订过度而使客人无法入住,就是酒店方的违约行为。所以,一旦发生这种情况,酒店必须采取积极的补救措施,妥善安排好客人,以消除客人的不满情绪,尽量挽回不良影响,维护酒店的声誉。具体的补救措施如下。

（1）事先联系其他备用酒店。同本地区同等级酒店加强合作,建立业务联系。当超额预订风险较高时,在酒店附近联系几家相同等级的酒店作为协议单位,一旦超额预订过度,可安排客人到协议单位暂住。此方法主要适用于淡季,旺季时可能其他酒店也会面临客房紧张的情况。

（2）选择容易安排的客人。将超量预订的客人安排到其他酒店入住可能会引起客人投诉,因此在选择客人时要慎重。有时间压力的客人、家庭客人和公司协议客人一般会拒绝被安排到其他酒店,然而独自出行的客人往往容易被安排。

（3）免费将客人送到其他酒店入住。如果房价高于本店房价,差价由本店支付。

（4）记录客人相关信息。虽然客人到其他酒店居住,但是酒店前台也应将客人的姓名及有关情况记录在问询卡上,以便向该客人提供邮件及查询服务。

（5）做好后续服务。虽然酒店为客人联系了其他酒店居住,也应征询客人的意见,对愿意于次日返回本店居住的客人,应留下其大件行李。次日排房时,优先考虑该客人的用房安排。次日一早,由酒店派人将客人接回本店,由大堂副理或值班经理在大厅迎候并再次向客人致歉,陪同其办理入住手续,并在房间内放上致歉卡,让客人感觉到酒店对他的尊重及歉意。这类客人回到酒店后应该享受 VIP 待遇。

📁 任务实施

张旭计算超额预订房间数量的步骤如图 5-6 所示。

计算酒店历史同期的各项预订指标 → 分析当日影响酒店超额预订的因素 → 计算超额预订量

图 5-6 计算超额预订房间数量的步骤

步骤 1：计算酒店历史同期的各项预订指标。

张旭经过计算历史同期酒店的预订指标数据，如表 5-21 所示。

表 5-21 酒店指标数据

项　目	比例/%
No-show 率	10
临时取消订房率	5
提前退房的房间率	3
客人预期离开却延住率	1

步骤 2：分析当日影响酒店超额预订的因素。

张旭发现当日没有恶劣天气、重大事件等影响市场需求波动的因素。

步骤 3：计算超额预订量。

当日酒店有 50 间续住，预订日当天酒店的客房的实际需求量如下。

（1）该酒店接受的超额订房数为

$$X = \frac{(100-50) \times (10\% + 5\%) + 50 \times 3\% - 50 \times 1\%}{1 - (10\% + 5\%)} = 10 (间)$$

（2）超额预订率为

$$R = \frac{10}{100 - 50} \times 100\% = 20\%$$

张旭计算出的结果和收益经理的数字完全一样。

📋 小组训练

将班级每 5 名学生分为一组，每组确定 1 位负责人，完成表 5-22 所示的小组训练。

表 5-22 小组训练（15）

训练名称	酒店超额预订小调查
训练目的	引导学生关注酒店行业，参与实践训练。在讨论和撰写报告的过程中，训练学生的团队意识，同时提高他们对酒店超额预订使用的理论认识。通过践行职业道德规范，促进其塑造健全的职业人格
训练内容	前往市内合作的三家酒店，了解每一家酒店影响超额预订率的因素，明白其超额预订率的确定方法，分析其超额预订方法使用的合理性

续表

训练步骤	（1）小组成员通过与收益部门员工沟通，了解其超额预订率的确定因素，根据所学定价理论分析价格制定的合理性； （2）撰写一篇综合分析报告； （3）各组在班内交流讨论
成果形式	撰写一篇题目为《××市内三家酒店超额预订对比分析报告》的分析报告

任务 4 收益管理常用技巧与方法

任务描述

张旭正在跟收益经理汇报工作，销售经理打电话询问收益经理："临时有个旅游团，周五需要15间客房，能否安排？"收益经理对销售经理说："这周五安排不下了。"张旭记得本周五还有20间客房，于是提醒收益经理。收益经理说："我们现在需要容量控制。"张旭一脸疑惑地问："为什么不能把房早早卖出，这样我们就不用再担心出租率的问题了。"收益经理说："确实出租率能够保证，但是每间房的收益偏少，收益管理从业者要尽可能地为酒店去赚取更多的利润，这是我们的职责。"张旭接着问："不担心客房最后卖不出去吗？"收益经理让张旭思考该如何避免。

任务分析

张旭认为需要从市场需求预测等方面考虑如何避免客房最后卖不出去。

知识准备

之前我们学习了酒店每个细分市场的特点，从客房价格支付的高低来看，一般来说，旅游团队＜商务团队＜协议散客＜度假、商务散客。酒店在需求旺盛的行情下，该如何接受客人的预订呢？

5.4.1 容量控制法

在收益管理工作中，容量也称为存量控制或预订控制，是对酒店有限存量客房进行售卖管理的重要策略。特别体现在市场需求旺盛的时候，酒店通过预订限制，来让客房高效地分配给不同的细分市场，从而获得更高的收益，最终让酒店收益最大化。

容量控制主要体现在预订的有效组合上，选择在恰当的时机以相对高的价格出售给顾客。在基于细分市场、差别定价的基础上，对现有的客房库存进行有效的管理，从而为酒店提高收入。

例如，假设一家酒店共有客房 100 间，为计算方便，假设这些客房都是标准双人间。现酒店正处于旺季，预订部收到客房预订信息情况如下。

- 距离客人入住日还有 28 天的时候，酒店没有接到任何预订。
- 距离客人入住日还有 28 到 21 天的时候，一家旅行社要预订 40 间客房，每间房愿意支付 300 元。
- 距离客人入住日还有 21 到 14 天的时候，一商务团队要预订 20 间客房，每间愿意支付 350 元。
- 距离客人入住日还有 14 到 7 天的时候，旅游度假散客要预订 15 间客房，每间愿意支付 420 元。
- 距离客人入住日还有 7 到 3 天的时候，商务散客要求预订 30 间客房，按协议价每间价格为 400 元。
- 在入住当天和前 3 天，商务散客要求预订 10 间客房，每间愿意支付 480 元。

表 5-23 反映了酒店距离入住当日的各细分市场预订信息，可通过两种方案进行容量控制。

表 5-23　某酒店距离入住当日的各细分市场预订信息

距离入住日期的天数/天	28～22	21～15	14～8	8～3	3～0
细分市场	旅行团队	商务团队	度假散客	协议散客	商务散客
需求房间数量/间	40	20	15	30	10
客房价格/元	300	350	420	400	480
客房销售收入/元	12 000	7 000	6 300	12 000	4 800

方案一：先到先得，即酒店根据客人预订先后给予供应，如表 5-24 所示，酒店当日满房，总收入为 35 300 元。

表 5-24　方案一

	旅行团队	商务团队	度假散客	协议散客	商务散客
各细分市场客房接受数量/间	40	20	15	25	—
客房总计售出/间	100				
客房总收入/元	35 300				
客房出租率/%	100				
平均房价/元	353				
RevPAR/元	353				

方案二：酒店收益经理发现当日所在城市举办一场马拉松比赛，结合同时期酒店历史数据，发现马拉松比赛时，酒店会存在供不应求的情况，因此，采用了容量控制的方法，如表 5-25 所示。

表 5-25　方案二

各细分市场客房接受数量/间	旅行团队	商务团队	度假散客	协议散客	商务散客
	30	15	15	30	10
客房总计售出/间			100		
客房总收入/元			37 350		
客房出租率/%			100		
平均房价/元			373.5		
RevPAR/元			373.5		

通过上述两种方案的对比,我们能够看出来,第二种方案酒店将客房容量进行了控制,并非急于售出所有客房,待价格不敏感的客人入住时,酒店再将其售出。第二种方案中,当日客房总收入比第一种方案多 2 050 元。这仅仅酒店一日的增收,若从全年来看,这将是一个十分可观的收入。因此,容量控制法是酒店增加营收的重要手段。

采用容量控制的策略需要满足以下条件。

(1) 市场供小于求。根据经济学中价格需求函数的概念,一般来说,若客人对商品需求旺盛,价格随之水涨船高。客房容量控制必须在市场需求旺盛时,方可有效。若市场需求少,而酒店一味地容量控制、囤房居奇,后果可想而知。

(2) 酒店有准确的历史数据。容量控制是一个优化组合的问题,它的前提就是预测。预测的依据之一就是酒店的历史数据。通过历史数据可以呈现出客房出租率、营收、RevPAR 等因素,从而提升收益经理预测的准确率。

头脑风暴

文先生和朋友们提前大半个月在某在线平台预订了西双版纳春节期间的酒店,打算四家人好好聚一聚。预订 7 天 6 晚,每晚 588 元,每家支付了 3 528 元。

然而,该平台的客服专员在入住前几天告诉他,由于房间爆满,无法入住,他们必须退房。他称,目前在西双版纳他们无处可去。文先生登录该平台的 App 查看,发现在其即将入住该酒店的第一天晚上,仍然可以预订同样规格的客房,价格为 1 580 元。

请从收益管理角度,谈谈这家酒店出现了什么问题。

5.4.2　团队市场替换分析法

团队市场替换分析法是酒店为了实现收益最大化,有时候需要在散客和团队之间进行权衡,进而确定是否接待团队客人。因为酒店总客房数量有限,如果将一部分客房以折扣价售卖给团队客人,则会失去将这部分客房以较高的价格售卖给散客的机会。或者是拒绝将一部分客房以折扣价售卖给团队客人,但又不能如愿的将这些客房部分或全部以较高的价格售卖给散客,从而导致客房空置。

团队市场替换分析法需要以下四个步骤。

（1）预测未来某个时间段的客房出售情况，这些可以根据酒店历史资料得出。

（2）计算接收团队后，是否有被替换掉的客房，即比较接收团队前后，酒店的收益对比。

（3）清楚了解团队愿意支付的价格，并计算接受这个团队是否值得以及是否有额外的成本付出。

（4）若无法得知团队愿意支付的价格，需要计算酒店接收团队的保本价格。低于保本价格时，酒店要拒绝接受团队客人。

以某酒店为例，在某日接到咨询，团队需要 30 间房入住 5 天，根据过去的同比和环比，酒店预测了该团队入住期间每日客房的空置情况和均价，如表 5-26 所示。

表 5-26　该团队入住期间每日客房的空置情况和均价

指　　标	入　住　天　数				
	第一天	第二天	第三天	第四天	第五天
团队客房数/间	30	30	30	30	30
预计空置客房数/间	20	10	40	35	25
历史均价/元	360	360	280	280	300
可售房间被替换的客房数量/间	10	20	0	0	5

从表 5-26 中可以看出在团队入住第三天和第四天不会对酒店出售现有房间产生影响，团队预订只会直接增加酒店收益。然而在另外三天存在取代其他可售房间的情况，酒店为此付出的成本是 $10 \times 360 + 20 \times 360 + 5 \times 300 = 12\,300$（元）。因此，酒店在和团队客人谈判时，需要维持这个保底的价格成本。若低于此价格，酒店是亏损的。

5.4.3　住宿天数控制法

住宿天数控制法是指酒店通过有效控制客人的住宿时长提高客房占用率，减少空置率，从而提高酒店客房收入的一种收益管理方法。常用的住宿天数控制法主要包括最少入住天数限制和最多入住天数限制。

1. 最少入住天数限制

这种方法适用于酒店营业淡季时，酒店通过降价促销或一些特定的限制条件要求客人最少入住天数。例如，某度假酒店在淡季为了提高出租率，为客人提供周末特惠房，但是仅限于连续两晚入住的客人使用。通过这种方法可以提高周末两晚的酒店出租率。

此外，酒店在需求旺季时也可以采用这种方法。例如，在国庆黄金周，酒店往往会设置限定条件，连续入住两晚以上的才能够订到客房。这样的做法也不难实现，例如，酒店在 10 月 1 日仅剩 10% 的房间没预订，10 月 2 日只接受了 70% 的预订量。如果酒店不限制最少入住天数,有可能会导致10月1日客房很快会被客人订完,导致想连住两晚的客人另寻他处。由于市场需求高,采用了这种方法,既可以保障10月1日酒店满房销售,又能够提升10月2日出租率。

2. 最多入住天数限制

越来越多的酒店采用动态定价,根据前面所说,酒店若想提高收益,需要避免高价客房以低价的形式售出。因此,当客人以较低的价格入住酒店,且客人的价格低于酒店当天的动态价格时,酒店往往会限制客人入住的天数。这种情况通常会出现在酒店的一些房券上。酒店在经营淡季往往会向市场售出住房优惠券,以刺激客人以较低的房价入住。如果客人在酒店旺季仍然使用的话,势必会对酒店造成收益损失。因此,酒店往往会在房券上注明限制条款,常见的有法定节假日不可使用等。如图5-7所示,某酒店推出的特价房券,使用说明中对使用时间做了明确规定。

图 5-7 某酒店特价房券

任务实施

张旭认为避免因容量控制导致最后客房闲置需要通过以下步骤分析,如图5-8所示。

图 5-8 分析客房容量控制的步骤

步骤1:查看目前酒店所接收的预订数量。

目前酒店周五的客房已经预订180间。

步骤2:采集历史数据。

张旭分析每日度假客人和商务客人的订房提前天数、转换率、结构比率,如表5-27所示。

表 5-27 酒店历史数据

项　　目	客人类型	
	度假客人	商务客人
度假客人提前预订天数/天	3	1.5
转换率/%	85	85
结构比率/%	58	42

步骤3：计算超额预订量。

结合历史数据和在手预订量，对酒店客房容量控制做出决策。

小组训练

将班级每5名学生分为一组，每组确定1位负责人，完成表5-28所示的小组训练。

表5-28 小组训练（16）

训练名称	酒店容量控制法的应用				
训练目的	引导学生关注酒店行业，参与实践训练。在讨论和撰写报告的过程中，训练学生的团队意识，同时提高他们对酒店容量控制法使用的理论认识。通过践行职业道德规范，促进其塑造健全的职业人格				
训练内容	下表是市内某商务酒店拥有客房200间，距离入住日前各细分市场的预订情况，请试着用容量控制法计算如何才能让酒店的收益最大				
	市场需求现状				
	距离入住日期的天数/天	28～22	21～15	14～8	8～3	3～0
	细分市场	旅行团队	商务团队	度假散客	协议散客	商务散客
	需求房间数量/间	120	60	50	70	30
	客房价格/元	120	170	220	200	240
训练步骤	（1）将班级每2名学生分为一组，每组确定1位负责人； （2）小组成员根据题目设定的数据，用容量控制法计算如何才能让酒店的收益最大； （3）制定收益方案； （4）各组在班内交流讨论				
成果形式	撰写一篇题目为《市内××酒店收益方案》的收益方案				

本项目主要介绍了酒店市场预测的概念、作用和预测步骤，市场预测常用的方法，以及超额预订和酒店收益管理技巧，知识结构如图5-9所示。

预测的种类主要分为定性预测法和定量预测法两种类型。常用的预测方法有市场调查法、集合意见法、直接预测法、简单平均预测法、移动平均预测法和指数平滑法等，酒店管理人员或收益经理需要掌握并学会运用这些方法。

预测是酒店收益管理工作的基础，可以说如果没有预测，收益管理工作就无法得以顺利开展。只有通过预测，对未来市场现象提早做出判断，收集更多的未来市场信息，才能为实现收益最大化作出正确的决策。

"十四五"时期是我国全面建成小康社会、实现第一个百年奋斗目标之后,乘势而上开启全面建设社会主义现代化国家新征程、向第二个百年奋斗目标进军的第一个五年,我国将进入新发展阶段。我们要着眼长远、把握大势,开门问策、集思广益,研究新情况、作出新规划。"凡事预则立,不预则废"出自《礼记·中庸》。孔子认为做任何事情,预先有规划才能做到有的放矢,稳扎稳打,最终取得成功,反之则会一事无成。酒店市场预测是收益管理工作中的重要环节之一,通过预测,可以让收益管理者提前思考市场变化,谋划收益管理策略,通过动态调整价格、管理客房库存提升酒店收益。

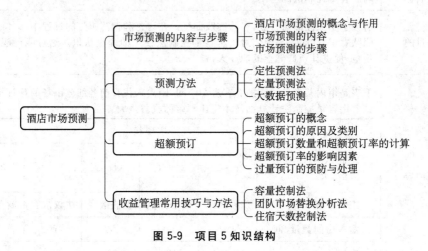

图 5-9 项目 5 知识结构

学 习 测 试

一、单项选择题

1. 酒店市场预测内容一般包括(　　)。
   A. 需求预测　　　　　　　　　　B. 供给预测
   C. 重要节日活动预测　　　　　　D. 临时事件预测
2. 常用的定性预测法有(　　)。
   A. 市场调查法　　　　　　　　　B. 德尔菲法
   C. 简单平均预测法　　　　　　　D. 集合意见法
3. (　　)是在市场调查基础上,运用科学的方法,对影响市场供求变化的诸多因素进行调查研究,分析和预见其发展趋势,掌握市场供求变化的规律,为经营决策提供可靠的依据。
   A. 决策　　　　B. 市场预测　　　　C. 财务管理　　　　D. 市场营销
4. (　　)是已出租的客房数与酒店可以提供租用的房间总数的百分比。
   A. 客房出租率　　　　　　　　　B. 平均占用房价
   C. 平均可供出租客房收入　　　　D. 收益率

5. (　　)也称专家调查法,1946年由美国兰德公司创始实行,其本质上是一种反馈匿名函询法,其大致流程是在对所要预测的问题征得专家的意见之后,进行整理、归纳、统计,再匿名反馈给各专家,再次征求意见,再集中,再反馈,直至得到一致的意见。
　　A. 市场调查法　　　　　　　　　B. 集合意见法
　　C. 加权平均预测法　　　　　　　D. 德尔菲法

6. 不能决定酒店超额预订率的计算的因素是(　　)。
　　A. 酒店客房总量　　B. 客人预离人数　　C. 续住人数　　D. 散客人数

7. 以下不属于避免超额预订的方法是(　　)。
　　A. 入住前与客人电话沟通确认
　　B. 让客人订房时作担保
　　C. 订房时与客人讲清楚取消预订的时间限制
　　D. 等客人到酒店后在告知客人

8. (　　)不属于超额预订的决策因素。
　　A. 酒店入住的散客和团队客人比例　　B. 天气原因
　　C. 客人订房担保率　　　　　　　　　D. 与协议单位的关系

9. 发生过量预订时,对待过量预订的客人的方法是(　　)。
　　A. 联系附近同档次酒店　　　　　B. 主动安排车辆运送客人
　　C. 支付客房差价　　　　　　　　D. 仅告知客人无房可住的原因

10. 一般来说,(　　)细分市场对房价敏感度最低。
　　A. 商务散客　　　B. 协议散客　　　C. 商务团队　　　D. 旅游团队

二、简答题

1. 酒店市场预测的内容有哪些?
2. 常用的收益管理预测方法有哪些?应如何运用?
3. 酒店超额预订的作用是什么?
4. 酒店容量控制法需要注意什么?
5. 酒店超额预订需要考虑哪些因素?

学习案例

请每位同学阅读以下案例,以小组为单位对案例进行讨论,完成案例后面的问题。

在旅游旺季,各酒店出租率均较高,为了保证经济收益,一般酒店都实施超额预订。在A酒店,经大堂经理和前台配合,已经将大部分客人安排妥当。但是2305客房的预离客人直到18点才来前台办理延住手续,而此时2305房间的预抵客人已经到达。大堂经理已在下午多次打电话联系2305客房的预离客人,但未找到。

酒店为了追求较高的住房率,争取获得最大的经济效益,往往实施超额预订。超额预订是订房管理艺术的最高体现,处理得好会提高客房出租率,会增加酒店的经济效益;但是,如果超额过度,酒店却因客满无法为预订客人提供所订住房,必然会引起客人的不满。

发生这种情况属于酒店的违约行为,必须积极采取补救措施,最大限度地满足客人的预订需求,妥善安排好客人住宿,以消除客人的不满,挽回不良影响,维护酒店的声誉。

请结合案例回答以下问题。

1. 案例中,你该如何与顾客沟通,并做出相应处理?
2. 超额预订的弊端都有哪些,如何规避?
3. 收益管理人员会因为超额预订的事情与前台员工产生分歧与矛盾,作为收益管理人员,你该如何化解?

学 习 评 价

	能/否	准确程度	评价目标	评价类型
通过本项目学习,你			掌握酒店市场预测的概念、内容和步骤	专业知识评价
			掌握酒店市场预测的方法	
			理解超额预订的原因、意义和方法	
			熟悉因超额预订导致客人无法入住的处理方法	
			熟悉客房容量控制和顾客住宿天数控制的方法	
			能按照预测的步骤和方法进行预测	专业能力评价
			能对预测的结果进行分析,并采用合适的策略进行针对性应用	
			能够根据市场需求和其他因素,设置超额预订	
			能够运用不同细分市场的特点,采用恰当的容量控制	
			能够根据市场情况,运用住宿天数控制法	
			用发展的眼光看待酒店市场	素质学习评价
			树立求真务实的预测理念	
			具备利用超额预订、容量控制提升酒店收益的意识	
			具有换位思考、妥善解决过量预订造成客人投诉的服务精神	
自评人(签字)			教师(签字)	
年 月 日			年 月 日	

酒店收益管理系统

项目 6

学习目标

知识目标

- 了解酒店收益管理系统的产生和发展。
- 了解酒店收益管理系统的工作原理。
- 掌握酒店收益管理系统的功能。
- 掌握几种常见的酒店收益管理系统。
- 掌握 IdeaS 收益管理系统的相关知识。

能力目标

- 能操作几种常见的酒店收益管理系统。
- 能根据酒店收益管理系统收集的数据进行分析,采用合适的策略进行针对性的应用。

素养目标

- 培养精益求精的意识。
- 培养学生理论联系实践的学习观。
- 培养数字化运营思维。

学习导引

任务 1　酒店收益管理系统概述

任务描述

酒店收益经理告诉张旭收益管理系统是酒店提升收益管理水平的制胜利器。经理让张旭做一个市场调查，比较市场上常见的几款酒店收益管理系统软件的优势和特点。

任务分析

张旭想要出色地完成任务，只有详细了解每一款软件的特点和优势，对酒店的相关情况也要有一个准确的了解，才能提出有针对性的建议。

知识准备

收益管理系统并不是酒店进行收益管理的必需条件，但是在强调精细化管理的今天，收益管理如此重要，单单依靠人工记账、记录、收集和处理很难达到满意的效果，这就需要酒店恰当运用收益管理系统，提高酒店的收入水平。

收益管理系统是辅助酒店开展收益管理工作的有效工具。它通常由一组或多组计算机软件构成，能收集、整理、储存有关的数据和资料，并能生成各种供收益管理决策参考的数据和图表，甚至能进行预测，并提出收益优化方案，供收益管理人员参考。

6.1.1　酒店收益管理系统的产生与发展

1. 酒店收益管理系统的概念

酒店收益管理系统是通过人为设置的时间段从前台管理系统中提取相关数据，然后对采集到的数据通过数学模型进行加工、分析和整理，最终得到以下预测数据：市场需求的房间数、通过预订来入住的房间数、没有通过预订或者当天预订来入住的房间数、取消预订的房间数、没有取消预订但也没有来入住的房间数、更改入住时间的房间数。系统将这些数据存放在数据库中并利用这些数据通过预测模型来预测未来每天的期望订房数量。准确的市场预测是收益管理系统的基础，也是收益管理软件评价的重要指标。尤其在移动互联网、大数据和云技术迅猛发展的今天，收益管理系统正以其独有的优势，在帮助企业实施收益管理战略和提高收益方面起着十分重要的作用。

2. 收益管理系统的产生

伴随着收益管理在航空业和酒店业的成功应用，一些专业机构开始研发收益管理系统，通过建立数学模型来进行数据分析，收益管理系统也从最初的预订、控制和分销功能到现在的预测、优化、超额预订、模拟和流量监控等更多更复杂的功能。随着最近几年云物大智的出现，收益管理系统通过与大数据分析的有效结合，为用户提供了更多的服务。大量的收益管理系统开始出现，它们既有自己开发的软件也有依据云技术开发的系统，用户还可以不购买服务器，为其节省成本，操作界面也更加简单方便。常见的收益管理系统有 IDeaS、Infor、Duetto、Booking Suite、众荟、鸿鹄 Hiyield、别样红 RMS 等。

3. 酒店收益管理系统的发展方向

1）集成兼容

集成兼容是指酒店收益管理系统与酒店的其他信息化系统能够相互链接、兼容，系统之间可以进行数据的共享、指令的通用，不需要手工在不同系统之间操作，既降低了错误率，又提高了工作效率。例如，一些酒店使用的收益管理系统在设计之初就考虑到与酒店其他系统之间的集成兼容问题。顾客通过酒店的不同渠道进行客房预订，酒店预订系统将数据共享到酒店收益管理系统，酒店收益管理系统收到预订信息后通过分析预测调整客房类型、数量和价格等，并把调整后的信息实时反馈到预订系统中，预订系统实时更改房间的类型、数量和价格等信息。

2）自动化

先进的收益管理系统能够在收益管理人员对其提出的方案确认和认可后，自动设置预订系统的价格、销售限制条件、关闭或者开放某种房间类型，以及设置不同类型的房间可供出售的数量，做到完全的自动化。收益管理系统也从酒店其他信息系统获取数据，自动更新已售房间的数据以及已获得的预订情况，然后重新进行预测，推算出市场组合的最佳情况，然后调整价格等级和可供出售的房间的数量和类型，重新设立超额预订的客房数量，以及调整不同类型的房间、销售渠道、细分市场的销售限制条件，这些调整建议被收益管理人员在收益管理系统上接受和激活后，将被传送到预订系统和酒店其他信息系统，自动更新并激活生效。可见这样做大大地提高了工作效率，减少出错概率。如果不能自动更新数据和指令，无疑会增加收益管理系统使用的难度，影响收益管理工作的效率。

3）远程管理

科技的进步使远程管理收益变得可能。收益管理系统能通过互联网远程从酒店的信息管理系统获取数据，进而整理和分析数据，然后改变收益管理策略，如提高或降低价格、关闭或开放某些细分市场的价格或销售渠道、设置或取消某些销售限制条件等，最后把这些数据通过互联网的安全连接发送到这些公司总部的信息数据处理中心。远程集中管理使得收益管理工作更快捷、更容易和更经济有效。远程集中管理收益工作，对于拥有多家酒店的集团公司来说，尤为便利、适宜、经济。

远程管理还体现在远程提取和保存数据方面。越来越多的收益管理系统能够使酒店集团公司从远程按照设定的时间和次数自动提取下属酒店管理信息系统和收益管理系统

的数据,并保存在收益管理系统供应商或酒店集团公司的服务器。这项工作取代了各个酒店自行每天提取数据,保存到硬盘上,然后寄送给酒店集团公司的工作,有效节约了时间,提高了工作效率。当酒店的数据因故丢失之后,可以从收益管理供应商或酒店集团公司的服务器提取这些数据,提高了数据的安全性。

4. 酒店收益管理系统的作用

1) 能够及时获取更多的市场信息

及时获取充足、可靠的市场信息是酒店做出精准需求分析和精确预测的前提,依靠传统的方式已经不能实现了,只有借助于收益管理系统等计算机系统和移动互联网、大数据、云技术等手段才能够及时获取更多的市场信息。收益管理系统需对每一天全部时段的数据进行收集,还要对入住顾客总数、团体顾客人数、散客人数、No-show 顾客、行为习惯等数据进行收集,而传统的人工收集信息不能满足收益管理的要求。

收益管理系统能利用收集和整理数据的强大功能,把数据调入设定的程序和模块中进行计算和分析,能自动生成反映酒店市场组合和各细分市场情况,消费者行为的规律,以及未来需求和销售变化情况的各种图表和报告。例如,旅游度假的散客往往希望房价里包括免费的早餐,希望得到有两张双人床的房间。那么酒店就可以提供一个价格,能使他们得到两张双人床的房间,以及免费的早餐。收益管理系统还具有提供竞争对手实时价格情况的功能,其价格模块能自动在网上搜索和比较竞争对手的价格,从而建议酒店销售的价格,帮助酒店把这些信息同别的信息,如竞争者的情况等结合起来,做出收益管理决策。

2) 能够处理复杂的数据,提高工作效率

收益经理要做出准确的决策就要做好市场预测,而这需要收集和处理大量的数据,数据越多、范围越广,市场预测就越准确。如果没有收益管理系统,管理人员人工收集的数据有限,收集起来的数据处理起来也需要花费大量的时间,没有系统复杂的数学模型的辅助,主观性较强,人工预测的精度低。收益管理成功与否取决于海量数据的收集和处理,取决于预测的精准性和实效性。收益管理系统借助计算机技术,通过与酒店前台管理系统连接,便可自动获取所需的海量数据并加以整理,通过系统中已建立好的预测模型来对复杂而繁多的数据进行运算,可在非常短的时间内计算出管理者所需要的预测结果,把管理者从繁重的数据运算中解脱出来,使他们有更多的精力来从事市场分析、运筹和决策工作。

3) 能够解决人工难以实现的技术难题

收益管理系统能够帮助解决人工难以解决的技术难题,主要体现在以下两个方面:一是数据处理和市场预测需要借助于数学模型,这些复杂的数学模型靠人工难以实现,需要借助收益管理系统才能完成。例如,容量控制是指对现有客房存量的有效分配,这一分配方案不仅需要建立复杂的数学模型,而且还要运用到优化排列组合和嵌套控制以及非线性关系需求曲线等复杂的数学概念,这些带有随机性的复杂数学运算都是人工无法替代的,需要借助计算机系统来完成。二是收益管理要求酒店要根据市场需求的频繁变动进行动态分析和动态定价,甚至每一天的不同时段都会产生数次乃至数十次以上的波动变化。某一天不同时段内房价的动态变化通过人工操作几乎是不现实的,因为人工对价格的计算会远远滞后于市场需求波动的变化。

4) 体现了人工智慧和计算机智能的结合

收益管理系统是以人为主导,利用计算机技术和信息资源来为我们提供服务的,可以说是酒店客户管理者、信息处理系统和信息渠道的融合体。系统通过相关渠道对信息收集和传输后,由处理系统进行加工、存储、更新和维护,并为我们提供所需要的数据信息。这些数据信息在经过管理者决策后,被传递给客户,最终由客户来选择是否接受这些数据信息,体现着人工和计算机技术的完美结合。

特别是移动互联网、大数据和云技术的出现,为信息的传输提供了更加便捷和可靠的途径,客户可以在最短的时间内获取到这些信息并加以运用。所以,人工和计算机有效地结合,不仅极大地方便了客户,且也是这个时代的需要。因为,顾客的消费模式正随着信息时代的到来而发生着改变。

5) 能够更好地服务于企业营销

收益管理系统通过预测和优化,根据以往的客房类型、数量和价格,预测市场需求,动态制定价格,保证不会出现因价格过高的滞销或者因价格过低的过分需求现象出现。收益经理利用系统综合考虑收入和优化数据,保证采取合理的措施满足酒店收益最大化的需求。另外,收益管理系统可以弥补传统成本控制的一大缺陷,即对空房虚耗的忽视。空房虚耗指本来有需求,但入住时却没卖出去的房间,通常是由于预订的人不来或先预订后来又退订的人造成的。原来酒店根本无法预先知道顾客的需求情况,所以成本控制不考虑空房虚耗,有了收益管理,酒店可以通过预测和预先优化进行有效的控制。

创造出一种动态营销方式,一切从消费者出发这一观点,酒店通过收益管理系统进行大量的市场调查,搜集消费者的诸多信息,然后在市场细分的基础上决策如何运作客房类型、数量、顾客类型、价格的控制等。

6.1.2 酒店收益管理系统的常用模块

市面上酒店收益管理系统有很多种,它们在界面呈现、操作方式、功能效用等方面存在差异,系统中一般都包含以下常用模块。

1. 分析模块

1) 日历概览

用于展示酒店每日关键营业指标,如出租率、单房收益、平均房价、市场价格、预测等;图表展示月度关键数据;还可查看对应日期的假日和展会、天气预报等信息提醒。

2) 预订进度

用于展示每个细分市场/渠道未来的预订趋势,提供预测、去年实际、预算、在手预订和已售房的详细数据和去年同期预订进行比较。同时以月度为单位,展示每个细分市场或渠道每月的间夜、平均房价和客房收入;还能比较今年预测、今年实际和去年同期的业绩。

3) 预订规律

用于对不同的市场或渠道的预订窗口进行统计、分析,可以查看所选时间段内,不同的市场或渠道预订的到店率、停留时长、提前退房率等数据。

4) 市场环境

用于为管理者分析主要竞争对手的收益管理指标(这里需要市场参与者共享相关数据)和最新的市场资讯,例如未来某个被观察日期所对应的展会、节假日、社会文娱活动等事件。

2. 优化模块

1) 预测

通过分析酒店 PMS 的历史数据、预订进度、市场环境、竞争对手比价等数据,预测每个细分市场每天出租的间夜数、平均房价、收入等;系统支持用户人工干预,修改预测值,以便系统自我学习完善。

2) 定价

获取竞争对手酒店所有房型在 OTA 上的价格,并提供价格变化走势对比图。提供酒店竞争群价,向酒店提供建议散客价。

3) 超额预订

通过预测未来每个入住日期的总需求量、延住、取消、No-show、提前退房、维修房、坏房等情况,提供未来每个被观察日期的超额预订建议。

3. 报表模块

1) 数据对比

按照天、月累计和年累计比较各个市场或渠道的实际产出,预测数值和预算。

2) 预订增量

比较不同的两个时间观测点对于某一天的预订增减情况。

3) 量价对比

比较不同的两个时间段内,所有价格码的间夜和收入。

4) 房型销售分析

比较不同的两个时间段内,每种房型的出租率和平均房价。

5) 超额预订

统计酒店历史延期、预订取消、No-show、提前退房等情况,为超额预订提供参照值。

6) 收益日历

选择不同的时间观察点,了解酒店在该时间段内的预测、在手预订、同比情况等详细数据进行表格制作。

6.1.3 酒店收益管理系统的主要功能

酒店收益管理系统的功能多种多样,主要概括为四大基本功能,即数据收集整理功能、监控功能、预测功能以及优化功能。

1. 数据收集整理功能

酒店收益管理系统可以自动从酒店管理系统 PMS 和互联网获取有用的内外部数据，自动生成各种分析图表，自动生成市场表现指数报告，包括市场占有率指数（MPI）、价格指数（ARI）、单房收益指数（RGI）等，展现当前主要竞争对手的数据和信息，并与自身作比较，更好地辅助管理者制定决策。例如，Revenue Plus 收益管理系统会实时获取多个方面信息数据，如顾客点评、问卷、客房价格等，自动形成报表和图表，方便管理者制定决策。

2. 监控功能

酒店收益管理系统的监控功能是指系统可以自动将实际订房情况和通过酒店历史订房情况所作出的预测结果进行比较，随时发现它们的差异，并对预测结果进行修正。通常，酒店的历史数据积累的年头越长，预测所得到的曲线与实际所产生的曲线拟合的就越好，预测值也就越准确。当系统发现实际订房情况与预测订房情况相差较大时，则会发出报警提示，这个功能可以在一些非正常事件发生前，提醒管理者注意。

3. 预测功能

酒店收益管理系统的预测功能是指收益管理系统推算未来市场需求情况的功能。收益管理系统预测内容主要包括从房型、渠道、细分市场等不同维度，分析和预测各维度的间夜数、平均房价、收入，从而实现量价的最佳平衡，完成最大化利润和市场占有率。它还会对满房天超额预订的客房总间夜数、各房型的超额预订数等自动提出建议，并记录、统计超额预订的结果和收益。另外，它会根据预测及优化的目标、市场需求的水平、最佳出租率平均房价组合以及竞争对手的定价情况，自动计算并提出每天的定价建议，有效地帮助酒店实施动态定价，防止酒店因临时取消和 No-show 损失收益。

酒店收益管理系统预测的步骤如下：首先，收益管理人员要划分和确认不同时期市场需求等级，并确定与市场需求对应的价格等级，再将有关条件和参数输入收益管理系统。其次，收益管理系统不断从酒店管理信息系统获取和更新已经过去的日子的实际销售情况，以及新获得的未来的日子的预订情况，外加人工输入的影响未来市场供需关系的事件等，不断地重新评估未来市场需求的等级，利用内置的预测模式和公式进行运算，更新预测结果。

4. 优化功能

酒店收益管理系统优化功能是指优化酒店产品组合，制定合适价格，选择合适渠道，积极开拓或者选择合适的细分市场，从而最大限度地提高收益。收益管理人员会根据系统提供的数据、图表和结果，结合经验，充分考虑市场变化因素，制定出优化策略。例如，改变陈旧、落后的先来先得及凭经验报价的观念，在接受每笔业务（团队、长住客、公司协议客、餐宴、展会等）询价时，自动计算该业务对酒店整体收益和利润的影响，提出可接受

的最低报价及销售策略。通过数据挖掘,自动获得酒店所在市场每天影响酒店市场需求的事件及有用信息(展会、文体活动、节假日活动、气象报告等)。解决人工搜集成本高、数据不全及数据不及时等问题,为酒店寻找业务、定价、促销、预测需求、制定销售策略提供有力帮助。抓取指定酒店价格数据,实现价格精准定位。以鸿鹄收益管理系统为例,它自动根据淡、平、旺、火爆等供求关系变化的预测,把间夜数、平均房价和收入科学分配到每天、每个细分市场和渠道,极大地节约时间,提高每日预算管理的效果。

6.1.4 酒店收益管理系统的种类

目前国内外著名的收益管理软件至少有几十种,主要分为两大类:酒店自有研发的收益管理系统和第三方所提供的收益管理系统。大酒店、酒店集团、国际酒店普遍使用国际性的收益管理系统,模块多,功能多,服务也多。小酒店普遍使用国产系统,体量较小,界面简单,操作容易。随着一些OTA网站的兴起,一些民宿和规模较小的酒店主要通过OTA销售客房,仅通过OTA网站提供的信息就可以做初步的人工收益管理。当然,如果销售渠道多,酒店就要同时实现客房、餐饮、宴会的收益管理,使用专门的收益管理系统是大势所趋。以下是几种有代表性的收益管理系统。

1. 酒店自主研发的收益管理系统

由于酒店收益管理系统有效性很大程度依赖于其历史销售信息的准确性,而客房预订信息是酒店经营的核心信息,不同的酒店集团需要量身打造定制化的收益管理系统,因此众多酒店集团研发了属于自己的收益管理系统,比较知名的是万豪的One Yield。

One Yield收益管理系统是由万豪酒店开发的,也是世界上第一款收益管理系统。One Yield集中体现了万豪的三个目标——收益、优先选择和发展。在One Yield的协助下,万豪的实际收益与最优化收益之间的吻合度由83%提高到91%。

One Yield的主要功能如下。

① 提供某一天订房情况的历史数据。

② 提示目前有哪些预订,为未订房间的定价提出建议。

③ 计算出最大收益额应该是多少。

④ 生成的数据形成了一个称为库存效率(inventory effectiveness)的管理标准,它能够衡量出企业的实际收益与最佳收益之间的差距。

2. 第三方收益管理系统

收益管理系统的研发、维护需要大量的人力、物力和财力。因此,很多酒店选择第三方提供的收益管理系统。第三方系统主要分为国际和国内两类,国际上比较知名的系统有IDeaS、Infor、Duetto、Booking Suite等,国内的主要有众荟Revenue Plus、鸿鹄Hiyield RMS、别样红RMS等。

1) IDeaS

IDeaS是SAS旗下的公司,是业界领先的收益管理软件与服务供应商,拥有30多年的丰富专业经验,帮助140个国家逾1.3万家客户提高收益。IDeaS总部位于美国明尼阿波利斯,于印度蒲娜设立全球技术中心。IDeaS的销售、支持和分销办事处覆盖北美洲、南美洲、欧洲、非洲、大洋洲和亚洲等区域。

IDeaS公司采用SAS分析技术,利用将近30年的行业经验为来自140个国家超过13 000家客户提供服务,持续努力地为酒店管理者提供更有见解的数据管理方式和定价策略。不论是对于单体酒店还是世界知名的酒店集团,IDeaS都以"创收有道"为承诺,帮助酒店管理者建设并持续培养收益管理文化。IDeaS拥有帮助客户构建基于新一代分析技术的有效收益管理策略、专业技能和成熟方案,便于客户深入分析并及时把握绝佳的收益机会,这不仅限于酒店客房,也包括酒店其他各方面的收益。目前,每天有超过160万间酒店客房通过IDeaS先进的系统进行定价。

2) Infor

Infor是全球第三大企业级应用软件及服务供应商,帮助164个国家/地区的70 000多客户改进运营、促进增长和快速适应业务需求的变化。Infor提供行业专属、以速度制胜的应用软件产品及套件,采用突破性技术提供丰富的用户体验和灵活的部署选项——包括云部署、内部部署或二者相结合。

Infor总部在美国纽约,在全球100个国家开展业务,大约有8 000名员工,在36个国家设有120个办事处,在全球范围内有7 000多家客户,在164多个国家设有执行及支持部门,旗下有2 300名开发人员,2 400位咨询专家,1 300位专业支持,1 100个渠道合作伙伴。

Infor的中国总部在上海,并北京、广州、香港也有分公司。其在上海设有产品研发中心,120多名工程师作为全球研发队伍的一部分参与产品的开发设计。并在上海、广州、香港设有客户支持服务中心,为大中华区2 000多家客户提供即时便捷的支持服务。

Infor EzRMS收益管理软件是最大的服务于供应商的收入管理软件,酒店可以快速安装并采用策略。软件可以针对每个酒店房间的未来使用量自动计算需求预测并推荐适当的销售策略(例如,可卖房间房费、入住控制、可卖房间类别以及超预订控制)。软件可以创建自己的定制报告和收藏夹,定义区域、集群和国家/地区视图,还可以进行需求建模,动态地预测需求,优化管理收入,提供控制和推荐策略。它所包含的其他模块包括地区统计报告和信息、团队预订的预测和建议、洞察所有在线渠道的竞争价格、量化现有和潜在合同的真实净值、自动创建预算并及时修订预算。

3) Duetto

Duetto成立于2012年,总部位于旧金山,在拉斯维加斯、克利夫兰、伦敦和新加坡设有办事处,是一家酒店定价SaaS工具开发商,基于各类用户数据及信息,为酒店提供定价策略、分销渠道建议等服务,帮助企业以更盈利的方式设定价格。其技术及其支撑的算法和概念,能够帮助许多类型的企业。公司已构建的工具,首先用于酒店行业。Duetto现拥有50多个国家,超过1 000家酒店和赌场客户。

Duetto是能够通过处理复杂且不同的客户细分市场、房间类型、住宿长短条件、分销渠道等数据内容,从而确定唯一的定价方案。公司的方法是结合公开定价和大数据分析,使得Duetto客户远远超过其他竞争对手,并且收入增长速度超过其竞争对手的两倍。

Duetto 能够为消费者实现真正个性化的单一来源,能够通过让定价个性化和在酒店预订时提供最符合宾客需求的产品及服务,进而增加客户转化率,并促进与消费者开展更多的直接互动。

Duetto 将自身发展成为 Hotel Revenue Management 领域的领导者,为其客户提供新一代解决方案,从而使需求得以优化,使价格达到最大化,成本达到最小化。

Duetto 的收益管理战略平台将所有核心技术和数据结合在一起,通过采用 AWS(亚马逊云端服务)和 MongoDB 的多租户云端架构,为客户提供这些技术和数据,从而支持未来创新和全新应用。该公司的智能报告应用 ScoreBoard 可以预测和分析业绩,并向所在公司的利益相关者提供关键的深刻见解。

4) Booking Suite

Booking Suite 是 Booking.com 的全新衍生产品,通过智能的软件解决方案和服务,帮助合作伙伴进一步拓展业务、提升品牌认知度。Booking Suite 将向全球住宿业主提供云端软件解决方案。Booking Suite 的首个产品全面适配移动设备,为住宿业主打造完善的住宿网站,并将网站内容的管理全权交由住宿方,从而带动订单量的自然增长。

Booking Suite 旨在整合不同的预订系统、渠道管理商、社交媒体渠道和住宿管理系统。其创新科技由 Booking.com 成熟、全面的组织架构支持,在全球近 200 个办公室内都设有支持团队。

Booking Suite 应用商店整合了各软件公司所提供的 45 种不同服务,这些软件公司拥有的各种工具可帮助酒店业主进行日常的运营。该商店中的 App 还被分为价格优化、追加销售、住客沟通、在线声誉管理、保洁服务、住客服务、消息发送和评论。每个类别都向所有类型的酒店、宾馆和公寓的业主开放。应用商店的目的是更快速地找到并实施适合合作者的软件解决方案,以便帮助合作者轻松管理、优化以及发展其线上业务。Booking Suite 主要关注技术支持,以便酒店业主为住客提供服务,并专注于提供他们所需要的特殊体验。

5) 众荟 Revenue Plus

众荟 Revenue Plus 是众荟信息所研发的全球首款大数据收益管理解决方案。众荟信息公司专注于酒店领域数据科技和人工智能技术创新,为酒店经营提供数字化解决方案,从运营、营销、住中服务等全流程帮助酒店实现以数据为驱动的智能化转型。众荟覆盖了大量的高中低端酒店及客栈等不同层次和类型的住宿,为超过 25 万家酒店提供 PMS 服务,每天监测的行业大数据超过 40 万家酒店。而在"入住通"智能住宿解决方案方面,众荟的酒店用户超过 15 万家,成为行业的领跑者。

Revenue Plus 的优势在于科学和易用。该系统依托携程旅行的支持,拥有 70% 的 OTA 行业大数据,确保其决策的科学性。此外系统价格低廉,操作简便,高度智能化,能够直接展现解决方案。

该系统的特点如下。

(1) 预测未来需求热度:Revenue Plus 通过消费者在线浏览及消费轨迹,预先揭示未来日期城市及商圈的需求热度,让酒店提前关注到提高收入机会的需求最高峰,从而有针对性地调整线上线下客源结构以及价格策略。

(2) 判断潜在客户去向：Revenue Plus 可以清晰地看到潜在客户的最终去向，以及选择其他酒店的产品和价格，并分析未选择本酒店的原因，从而提高内部品质和品牌管理，优化营销策略和价格。同时，让消费者的客观选择帮助酒店找到真正的竞争对手。

(3) 定位神器－价格价值图：在选择了正确的竞争对手之后，Revenue Plus 把酒店与竞争圈酒店在价格与价值之间的关系清晰地呈现出来，帮助酒店直观明确自己的定位。

(4) 实时了解竞争对手价格：Revenue Plus 可以细致到每一个房型、每一种价格的计划，以及现付预付 App 渠道的实时价格监控，通过智能预警让酒店真正做到实时监控竞争对手的价格动态以及由此反映出的需求趋势变化。

6) 鸿鹄 Hiyield RMS

上海鸿鹄信息科技有限公司创建于 2014 年 8 月，致力于为中国旅游酒店业提供基于数据分析的精准定价营销与收益管理解决方案，其中包括收益管理系统、培训、咨询及外包等一体化解决方案。

鸿鹄是中国唯一一家能够提供收益管理培训、咨询、系统等一站式收益最大化解决方案的"本土"科技公司。鸿鹄收益管理系统的出现，打破了外国收益系统独霸中国市场的局面，使得大批非国际品牌的本土酒店也能用上先进的收益管理系统。短短几年时间，赢得 1 300 余家用户的信赖，树立了自己的品牌形象，确立了自己的市场地位。

鸿鹄收益管理系统采用先进的机器学习和人工智能算法，进行动态优化，易学、易操作，更加符合中国国情，用户体验更好，自动化程度达到 90％以上。

7) 别样红 RMS

上海别样红成立于 2013 年，是专业的酒店云管理系统、酒店收益管理系统及酒店技术解决方案服务商。旨在运用云计算和大数据，连接酒店软件、硬件以及服务，为酒店商家提升效率、提高收益，助力酒店商家管理更高效。别样红 RMS 通过智能数据分析和挖掘，帮助商家全面分析经营状况，提前预测市场需求，实时跟踪同行动态，及时捕捉市场热点，实时口碑预警提醒，助力酒店提升收益。

别样红 RMS 可以为经营者提供以下辅助信息。

(1) 实时掌握酒店经营数据：通过昨日总览，快速查看酒店昨日及历史入住、销售数据、已售间夜在未来的入住时间分布。同时可结合同行销售榜单，了解自身销售实力。

(2) 每日知悉精准酒店流量排名：查看昨日酒店整体搜索排行及同行榜单。对照同行竞争对手，随时查看自己的核心流量转化情况、7 日流量涨跌趋势、历史流量涨跌趋势。

(3) 把握未来 7 日市场及商圈热度："市场热度"可看到城市未来 15 天重大热点事件、活动等，用于判断市场需求并及时调整价格及房态。

(4) 找到竞争同行快速定位问题：可查看浏览过自家的访客最终下单去向，提醒商家每日流失去向，并关注竞对同行动态，做到知己知彼。

(5) 提前关注对手调价及房态变化：对同行未来 7 日变价进行跟踪，实时关注同行对未来房价的调整记录及房间可售情况，用于判断是否及时跟进改价及改价幅度。

任务实施

张旭接到任务安排后，通过酒店官方网站和走访其他相关酒店了解市面上常见的收益管理系统软件。

分析酒店常用的收益管理系统及特点的步骤如下。

张旭认为分析酒店常用的收益管理系统及特点的步骤如图 6-1 所示。

了解行业常用的收益管理系统 ——→ 对比分析各个系统的特点

图 6-1　分析酒店常用的收益管理系统及特点的步骤

步骤 1：了解行业常用的收益管理系统。

张旭通过收益管理系统官方网站介绍和走访其他相关酒店，发现市面上比较普遍的是 IDeaS、Hiyield RMS 和 Revenue Plus 三款收益管理系统。

步骤 2：对比分析各个系统的特点。

张旭对这三款软件进行特点资料收集，如表 6-1 所示。

表 6-1　三款软件的特点分析

名称	特点
IDeaS	IDeaS 是行业先驱和全球技术领导者，它为全球酒店和旅游行业各种类型和规模的业务提供业界领先的收益管理解决方案。IDeaS RMS 既提供先进的技术和系统工具，也提供咨询顾问团队及相关服务
鸿鹄	(1) 具有中立性，其服务器和研发团队都在中国； (2) 主要为中国本土品牌酒店提供支持； (3) 提供定制化产品，算法本地化，有完整的数据和收益管理功能，合作厂商和用户数量多，性价比高
Revenue Plus	(1) 依托携程提供数据支持； (2) 清晰地看到潜在客户的最终去向； (3) 监控竞争对手的价格动态和需求动态变化

📋 小组训练

将班级每 5 名学生分为一组，每组确定 1 位负责人，完成表 6-2 所示的小组训练。

表 6-2　小组训练（17）

训练名称	几种常见的收益管理系统
训练目的	通过此次训练，使学生掌握几种常见的收益管理系统的特点和优势。在讨论和撰写报告过程中，训练学生的团队意识，同时加深其对几种常见的收益管理系统的认识，培养其相应的专业能力与职业核心能力；通过践行职业道德规范，促进其塑造健全的职业人格
训练内容	去往一家校企合作的××酒店收集该酒店使用的收益管理系统相关资料，并进行分析
训练步骤	(1) 将班级每 5 名学生分为一组，每组确定 1 位负责人； (2) 小组成员先各自掌握几种常见的收益管理系统基本资料，了解收益管理系统在酒店经营中的重要作用； (3) 去酒店收集该酒店使用的收益管理系统相关资料，撰写相关综合分析报告； (4) 各组在班内进行交流、讨论
成果形式	撰写一篇题目为《××酒店收益管理系统的实际应用》的分析报告

任务 2　IDeaS 和 Hiyield RMS 收益管理系统介绍

任务描述

张旭完成了市面上常用的收益管理系统软件的调查，并向收益经理提供了报告。经理对张旭的报告很满意，接着又给张旭布置了一项新任务，要求张旭会操作 Hiyield RMS 收益管理系统，并整理相关的功能模块。

任务描述

任务分析

张旭想要出色地完成任务，就要对 Hiyield RMS 收益管理系统进行详细的了解，了解其每一个模块的功能，并能够分析相关数据，从而提出有针对性的建议。

知识准备

6.2.1　IDeaS 收益管理系统

IDeaS 收益管理系统可以使酒店管理人员通过此系统预测、收集和分析数据，从而帮助酒店提高获得更多收益的概率。该系统有很好的扩展性，通过和酒店 PMS 的接口，每天从 PMS 中获取酒店更新的数据，并将未来每一天的决策数据通过系统接口回传给酒店的 PMS，进而对所接预订业务进行控制，既可以对单个酒店使用也可以对集团酒店使用。IDeaS 的界面清晰、内容丰富、流程明确、操作简单。

1. IDeaS 用户页面

IDeaS 界面按照信息重要性原则进行模块排列，并提供了一目了然的酒店业绩指标数据和图表，用户可以按照界面指示标准化操作，也可以按照自己的需求进行搜索查找，从而轻松取得相关信息。IDeaS RMS 模块还分为二级类目，并带有分析功能和连接互联网的功能。IDeaS RMS 的用户可以通过系统获得实时最优化定价、每房收益、市场需求的精准预测，最优化满房超卖量，有效管理分销网络数据，估算酒店各业务模块盈利率，实时提示管理异常现象，并且能够按顾客要求定制产品。

2. IDeaS 收益管理系统的使用

IDeaS 收益管理系统的主要通过以下九个板块为用户创造价值。

1）轻松管控各种业务类型

无论酒店规模大与小、预算多与少、细分市场如何，或是来自不同国家和地区的收益管理体验，IDeaS 收益管理系统均可为其提供高度定制化的解决方案。

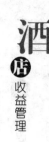

2）定价功能

IDeaS 提供多种定价方案，并根据季节性、预订提前量、星期规律和入住时长来帮助酒店基于分析制定最优房价。

借助 IDeaS Group Pricing(IDeaS 团队定价)工具，销售团队可以评估最佳日期和酒店，以安排团队业务(无论有无会议室)，并了解每个团队询价业务的预期置换和总利润。

3）房价可用性

最后一间客房价值(LRV)是 IDeaS 独家研发的一款功能强大的控件，其基于产品价值管理产品可用性，并协助推动高峰期两端的日期收益表现，以最灵活的方式优化业务组合。

4）满房率

IDeaS 收益管理系统优化超卖，以解决全部细分市场上所有预期的取消订购、未入住和团队业务流失，避免空房造成的收益损失。

5）警示与报告

IDeaS 收益管理系统的用户定义警报可主动监控系统的关键变化，在业务状况发生重大变化时针对未来几天自动发出通知。

该解决方案的报告功能可以提高整个酒店的运营效率，此外，还可提供相关行业情报、主动监控支持、业务趋势和例外情况识别、预订进度和市场营销活动总结。

6）基于云端解决方案

IDeaS 收益管理系统可提供直观、高效的用户界面和工作流程体验，专注于特殊事件管理。酒店可通过行业标准网页浏览器获取该解决方案，此解决方案提供专用的移动端应用程序，支持随时随地访问，并可节省多余的 IT 开销。

7）分析与定价功能的突破

IDeaS 收益管理系统从 100 多个专有模型中进行选择，提供更准确的预测，且细节更为精准。可确保酒店可以按照细分市场、房型、渠道、业务来源和国籍等要素监控数据。

IDeaS 收益管理系统还具有独特的价格敏感度建模功能，该功能利用历史和未来具有竞争力的定价数据，推动制定有影响力的定价决策，进而增加收益。该解决方案生成的用户控件按抵店日期或入住天数定价，让酒店可以避免由于取消和未入住而导致的收益损失，并获得最有价值的业务。

8）更快占得先机

IDeaS 收益管理系统设定最佳的关键定价和库存控制组合，并在所有直联的销售平台上无缝隙地发布决策，从而避免手动操作出现错误。系统简单易用，且颇为先进。可视化旺季日历、交互式仪表板和预订报告可为用户提供相关信息，而引导式工作流程则可帮助经验水平各异的收益经理轻松管理收益。

9）获取有效的行动情报

IDeaS 收益管理系统独特的收益优化方法可确保历史数据、竞争对手房价、口碑点评得分和相关市场数据能够综合影响定价决策。此外，用户可通过 Sight for IDeaS 得知数百万在线消费者搜索过的住宿信息，并通过 STR 数据了解竞争酒店标杆数据进行对标。

3. IDeaS 收益管理系统的优势

（1）系统多维度提供数据，帮助收益经理做出决策并提升酒店收益，避免单维度提供数据造成偏差和较大波动。例如，系统会从客房等级、入住天数、顾客类型、淡旺季等维度收集数据。

（2）系统充分利用交易级数据。交易级数据详细且响应及时，其包括顾客的登记时间、客源类型、临时换房、实时价格调整等，能够帮助收益经理获取更准确的预测和报告。

（3）优化未来价格。酒店经营有淡旺季，旺季需求旺盛时，应该适当提高价格；淡季需求不足时，应该适当降低价格来拓展需求，实现收益最大化。

（4）使用假设分析评估定价决策带来的影响。根据酒店收集的数据以较小的风险来判断总体发展趋势，实时跟踪，并存有长期的数据历史档案。

（5）提高员工效率，减少制定策略所需时间。IDeaS 收益管理系统可对酒店业绩自动进行日度、周度、月度、年度的评估。收益经理能够快速将各个细分市场中已售客房数量及收益数据同酒店整体运营数据进行比较，无须费时来整理大量的数据。

（6）IDeaS 收益管理系统对渠道分类管理。IDeaS 收益管理系统对于酒店各种订房来源进行归类，能够帮助酒店更好地理解客户的订房来源和预订方式。IDeaS RMS 可以建立客户档案，帮助酒店定期检查合并同一位客户的档案，以了解每位客户的具体需求、入住习惯、价格水平以及消费记录，还为完善酒店的渠道竞争提供了解决方案。

4. IDeaS 的其他版块

1）IDeaS Pricing System 定价系统

IDeaS PS 是一个可以简单快速查阅的、低成本的收入管理分析和报告定价系统，该系统能帮助酒店更精准地预测入住率，快速设定每日最优房价，并最终为酒店制定更有竞争力的定价决策。该系统具有简化的操作方法、直观的设计和强大的功能，最大限度地降低了培训时间和操作所需工作量。用户只需轻点鼠标，便可向所有需要的分销渠道上传定价决策。

IDeaS PS 的特色与功能如下。

（1）系统简单且具有强大的定价功能。

（2）分析技术先进，经由全球最佳分析技术公司 SAS 支持，可以充分制定从被动到主动的最优决策。

（3）大量减少操作时间，系统以日历形式呈现业务动态，帮助酒店快速锁定收入契机。

（4）直观的用户界面，通过系统主页即可产生决策，无须在其他页面花费时间。

（5）围绕各重要绩效指标为中心，形成报表并及时更新。

（6）强大的数据支持，所需要的详细信息可从交互式表格和定制报表中轻松获得，并可执行打印、邮件或各种自定义格式操作。

（7）软件即服务，IDeaS Pricing System 通过 SaaS 形式部署，仅需很少的前期费用即可轻松实施。

2）IDeaS RPI

IDeaS RPI 是对 IDeaS 收益管理系统的追加方案,通过酒店 PMS 和 IDeas PMS 建立的成熟的软件接口,可同时从 IDeaS 收益管理系统和 Opera PMS 系统中获取各酒店总数层面和交易层面的业务数据。

IDeaS RPI 集成了关键的酒店系统数据,如房间类型、分销渠道、季节性特征等,并能生成功能强大的可视化报告,以便客户迅速做出决策。IDeaS RPI 的主要特性可提供以下服务。

（1）对一个或者多个酒店进行商业智能可视化分析。

（2）可集成交易数据,也可深入至相关的关键业绩指标。

（3）按照酒店类型、区域、品牌、位置和所有权属性的分类,在报告中呈现业绩趋势和行为模式。

（4）通过网络或者平板电脑使用报告、商业智能仪表盘和分析工具。

（5）各级部门能够做出基于数据分析的决策

IDeaS RPI 的主要优势如下。

（1）基于用户自定的属性,从集团层面定义、分组和汇总各酒店的情况。

（2）进行有价值的监测,帮助企业标准化和自动化生成各层面的报告,为执行决策赢得时间。

（3）利用按需生成的报告提高战略性,为用户提供指导性的分析和异常报告。

IDeaS 面向全球推出 RPI 的两个版本:集团版和单体版。这些解决方案对 IDeaS 收益管理解决方案进行了有效补充,通过增加动态的业绩分析和报告功能来帮助酒店发掘收益机会。

IDeaS RPI 集团版可以让酒店经营者快速生成极具视觉冲击的报告,从而帮助他们做出适合一家或多家酒店的明智的业务决策。RPI 集团版允许客户从集团层面根据区域、品牌、酒店类型、所有权、位置、管理公司等属性对下属各酒店进行定义、分类和汇总,并且通过赋予用户探索、挖掘数据或关键数据分类的能力,以便用户充分利用 IDeaS 收益管理系统的各项性能。由 RPI 集团版生成的具有影响力的报告,让高级收益管理者易于和其他利益相关方交流。

IDeaS RPI 单体版专用于评估单个酒店的收益表现,可提取诸如房间类型、餐饮收入、渠道等关键交易数据并将其转换成数据图表,让收益管理者对其酒店有深入及可行的见解。用户可以使用来自 RMS、PMS 和其他第三方的数据,创建自定义报告,从而能够使用各种方法来浏览和衡量其关键业绩指标。

5. IDeaS RMS 的未来展望

1）客房外的其他收入

在未来,酒店业管理者在客房销售外还应该寻找新的提高收入的途径,例如餐饮、会议场所、疗养服务等,IDeaS 的新一代产品对此类模块将越来越完善,并提供相应的培训服务。

2）收益与利润

传统的收益管理注重收入,随着竞争激化,现在的收益管理将收入、成本和利润有机地联系起来进行思考,建立相应的成本控制体系,在价格激烈竞争的情况下,降低成本,提高利润。例如,现在的会议及宴会收益管理中,可用场地每时间段每平方米的利润（Pro-PAST）等指标就是用于关注这类成本变化较大的业务的数据信息。

3）新的预测模型

传统的收益管理预测模型是基于酒店自身的历史数据来进行预测和分析的,随着互联网、大数据时代的到来,营销、运营等都发生了很大的变化。传统的针对酒店内部数据的收益管理模型需要预测海量的外界市场信息,预测结果往往会出现偏差,这就要求收益管理系统加入新的变量,充分挖掘海量数据中蕴涵的关键价值。

4）客户口碑与定价

互联网时代,顾客在互联网平台上对酒店的评价,成为客户口碑声誉价值的最好体现。顾客的评价内容越来越专业,发布的渠道也越来越广泛。因此,顾客的点评内容对消费者的实际预订行为产生的影响越来越重要。所以,系统的定价模块中嵌入了"口碑管理",结合点评分数来建议价格点,以及需求价格提升的空间,最大限度地挖掘市场潜在的收入。

6.2.2 Hiyield RMS 收益管理系统

Hiyield RMS 是上海鸿鹄信息科技公司创建的酒店收益管理平台,它是结合国内酒店业实际情况所研发的,帮助酒店精准定位、定价和营销的,以及提升酒店收益和利润的大数据云系统。Hiyield RMS 提供适合各种类型的酒店及住宿接待企业使用的标准版,并可以按照客户需求提供定制版或提供教学版收益管理系统。鸿鹄收益管理系统的出现,打破了外国收益管理系统独霸中国市场的局面,使得大批非国际品牌的本土酒店也能用上先进的收益管理系统。

1. Hiyield RMS 的版本

（1）标准版,适合各种类型的酒店、度假村、公寓、客栈、民宿等使用。

（2）定制版,在标准版的基础上,根据客户的要求,增加定制的功能模块、图表和报告,满足客户特殊需求,实现集团管控和各种数据报告自动汇总、比较和排序等功能,尤其适合集团使用。

（3）教学版,为大专院校师生专门设计,与标准版一样,提供实时、仿真的数据、图表和分析,辅助收益管理的教学,为行业培育既懂理论,又懂得使用工具的收益管理专业人才。

2. Hiyield RMS 的功能

（1）数据收集整理,主要是并获取内外部数据,并生成分析报告和图表,如图 6-2～图 6-4 所示的 PMS 数据、展会需求和比价数据等。

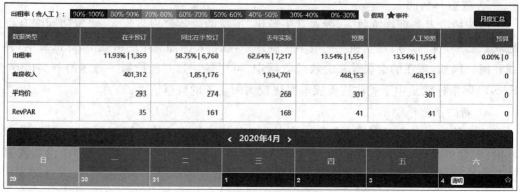

图 6-2　PMS 数据

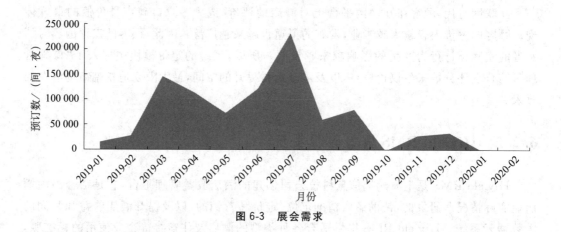

图 6-3　展会需求

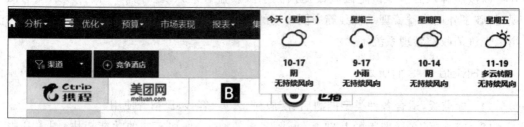

图 6-4　比价数据

（2）分析预测优化，从房型、渠道、细分市场等不同维度，分析和预测各维度的间夜数、平均房价和收入，实现平均房价、出租率和收入最大化，如图 6-5 所示。

（3）合理超额预订，对满房天超额预订的客房总间夜数、各房型的超额预订数量及价格等自动提出建议，并记录、统计超额预订的结果和收益，如图 6-6 所示。合理超额预订，确保高入住率日期达到满房。

（4）预算管理，自动根据淡、平、旺、火爆等供求关系变化的预测，把间夜数、平均房价和收入科学分配到每天、每个细分市场和渠道，极大地节约时间，提高每日预算管理的效果，如图 6-7 所示。

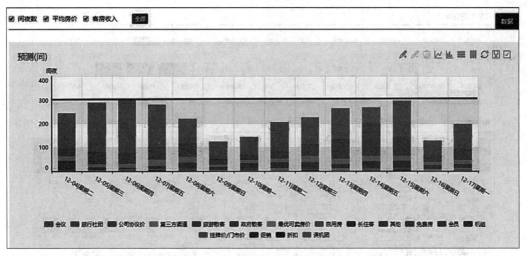

图 6-5 各细分市场的数据预测

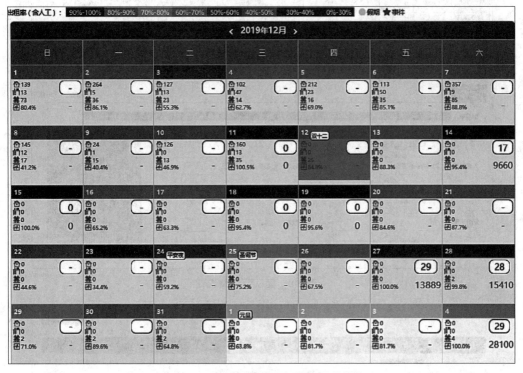

图 6-6 记录统计超额预订的结果和收益

（5）价格建议，自动计算并提出每天的最高现付价、最低尾房价，以及各细分市场的目标平均房价，有效地帮助酒店实施动态定价。使酒店不会因价格过高而流失销量，也不会因价格过低而损失利润。

（6）业务置换，改变传统先来先得以及凭经验报价的做法，自动计算团队对酒店整体收益和利润的影响，如图 6-8、图 6-9 所示，提出最佳报价。

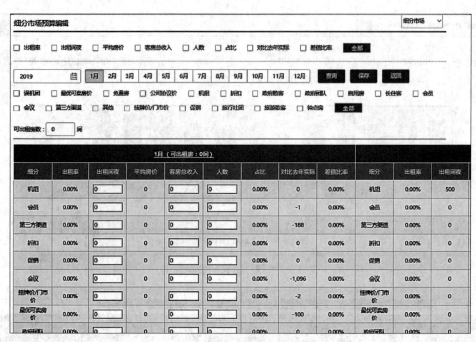

图 6-7 预算管理

图 6-8 团队预订情况

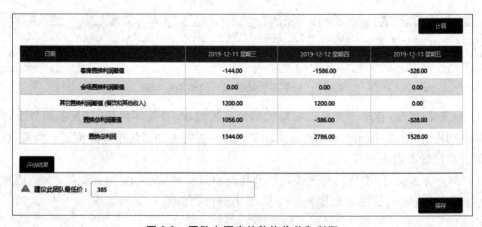

图 6-9 团队占酒店的整体收益和利润

(7) 市场表现,自动生成市场表现指数报告(图6-10),包括市场占有率指数(MPI)、价格指数(ARI)、单房收益指数(RGI)等,了解酒店在竞争群中所处的位置,寻找收益机会。

酒店名称		2017-12-01 星期五	2017-12-02 星期六	2017-12-03 星期日	2017-12-04 星期一	2017-12-05 星期二	2017-12-06 星期三	2017-12-07 星期四	2017-12-08 星期五	2017-12-09 星期六
南京鸿鹄国际大（本酒店）	MPI	0.97	0.87	1.31	1.17	1.03	0.99	1.08	0.82	0.75
	去年MPI	0	0	0	0	0	0	0	0	0
	同比差值	0.97	0.87	1.31	1.17	1.03	0.99	1.08	0.82	0.75
	同比差值百分比	0.00%	0.00%	0.00%	0.00%	0.00%	0.00%	0.00%	0.00%	0.00%
自定义竞争群酒店（平均数）	MPI	1.02	1.03	1.04	1.06	1.04	1.03	0.96	0.95	0.99
	去年MPI	0	0	0	0	0	0	0	0	0
	同比差值	1.02	1.03	1.04	1.06	1.04	1.03	0.96	0.95	0.99
	同比差值百分比	0.00%	0.00%	0.00%	0.00%	0.00%	0.00%	0.00%	0.00%	0.00%

图6-10　市场表现指数报告

(8) 价格监控,自动抓取竞品酒店在各大OTA、官网等平台的价格数据,把握市场供求关系和精准定价,既有单店价格监控,又有集团价格监控,每4小时更新一次,竞品动态尽在掌控(图6-11、图6-12)。

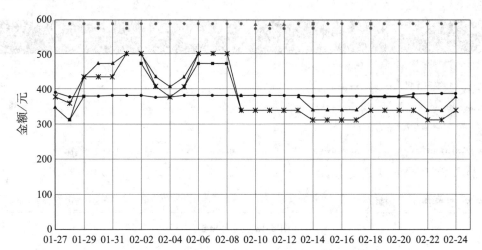

图6-11　各渠道的价格监控(1)

(9) 展会报告,通过数据挖掘,自动获得城市商圈展会、文体活动、特殊事件等信息,掌握市场热度和需求(图6-13)。解决人工搜集成本高,数据不全及数据不及时等问题。

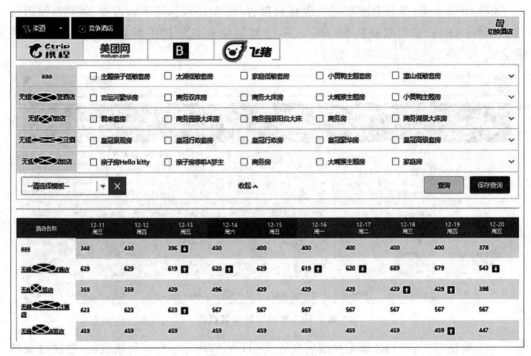

图 6-12 各渠道的价格监控(2)

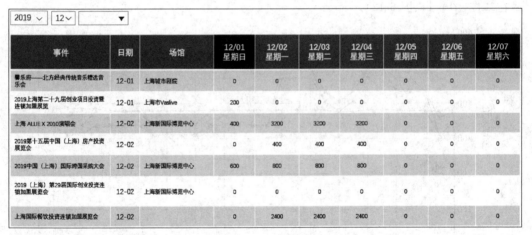

图 6-13 展会报告

(10) 集团区域管理,自动汇总集团旗下所有门店的数据(图 6-14),包括预订、定价、预测、预算、城市热度指数等数据,随时随地按自定义标准检索,生成所需图表,准确、高效、方便。

3. Hiyield RMS 的竞争优势

(1) 超高性价比。采用 Hiyield RMS,比采用国外同类产品节省 50% 以上成本,并可获可得更多数据、功能模块和服务,长期使用成本更低。

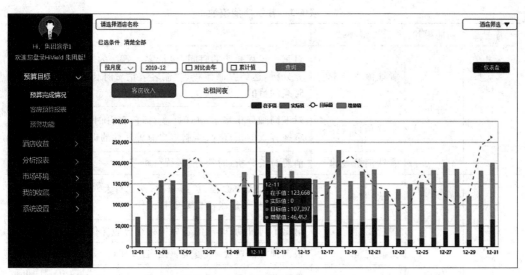

图 6-14 集团连锁酒店的预测报告

（2）专业咨询团队。Hiyield RMS 具备强大的收益管理团队，提供优质、个性化的服务。团队有 20 余年中外实战经验和深厚的理论基础，既有国际视野，又接中国地气，专业、独立、实战。

（3）本地服务器，安全又放心。服务器在中国（腾讯云），主要服务于国内中高星品牌和酒店集团（如开元、建发等），企业敏感数据都存放在国内服务器中，数据更安全。

（4）贴心托管服务。Hiyield RMS 收益托管服务涵盖了理论培训、系统培训、流程梳理及人员培训等。本地落地经验丰富的专业团队指导，针对不同收益基础的酒店，提供个性化服务。

（5）超强数据获取能力。内外数据全面获取，动态定价快人一步。可自动爬取竞对价格（目前支持携程、美团、Booking、飞猪），可自动爬取特殊事件（事件、演唱会等）。

总的来说，Hiyield RMS 是世界领先的新一代基于互联网、大数据和人工智能的收益管理系统。

任务实施

张旭按照步骤分析 Hiyield RMS 收益管理系统各个模块功能，如图 6-15 所示。

图 6-15 分析 Hiyield RMS 收益管理系统各个模块功能的步骤

步骤 1：了解 Hiyield RMS 收益管理模块。

张旭打开 Hiyield RMS 软件，发现有餐饮功能模块、宴会功能模块和团队功能模块。

步骤 2：分析各个模块功能。

张旭对三个功能模块进行整理，如表 6-3~表 6-5 所示。

表 6-3 餐饮功能模块

序号	功能模块	二级模块	描述
1	分析	餐饮流程分析	对每个流程耗费的时间,包括客人等待的时间等进行统计和分析,达到控制流程、控制客人消费时长、提出建议等位时间的目的
		餐饮预订规律	对不同细分市场的预订进度、提前预订时间等进行分析,掌握客人的预订规律,制定更有针对性的促销策略
		餐饮消费规律	消费时长分析、时段分析、周分析等
2	优化	餐饮预测	通过分析历史数据、预订规律,预测每天、每小时的餐位出租率等,根据需求高低来安排工作
		餐台组合	给出不同日期、时段的餐桌排列组合的优化建议
		菜品定价	根据预测消费规律、餐桌属性,自动建议不同时段的价格
		菜单建议	根据消费规律、餐品销售分析,给出不同日期、时段建议提供给不同细分市场的菜单
		折扣管理	对赠券、礼物券、折扣等的使用进行统计,并建议每天、每小时接受各种折扣的限额,便于管理折扣的使用
		库存管理	根据销售情况,使用自动消耗功能,提出建议采购量
3	报表	经营数据报表	展示餐厅每日关键营业指标,并按照小时、餐次、年月日比较不同时段的产出,以及其与预测、预算等的差异,帮助餐厅分析经营状况
		菜品销售报表	对菜品销量及增长率进行统计分析,呈现不同市场渠道的菜品销量排名及波士顿矩阵图,找到受欢迎和需淘汰的菜品
		菜品成本利润表	对菜品进行成本利润分析,便于统计不同菜品的利润
4	设置	系统设置	更改账号密码
		参数设置	展示餐饮管理系统中的各项参数
5	帮助	操作手册	在线了解不同模块的功能介绍

表 6-4 宴会功能模块

序号	功能模块	二级模块	描述
1	分析	宴会预订日历	展示意向、暂定、确定等不同状态的宴会预订情况。展示对应日期的展会、事件等信息
		预订规律	预订进度、预订窗口和周分析,发现差异和机会,便于进行合理的动态定价
2	优化	预测	通过分析相关数据,预测每天、每小时、每种宴会厅的利润等
		定价	根据预测进行建议和显示竞争群酒店的网络售卖价
		场地管理	根据预测实施宴会场地管理,制定合理的场地销售策略

续表

序号	功能模块	二级模块	描述
3	报表	数据对比	按照小时、天、月、年比较各个市场渠道的实际产出,发现差异,便于进行数据分析
		宴会销售分析	分析每种宴会厅的各种数据,为场地改造、定价等提供参考
		生意流失分析	记录流失的生意、流失的原因、客户流失去了哪里,帮助酒店找到经营管理和收益管理有待改进的地方
4	设置	系统设置	更改账号密码
		参数设置	展示宴会管理系统中的各项参数
5	帮助	操作手册	在线了解不同模块的功能介绍

表 6-5 团队功能模块

序号	功能模块	二级模块	描述
1	分析	团队预订日历	展示意向、暂定、确定等不同状态的团队预订情况。展示对应日期的展会、时间等信息
		团队预订规律	预订进度、预订窗口、月分析和周分析,发现差异和机会,便于进行合理的动态定价
2	优化	团队预测	通过数据预测每个团队细分市场渠道每天出租的间夜数、平均房价和利润
		团队收益日历	根据预测,结合酒店的团队价格体系和酒店客户的价格敏感度,进行每日团队最低售卖价和最高销量的建议。根据团队需求、预算,推荐合适的日期
		置换分析	计算被团队置换的散客和团队带来的利润;计算不同团队带来的整体利润的大小
3	报表	数据对比	按照小时、天、月、年比较各个市场渠道的实际产出,发现差异,便于进行数据分析
		团队转化率	统计各种类型的团队各阶段的转化率,便于进行最终房量的预测,以及统计销售成功率
		生意流失分析	记录流失的生意、流失的原因、客户流失去了哪里,帮助酒店找到经营管理和收益管理有待改进的地方
		团队明细报表	对团队详细信息及带来的全部收益情况进行统计,便于未来进行追踪和根据客人的价值进行更好的细分
4	设置	系统设置	更改账号密码
		参数设置	展示餐饮管理系统中的各项参数
5	帮助	操作手册	在线了解不同模块的功能介绍

小组训练

将班级每 5 名学生分为一组,每组确定 1 位负责人,完成表 6-6 所示的训练。

表 6-6　小组训练(18)

训练名称	IDeaS RMS 收益管理系统的不同功能模块
训练目的	通过此次训练,使学生掌握 IDeaS RMS 收益管理系统的不同功能模块,在讨论和撰写报告过程中,训练学生的团队意识,同时加深其对 IDeaS RMS 收益管理系统的认识,培养其相应的专业能力与职业核心能力;通过践行职业道德规范,促进其塑造健全的职业人格
训练内容	去往一家校企合作的××酒店收集 IDeaS RMS 收益管理系统相关资料,并进行分析
训练步骤	(1) 小组成员先各自掌握 IDeaS RMS 收益管理系统理论知识; (2) 去酒店收集 IDeaS RMS 收益管理系统相关资料,撰写相关综合分析报告; (3) 各组在班级内进行交流、讨论
成果形式	撰写一篇题目为《××酒店 IDeaS RMS 收益管理系统的实际应用》的分析报告

学习小结

收益管理系统是辅助酒店开展收益管理工作的有效工具。越来越多的酒店通过使用收益管理系统,提高了工作效率。收益管理最基本的思想是差异化、预测和优化。收益管理系统是按照差异化、预测和优化的思路来设计的。

本项目介绍了酒店收益管理系统的产生、发展过程和酒店收益管理系统的体系架构、功能架构。从收益并汇总信息、分析并输出信息、预测和优化以及定价和控制四个方面介绍了酒店收益管理系统的主要功能。还讲解了几种具有代表性的酒店收益管理系统,并从应用、术语两个方面重点介绍了 IDeaS 和 Hiyield RMS 收益管理系统。本项目知识结构如图 6-16 所示。

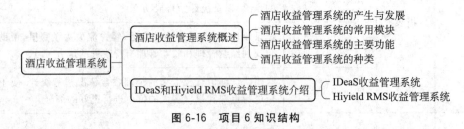

图 6-16　项目 6 知识结构

2020 年 9 月,习近平总书记在教育文化卫生体育领域专家代表座谈会上强调:"要顺应数字产业化和产业数字化发展趋势,加快发展新型文化业态,改造提升传统文化业态,提高质量效益和核心竞争力。"酒店收益管理系统基于大数据建立回归模型,实现房量房价实时监控,系统会提醒收益经理何时酒店的客流量会增大,原来设定的房价过低或过高等。实现数字化运营以后,管理者可用更多的精力做好客服,团队管理,服务品质提升等工作。

学习测试

一、单项选择题

1. 酒店收益管理系统的体系架构包括( )。
   A. 人员 B. 运行管理
   C. 软件 D. 硬件
2. 酒店收益管理系统的功能架构包括( )。
   A. 数据收集
   B. 数据储存
   C. 数据加工
   D. 信息交流
3. 以下不属于收益管理系统的是( )。
   A. IDeaS RMS
   B. Infor RMS
   C. Simviture
   D. Booking Suite
4. 收益管理系统主要在以下( )行业应用。
   A. 航空业
   B. 酒店
   C. 学校
   D. 公立医院
5. 酒店收益管理系统的体系架构中人员组成不包括( )。
   A. 管理人员
   B. 操作人员
   C. 技术人员
   D. 政府人员

二、简答题

1. 简述 IDeaS RMS 收益管理系统的特点和优势。
2. 简述收益管理系统的主要功能。

请每位同学阅读案例,以小组为单位对案例进行讨论,完成案例后面的问题。

IDeaS 宣布凯悦酒店将在其全球各地的酒店中部署
IDeaS 收益管理系统及组合套件

酒店收益优化软件及服务提供商 IDeaS 宣布与凯悦酒店集团展开全球合作,助力凯悦酒店的商业收益平台。凯悦酒店集团将在全球范围内部署 IDeaS 收益管理系统及组合套件,将它作为商业产品发展的一大关键组成部分。

作为一家在全球拥有超过 1 150 家酒店的领先酒店集团,凯悦酒店将利用 IDeaS 丰富的系统套件来开启利润优化进程,并开发战略工作流程与基于模块化的角色,以推动其遍布全球各地的酒店充分利用 IDeaS 系统套件。

IDeaS 收益管理系统的关键功能包括以下内容。

(1) 模块化和灵活性。IDeaS 业界领先的技术和服务方法使凯悦酒店集团能够支持旗下各大酒店群与不同所有权类型的复杂需求。该收益管理平台考虑了每家酒店的特质和差异,实现品牌化运作。

(2) 自动化带来更高的利润。在当今日益复杂的旅行格局下,这种数据驱动的方法能有效赋能凯悦酒店专注于 AI 驱动的机会,从而战略性地驱动旗下数量庞大的酒店的业绩和利润。

(3) 通过创新促进组织发展。利用客房、团队和宴会设施利润优化功能、新型的财务预测功能和强大的企业商业智能解决方案等,IDeaS 的创新可以满足凯悦酒店对更高程度组织赋能的需求。

(4) 推动团队之间的合作。通过专门的培训和支持性工作,确保每家酒店的同事都参与到他们的业务需求所特有的设置与配置的过程,该过程对于整个系统运行体系的成功至关重要。

凯悦酒店全球收益管理副总裁说:"凯悦酒店既有网络覆盖全球的便利,又能足够灵活地营造真正的私人关系。与收益管理领域知名的创新者和颠覆者 IDeaS 合作,加上凯悦酒店对创新能力的独特愿景,可以为凯悦酒店所有者和运营方打造差异化的价值主张,同时也能使酒店员工更加专注于他们最擅长的事情,那就是关爱客人与客户。"

IDeaS 联合创始人兼首席运营官说道:"很高兴能在这千载难逢的时刻参与凯悦酒店的商业收益平台的转型。随着旅行的不断复苏和新工具的出现,我们很荣幸能为凯悦酒店旗下的各大酒店提供 IDeaS 引领市场的自动化定价方法,帮助他们重点关注整体利润优化。"

(资料来源:环球旅讯. IDeaS 宣布凯悦酒店将在其全球各地的酒店中部署 IDeaS 收益管理系统及组合套件 [EB/OL]. [2022-10-13]. https://www.traveldaily.cn/article/167429.)

请结合案例回答以下问题。

案例中 IDeaS 的收益管理系统和服务是如何改善该酒店的收益管理的?

学 习 评 价

	能/否	准确程度	评价目标	评价类型
通过本项目学习，你			了解酒店收益管理系统的产生和发展	专业知识评价
			了解酒店收益管理系统的工作管理	
			了解酒店收益管理系统的功能	
			掌握几种常见的酒店收益管理系统	
			掌握 IDeaS 收益管理系统相关知识	
			能操作几种常见的酒店收益管理系统	专业能力评价
			能根据酒店收益管理系统收集的数据进行分析，采用合适的策略进行针对性的应用	
			培养精益求精的意识	素质学习评价
			培养理论联系实践的学习观	
			培养数字化运营思维	

自评人(签字)　　　　　　　　　　　　教师(签字)

　　　　　　　　　　年　月　日　　　　　　　　　　　　　　年　月　日

项目 7

餐厅收益管理

学习目标

知识目标

- 掌握餐厅收益管理的基本概念。
- 了解客人对餐厅产品或服务的需求特点。
- 熟悉餐厅收益管理的指标。
- 掌握餐厅收益管理的策略。

能力目标

- 能归纳总结餐厅收益管理的特点。
- 能计算餐厅各项收益指标。
- 能根据餐厅的特点进行合理的收益管理。

素养目标

- 用发展的眼光看待餐厅收益管理。
- 具备严谨认真的工作作风。
- 提升绿色低碳意识。

学习导引

任务 1 餐厅收益管理概述

任务描述

收益经理找到张旭,肯定了他之前完成任务的出色表现,并向他介绍了酒店的一个餐厅——鱼·悦中餐厅。该餐厅主要以特色海鲜为主,共有60张餐桌,其中2人桌18张、4人桌30张、6人桌6张、8人桌6张,提供午餐和晚餐。餐厅的主要目标客户是住店客人和当地市内客人。经理告诉张旭:"所谓'事不凝滞,理贵变通',在应对挑战时,需要顺势而为,才能发挥更多的发展机会。我们的餐厅在就餐高峰期因餐位不足,导致一些客人不愿等待过长时间,从而失去了餐厅本可以获得的收益。这也可能会影响到他们再次光临。你认为餐厅是否可以通过收益管理来提升酒店收益呢?"

任务描述

任务分析

张旭想要完成经理交代的任务,就需要通过查阅相关资料并实际调研验证餐厅是否可以实行收益管理。

知识准备

7.1.1 餐厅收益管理的重要性

面对如今市场所发生的变化,越来越多本土酒店集团或单体酒店开始看重收益管理这个概念。Buckhiester Management 酒店收益管理公司的总裁 Bonnie Buckhiester 指出,收益管理经理往往只将精力投入优化客房收入方面,而忽略了整体顾客消费的优化(可能包括高尔夫、水疗以及餐饮等)。通常,酒店的主要收入来源为客房和餐饮。若酒店以客房入住为主营业务,则餐饮占的比例会低一些,平时一般占40%~60%,旺季占50%~70%是正常比例;若酒店主要从事餐饮,则餐饮占的比例会更高一些,平时一般占60%~80%,旅游旺季会下降到40%~60%。根据《旅游酒店星级的划分与评定》国家标准,不同星级酒店有明确的餐厅设置要求。根据《2022年度全国星级饭店统计调查报告》的数据可知,通过省级文化和旅游行政部门审核的7 337家星级酒店2022年度的营业收入合计440.72亿元,其中四星级酒店、三星级酒店、一星级酒店的餐饮收入占比均超过客房收入占比,如表7-1所示。可以看出,餐饮收入对酒店总体的经营业绩影响巨大,在酒店经营中占有重要的比重。因此,从酒店收益最大化的角度出发,重视餐厅收益管理是必要的。本项目所阐述的内容不仅适用于酒店中的餐厅,指标和策略同样适用于酒店的大堂吧、酒吧以及酒店外的一般餐馆、快餐店和各类酒店等。在餐厅收益管理方面,从产品定价、促销策略、菜单设计和服务质量等方面入手,通过科学的数据分析和应用先进的技术手段,形成切实可行的优化方案,从而提高餐饮收入和整体经营业绩。

表 7-1　2022 年度全国星级饭店基本指标

指　　标	单位	五星级	四星级	三星级	二星级	一星级	合计
营业收入总额	亿元	440.72	457.75	254.40	24.67	0.15	1 177.68
客房占营业收入比重	%	41.68	38.54	40.73	45.06	44.86	40.32
餐饮占营业收入比重	%	39.13	39.68	40.78	40.46	51.40	39.73
固定资产原值	亿元	1 772.96	1 607.36	688.90	58.36	0.36	4 127.94
利润总额	亿元	−74.22	−71.72	−25.36	−1.95	0.01	−173.24
实缴税金	亿元	19.64	29.90	15.00	0.77	0.00	65.31
从业人员年均数	万人	19.53	26.06	16.30	1.79	0.01	63.69
大专以上学历人数	万人	6.82	6.86	3.45	0.31	0.00	17.44

7.1.2　餐厅收益管理的研究

康奈尔大学教授 Sheryl E. Kimes 认为,餐厅收益管理是指餐厅在合适的时间、以合适的价格、为合适的顾客提供合适的餐饮产品或服务。所谓"合适",不仅意味着要获得最大可能的收益,也要为顾客提供最大的消费价值。因此,餐厅应根据不同类型顾客的饮食需求特点,推出适当的餐饮产品和服务,以充足的客流量提高每位顾客的消费水平,同时使顾客感受到物有所值,并从而提升餐厅的效益。

过去,餐厅主要使用上座率和消费额这两个指标作为经营业绩效率的考量标准,但未能合理兼顾顾客用餐时间。而通过使用收益管理方法,可以更全面地反映餐厅的经营情况,并在注重上座率和消费额的同时提高收益。为了达到这一目的,餐厅通常会制定多种策略来管理用餐时间,降低顾客到达时间和用餐时间的不确定性,并通过掌握顾客用餐时间制定减少顾客用餐时间的策略。同时,餐厅需要对时间敏感型的顾客进行就餐时间范围测试,从而选择最优的就餐时间,以满足不同顾客的需求,最终达到压缩时间的目的。为了有效降低时间的不确定性,餐厅经营者还应当对内外部措施进行改良优化,包括餐桌配置、菜单设计、流程设计等内部措施,以及电话预约、视觉信号、限时优惠等外部措施。

此外,管理学者普遍认为,收益管理的本质在于要求经营者根据市场需求合理地制定价格。餐厅的收益管理可以采用差别定价法,根据需求设置合理的价格围栏,以满足不同顾客的需求。价格围栏可以分为物质型和非物质型两种类型。物质型围栏包括餐桌位置、包间摆设、娱乐表演、周边风景等;非物质型围栏包括就餐时间、订餐方式、顾客特征、可控手段(如优惠券)等。价格管理可以使对价格敏感的客户能够在非高峰时期获得优惠价格下的服务,从而提高餐厅的利用率。

7.1.3 餐饮业收益管理的适用条件

虽然收益管理作为一种管理服务性企业需求和供给的有效方法,广受欢迎,但并非所有的服务性企业都可以通过收益管理来取得成效,但餐厅产品和服务的自身特点、顾客对于餐厅产品和服务的需求特点使得餐饮业完全具备实施收益管理的客观条件。

1. 餐厅的自身特点

1) 即时性与及时性

餐饮产品的生产、销售几乎是同步进行的。即时性是指生产的速度快,及时性是指顾客点菜后立即制作,即最大限度地缩短顾客的等候时间。菜品烹饪完成后,必须马上销售。否则,菜品的色、香、味、形、温度等都将受到影响,从而大大降低顾客的满意度。而且,上菜速度的快慢往往可以反映出一家餐厅的经营管理水平。另外,一般的企业是先产后销,而餐饮企业则是先销后产,将服务贯穿始终。当客人一进入餐厅,就开始感受餐厅的就餐氛围,从这一刻开始可以说客人已经接受了餐厅的服务,而这种服务贯穿客人就餐活动的始终,直至客人走出餐厅为止。因此,餐厅塑造良好的口碑和形象是极为重要的,使顾客在消费之前就能了解到餐厅提供的产品和服务,减少顾客期望值与顾客体验的落差,从而提高顾客满意度。

2) 容量相对固定性

餐厅的生产能力客观地受座位数量、厨房大小、菜单品种和员工能力限制。在现有经营资源的基础上,餐厅容量和厨房大小是无法改变的。餐厅的服务能力也是相对固定的,同时受厨房工作能力的约束。如果餐厅已经满客,再有顾客前来,就只得让顾客等候。与增加一间客房相比,餐厅在增加座位数量方面具有较大的弹性,但由于空间的限制,餐厅的座位增加数量是有限的,所以餐厅座位接待能力在短期内是相对固定的。餐厅的这一特征往往制约着收益最大化的实现。比如,在用餐高峰期,许多餐厅都因客满而无法接待更多的顾客,白白地让一部分客源流失,失去了增加收益的机会。基于这些原因,对于服务接待能力相对固定的餐饮企业,实施收益管理来有效地利用每一个单位的接待能力显得尤为重要。

3) 产品或服务属于易逝品

餐饮产品易逝更多的是指餐厅的座位,即一个座位或餐桌空闲的时间。如果一个座位或餐桌被闲置了一段时间,就像飞机座位、酒店客房一样,随着时间的流逝产品或服务的价值也在快速地递减,直至完全失去价值,同时无法储存来满足顾客未来的需求。因此,餐厅要在规定的时间内把产品或服务最大限度地销售出去,可采取价格调节和资源有效分配等管理策略。餐厅管理人员通常的做法是制定合理的动态定价策略,而合理的定价是建立在深度研究顾客行为之上的,因此这类易逝品要深度分析顾客,寻求顾客需求与企业能力之间的最佳配合。

4) 产品的边际成本较低

餐饮业一般将成本分为固定成本和变动成本两部分。固定成本是指在一定的业务范

围内,其总量不随产量或销量的增减而相应变动的成本,也就是说,餐厅不营业时还有的成本,例如餐厅的房租、大修理费、企业管理费、后厨设备费、装修费等。餐厅只有尽可能地从之后经营中获得收入,才能逐步回收之前的固定成本。固定成本对销售量的变化是保持相对不变的,故当销售量增加时,单位产品所负担的固定成本相对减少。变动成本是指总量随产量或销售量的增减而增减的那部分成本,即餐厅营业时才产生的成本,比如食品饮料原料费、碗筷洗涤费、各种耗材费、水电燃气费、营销推广费等。以自助餐厅为例,假设餐厅每日的进货量不变,总成本一定,因为餐厅对每个人收取相同的价格,所以餐厅的边际成本不能以客人食用食物的多少来算,而应以进入餐厅消费的人数来算,即每增加一位消费者,其边际成本相应降低多少。自助餐厅想要保本乃至盈利,这个成本消耗的平衡不得小于餐厅每天经营的成本。餐厅通过计算将成本分摊至每单位菜品和每位顾客,所以从餐厅的角度来说,若想使边际成本递减,就得使消费人数增加。即消费的人数越多,其平均成本越小,则边际成本越小。因此,餐厅提高收益的有效办法是通过实施收益管理策略,使餐厅能够获得足够的收益来弥补变动成本和抵消一些固定成本。

知识链接

餐馆运营中降低边际成本的方法

边际成本是指每生产一单位新增产品带来的总成本的增量。在餐饮行业中,边际成本主要包括食材成本、劳动力成本、租金和税费等。

对于一家餐馆来说,其边际成本会随着餐馆规模和客流量的变化而变化。如果餐馆的规模较小,那么其边际成本就会相对较高,因为每增加一位顾客,餐馆就需要增加食材成本、劳动力成本等。相反,如果餐馆规模较大,那么其边际成本就会相对较低,因为每增加一位顾客,餐馆只需要增加相对较少的食材成本和劳动力成本等。

因此,如果一家餐馆想要降低其边际成本,那么最好的方式就是扩大餐馆规模,吸引更多的顾客。但是,这并不是唯一的降低边际成本的方式。例如,餐馆可以通过优化菜单设计、提高劳动生产率、减少浪费等方式来降低边际成本。

总的来说,对于一家餐馆来说,降低边际成本是非常重要的,因为这可以帮助餐馆提高营利能力。但是,餐馆也需要考虑其他因素,例如服务质量、菜品品质等,以确保其能够吸引并保留顾客。

(资料来源:加盟星. 开一家餐馆 100 个人和 1 000 个人边际成本,以下信息要了解![EB/OL]. [2023-06-21]. https://jiameng.baidu.com/content/detail/247867327027?from=search.)

2. 消费者对餐厅的需求特点

1) 市场需求的可预测性

餐厅顾客的消费行为通常分为预订和随机两种模式。顾客提前预订座位,可以对就餐区域进行选择,同时能够确保在约定的时间有就餐座位;随机上门就餐的顾客通常是临时决定就餐或人数较少,在餐厅座位已经卖满的情况下,顾客则会选择排队等位或者离开餐厅。虽然受到顾客到达时间不确定性的影响，但餐厅管理者仍然可以通过汇集预订顾客和随机入店顾客的比例信息、客户期望用餐时间、可能用餐时间长短等来追踪顾客预订、随机入店或就餐的时间模式，从而统计每个时间段抵达餐厅的人数，针对不同时间段采取不同的定价及管理策略。

2）市场需求的多样性

餐厅的客源市场可以细分成不同的市场，例如散客和团体客人。散客主要分为上门散客、预订散客和会员散客，而团体客人则分为旅行团体、会议团体、婚庆宴客人、生日宴客人、商务宴客人、聚会客人（如同事、同学、朋友、战友等）。此外，餐厅的顾客还可以分为价格敏感型顾客和非价格敏感型顾客，预约顾客和非预约顾客。对客源市场的分析可以帮助餐厅管理者解决不同客源的动态变化及客源潜力问题，以便经营者对不同客源拿出适当的经营销售策略。例如，对不同客源的菜品设计策略，对不同客源的个性化服务策略，对不同客源的销售策略等。对餐厅人均消费的分析可以帮助餐厅管理者掌握实际消费与餐厅定位是否一致；也可以帮助经营者对不同餐厅的消费拿出决策，例如是否应调整高低档菜肴比例、是否应引入部分菜肴、是否应调整菜肴价格等。基于以上原因，餐厅市场可利用顾客的不同需求特征和价格弹性实行差别定价，从而有效实施收益管理。

3）市场需求的波动性

餐厅顾客的需求会随着不同的季节、节日、一周中不同的时间段以及每天不同时段而发生变化，市场需求也会呈现出波动性。例如，在商务写字楼附近的快餐厅，工作日客流量大，休息日则顾客很少。度假型酒店的餐厅平日顾客较少，节假日和周末则顾客较多。一些地方的餐饮业还有明显的淡旺季之分，例如，旅游景区的餐厅和酒店，寒暑假时顾客较多，平时顾客相对较少。滑雪场度假酒店的餐厅，冬季客流量较大，夏季顾客相对较少。通常，在夏季、假期、节日、周末、午饭或晚饭等特定时段，餐厅需求量较大。餐厅管理者可以通过预测与时间有关的需求变化，在需求高峰期提高价格增加收益，在需求低谷期降低价格提高销售量，从而实现餐厅的总体收益增长。例如，在高峰时段采取更高的菜品溢价策略，而在低谷时段则采取促销活动等策略来吸引更多顾客。餐厅管理者还应能够预测团体聚会的用餐时间，以便安排预订顾客和给等位的顾客一个可估计的时间。因为市场存在波动性，所以需要管理者通过预测来掌握顾客的用餐时间，以便合理安排预订顾客和给等位的顾客一个可估计的时间。

案例分享

小酒馆、大生意

中国酒馆行业的总收入由2015年约844亿元人民币增至2019年约1 179亿元人民币，复合增长率为8.7%，预计将在2025年增长至1 839亿元人民币。如果按照预期，小酒馆将会产生近2 000亿元的市场规模，是典型的小酒馆、大生意。

分别从宏观背景与市场需求的角度，看看小酒馆到底是怎样一门生意？

1. 夜经济政策推动

所谓夜经济，是指发生在当日下午6点到次日早上6点，以当地居民、工作人群及游

客为消费主体，以购物、餐饮、旅游、娱乐、学习、影视、休闲等为主要形式的现代消费经济。

从政策的角度来看，国家大力在促成夜经济的发展。去年国务院先后出台了《关于加快发展流通促进商业消费的意见》《关于进一步激发文化和旅游消费潜力的意见》，国内各省各地都在积极推行夜间经济，拉动内需消费。据相关数据显示，从 2015 年至 2019 年，中国夜经济的市场总量由 10.9 万亿元增长至 16.8 万亿元，年复合增长率达 11.4%，预计 2025 年进一步增长至 28.1 亿元。据腾讯与瞭望智库联合发布的《2019 中国城市夜经济影响力报告》显示，中国 60% 的消费发生在夜间，大型商场在 18—22 时的销售额占比超过全天销售额的 50%，85% 的受访居民的夜间消费意愿更强烈。夜经济不仅是当代打工人工作一天后的情绪释放，还是促进消费回补和潜力释放的关键，而且基于中国庞大人口基数及城市规模，夜经济蕴藏着巨大的商机。在所有夜经济活动中，酒馆是最具活力的消费场景。尤其是在夜经济的市场环境和消费影响下，间接推动中国酒馆行业的发展，酒馆行业的参与者也能进一步提升市场参与度。

2. "酒零后"成为消费主流

据《2020 年轻人酒水消费洞察报告》数据显示，"90 后"人群中 10% 有每日饮酒的习惯，年轻人成为酒水消费的主力军。在夜间消费场景中，小酒馆区别于夜店、KTV 等夜间娱乐场所，同时与只具备吃饭功能的餐厅不同，酒馆一般指主要供应酒精饮料，以小食为辅的餐饮场所，既能满足"餐"的需求，又是能够喝酒聊天的放松场所。从另一种角度来看，中国的小酒馆与日本的居酒屋有异曲同工之处，是家庭、办公场景外的第三场景。就算心情再不好，到小酒馆喝上几口小酒，也能暂时放下生活和工作压力。酒馆是年轻人们治愈人生的"避难所"。而且，与过去高端消费的酒吧不同，目前活跃的小酒馆品牌，人均消费在人民币 50~300 元，消费压力相对较小，更符合当下的消费趋势。

（资料来源：漆点餐研. 小酒馆也能做上市，这条 2 000 亿元规模赛道怎么玩？[EB/OL]. [2021-05-19]. https://zhuanlan.zhihu.com/p/373641220.）

任务实施

张旭分析鱼·悦中餐厅是否可以通过餐饮收益管理提升酒店收益的步骤如图 7-1 所示。

对比餐饮产品与客房产品 → 分析是否可以通过收益管理提升酒店收益

图 7-1　分析鱼·悦中餐厅是否可以通过餐饮收益管理提升酒店收益的步骤

步骤 1：对比餐饮产品与客房产品。

张旭通过列表，梳理了餐饮产品与客房产品的共同点与不同点，如表 7-2 所示。

表 7-2　餐饮产品与客房产品的共同点与不同点

餐饮产品与客房产品的共同点	餐饮产品与客房产品的不同点
（1）产品无法储存	（1）餐饮产品种类更多
（2）相对固定的生产能力	

续表

餐饮产品与客房产品的共同点	餐饮产品与客房产品的不同点
(3)需求随时间而变化	(2)餐饮产品更具复杂性
(4)高固定成本,低可变成本	
(5)产品可以提前预订	(3)所需时间长短不同
(6)可以市场细分	

步骤2:分析是否可以通过收益管理提升酒店收益。

鱼·悦中餐厅目前共设有60张餐桌,主要的目标客户以住店客人、商务客人、旅游度假客人为主,酒店会受季节及节假日的影响。这与客房产品具有共同的特点,符合收益管理的适用条件。餐厅收益管理的实施需要餐厅整体的运作,不是其中某一要件所能改变的结果。要想达到能够运用到实际应用中,还有很多的环节需要完善。从规范内部管控结构入手,到员工服务流程的规定,最后是餐厅经营细节的调整。多个环节统一协作才能发挥收益管理最大的效果。

小组训练

将班级每5名学生分为一组,每组确定1位负责人,完成表7-3所示的小组训练。

表7-3 小组训练(19)

训练名称	餐厅收益管理的必要性
训练目的	通过此次训练,使学生认识到餐厅收益管理的必要性
训练内容	学生以小组为单位前往市区内寻找两家同类型的餐厅(一家使用收益管理,一家未使用),观察并对比两家餐厅运营中存在的不同之处,总结餐厅运用收益管理的重要性
训练步骤	(1)小组成员前往同星级的酒店,调研两家酒店运营中的差异并进行比较分析; (2)将调研结果汇总成PPT; (3)各组在班内进行汇报、交流、讨论
成果形成	每组制作一份题目为《餐厅是否有必要运用收益管理》的调查报告

任务2 餐厅收益管理的衡量指标

任务描述

经理在听取张旭上次任务的汇报之后,对张旭说:"学而不思则罔,思而不学则殆。结合前面学习的客房收益管理的知识体系,你对餐厅的收益管理各项衡量指标是否也能够进行梳理?通过计算餐厅收益管理的衡量指标,分析餐厅提高收益的方法。"

任务描述

任务分析

张旭需要查阅资料对餐厅收益管理的衡量指标进行系统的学习,然后针对餐厅在经营中所存在的问题提出解决方法。

知识准备

随着酒店收益管理工作的不断推进,很多酒店不再仅仅关注客房的收益管理工作,还渐渐地将收益管理工作延伸至餐饮、高尔夫、停车场类康乐设施当中。传统的收益管理注重的是收入,酒店客房和餐厅都会关注营业收入。而现代化的收益管理更为关注利润,例如,评价餐厅的经营业绩,酒店客房一样可以用一些可量化的指标来衡量。餐厅收益管理的衡量指标与客房收益管理有一些类似的地方,比如客房关注出租率,而餐厅关注上座率、桌位利用率;客房关注每间可供出租房的收入,即每房收益(RevPAR),每房收益通常以天为单位衡量,而餐厅关注每餐位小时收益(PevPASH),会议及宴会收益管理中引入的类似概念是可用场地每时间段每平方米的利润(ProPAST)。其原因是相对客房,会议及宴会业务成本变化较大,因此应关注的是利润最大化。与客房收益管理不同的是,酒店客房是以出租率来衡量,而餐厅运营中有一个专门的指标——上座率。从收益管理的角度看,以上任何一个单项指标都不能完全反映餐厅的业绩情况,下面让我们具体分析与餐饮收益管理有关的各项指标。

7.2.1 传统指标

1. 上座率

我们可以将餐厅的餐位比作酒店的客房,一个餐位代表一个房间,那么上座率(Seat Occupancy Rate)可以比作是客房的出租率,用来进行餐厅的上座情况的测量。其计算公式为

$$上座率 = \frac{上座人数}{餐位总数} \times 100\%$$

上座率与桌位的搭配有关系。餐厅中的座位配置一般有单人座、双人座、四人座、六人座、八人座、十人座、沙发式、长方形、椭圆形等桌型,以满足各类顾客的不同需求。大多数客人不喜欢与陌生人共用一张餐桌(即拼桌),如果餐厅在接待客人时不能够提供适当大小的餐桌,不得将多餐位的餐桌安排给不需要那么多餐位的客人。例如,如果两位顾客用了一张四人桌,导致在他们的用餐时间内有两个座位空置,则会降低上座率;如果一张六人桌坐了七人,则会提升上座率。因此,餐厅经营者要考虑餐厅应该采用哪种形式的座席,应该设置多少张餐桌,每张餐桌能够放置多少个餐位等。餐桌的总体数量以及具体到每张餐桌对应的餐位数量,餐桌与餐位组合,对提高餐厅收入都大有影响。因为餐桌好比客房内的床型,客人对床型有着不同的需求,同样对餐桌的需求也不一样。有些专家研究餐桌组合对餐厅收入的影响时发现,如果餐厅能最大限度地满足不同客人对不同餐桌和

不同餐位数的需要,在其他条件不变的情况下,餐厅收入可以提高 1.4%。

上座率既有时点概念,也有时间区间概念。在时点概念上,例如,某餐厅数据显示,曲线上的每一点都是时点概念,每日 12 点和 19 点左右分别是午餐和晚餐的就餐高峰期,对应的纵轴数据指当时的上座率,如图 7-2 所示为某餐厅各时点用餐量。在计算公式上,假设餐厅有 100 个座位,12 点整统计,当时有 80 个客人在店用餐,则当时的上座率为 80%。在时间区间概念上,指的是某个时间段内到店顾客总人数占餐位总数的比重,比如午餐上座率是指整个午餐期间到店顾客数量占餐位总数的比重。在计算公式上,假设某餐厅有 100 个座位,某日午餐期间若有 150 个人(部分餐位曾翻台)到店用餐,则午餐的上座率为 150%。

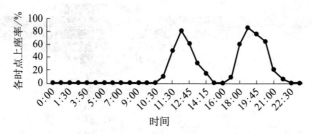

图 7-2 某餐厅各时点上座率

如果计算日平均上座率、周平均上座率、月平均上座率,则分母需是每日、每周、每月的可用餐位总数。假设该餐厅每日只提供午餐和晚餐,其计算公式分别为

$$日平均上座率 = \frac{当日顾客总数}{餐位总数 \times 2} \times 100\%$$

$$周平均上座率 = \frac{一周顾客总数}{餐位总数 \times 2 \times 7} \times 100\%$$

$$月平均上座率 = \frac{月度顾客总数}{餐位总数 \times 2 \times 30} \times 100\%$$

上座率可以反映一个餐厅的人气情况,但并不是上座率越高越好。例如,一家主题餐厅共有 100 个餐位,只出售主题套餐,所有套餐均为 30 元一份,每份套餐的成本为 15 元,午餐的客流量是 60 人,则上座率为 60/100×100%=60%,收入为 1 800 元,毛利润为 900 元。该餐厅希望提高上座率,采取打折的策略,所有套餐打 85 折,午餐的客流量增加到 80 人,上座率提升到 80%,收入提升到 2 040 元,毛利润降为 840 元(2 040−80×15=840)。这家餐厅并没有因为上座率的提升带来利润的提升,反而利润减少了,并增加了员工劳动强度,增加了劳动力成本。所以,过分追求提高餐厅上座率,并不能给餐厅带来收益最大化。

2. 餐桌利用率

餐桌利用率(table utilization rate)是指开餐期间提供服务的桌位数占餐厅桌位总数的比重,其计算公式为

$$餐桌利用率 = \frac{提供服务的桌位数}{餐位总数} \times 100\%$$

餐厅的餐位具有不可储存性,且可以允许在短时间内多次销售、多次翻台。例如,某

快餐厅的餐桌一半为二人餐桌、一半为四人餐桌,某天中午刚好来的客人都是两位,导致四人餐桌也只有两人使用,因此造成了很大的浪费。餐桌利用率与上座率不同,以四人桌类型为例,假设有两位客人使用,则上座率是50%,而餐桌利用率是100%。因此,在餐厅运营中,最好的情况是每一个餐桌均入座既定的人数。例如,如图7-3所示,某连锁火锅店通过分析数据发现,两人聚餐占比近50%,其中闺蜜聚餐和情侣聚餐占比较高,两位男士一起去的很少。因此餐厅将在设置中增加2人桌的比例,并且在营销活动中,面向女性消费群体推出更多针对性的服务体验。由此可见餐桌样式、餐桌数量,以及每张餐桌的餐位数的选择和组合的重要性。

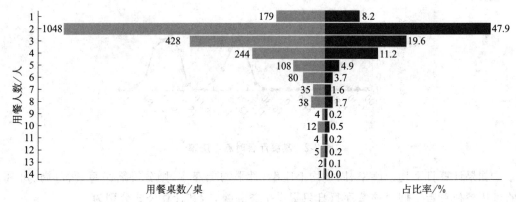

图7-3　某连锁火锅店用餐人数与占比率

3. 翻台率

翻台率(table turn over rate)是表示餐桌重复使用率。尤其是在用餐高峰期的时候,提升餐厅的翻台率,可以快速地增加酒店的收入。餐厅的餐位有限,如何在一定的时间内接待更多的客人,是评价餐厅接待水平的重要指标。

如果餐厅有桌位100个,一天来的客人小于100桌,那么翻台率为0;如果一天来了200桌客人,那么翻台率为100%。餐厅通常更关注总体翻台率,因此在谈论翻台率时,通常指的就是总体翻台率。其计算公式为

$$总体翻台率 = \frac{桌位使用次数 - 桌位总数}{餐位总数} \times 100\%$$

在餐厅的实际运营中,还会关注到每餐的翻台率、每日的翻台率和每月的翻台率,根据翻台率的变化调整经营策略。例如一家只提供午餐、晚餐的餐厅,每日翻台率和每月翻台率的计算公式为

$$每日翻台率 = \frac{当日桌位使用次数 - 桌位总数 \times 2}{桌位总数 \times 2} \times 100\%$$

$$每月翻台率 = \frac{当月桌位使用次数 - 桌位总数 \times 2 \times 30}{餐位总数 \times 2 \times 30} \times 100\%$$

4. 平均消费额

平均消费额(average consumption)是很多餐饮业中对餐饮的数据进行分析时常用到的指标。餐饮的人均消费类似于客房中的平均房价,是衡量餐厅效益的主要传统指标之一。通过对餐厅人均消费的分析可以了解到酒店餐厅目前处于的消费层次,消费人群都有哪些等,即代表一个餐厅的消费水平和档次。平均消费额是指顾客消费总额与顾客人数的比值,也即餐厅主营业务收入与顾客人数的比值,其计算公式为

$$平均消费额 = \frac{顾客餐饮消费总额}{顾客人数}$$

通常而言,一家餐厅平均消费额越高,餐厅的效益越好。然而,如果只是片面追求较高的平均消费额,可能产生对餐厅不利的效果。例如,某餐厅随着开店数量不断扩张,每名顾客平均消费额持续攀升,但翻台率却有所下降。在2019年至2021年,该餐厅每名顾客平均消费金额分别是60.8元、65.8元和68.3元。同期,翻台率分别为3.58次/天、3.42次/天和2.85次/天,如图7-4所示。

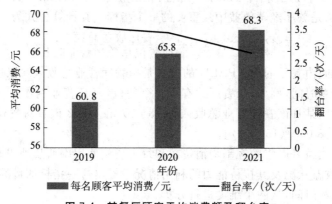

图7-4 某餐厅顾客平均消费额及翻台率

5. 平均在店时长

客人用餐的时间,可以定义为从客人抵达餐厅在餐桌坐下开始到结账后离开餐桌的时间。平均在店时长(average time in restaurant)可以帮助计算餐厅的每一个客单的消费时间,有效地控制客人消费时长,帮助餐厅提升翻台率,进而提升餐厅的营收。类似于酒店的住店时长。其计算公式为

$$平均在店时长 = \frac{每桌消费时间合计}{桌位总数}$$

分析平均在店时长可以有效地控制用餐时间,控制用餐时间可以在餐厅需求量大的时候,尽量缩短每桌顾客的用餐时间,从而提高餐位的翻台率。例如,建立和使用预订制度能提高餐厅对餐位使用时间的控制,从而提高餐厅收益;相反,在需求量不大的情况下,采取措施延长每桌顾客的就餐时间,可以提高他们的消费金额。例如,某些主题餐厅有现

场娱乐表演项目。

7.2.2 重要指标

1. 每餐位小时收益

在很多人看来,餐厅卖的无非就是菜品和服务。其实不然,餐厅跟大部分"过时不候"的行业一样,也在做着空间和时间的生意。在类似的航空业和酒店业中,以提高单位时间内单位空间产出为目标的收益管理,是行业盈利的关键。以上五个指标分别从某一方面反映了餐厅的经营效益,上座率关注顾客的数量;餐桌利用率关注餐桌的使用效率;翻台率关注顾客的用餐时间,反映了桌位的周转率;人均消费额反映了餐厅的定位;平均在店时长关注顾客的消费时间。每个指标的侧重点不同,同时也说明每个指标具有片面性。因此,除了上座率、翻台率、平均消费额等大家熟知的餐厅收益考核指标之外,美国康奈尔大学的 Sheryl E. Kimes 教授又提出了一个全新指标——每餐位小时收益,即餐厅收益率(revenue per available seat-hour, RevPASH),并称它才能真正反映餐厅有效产出的水平。该指标类似于客房经营中的每间可供出租客房收入(revenue per available room-night, RevRAR),是餐厅经营效益中最重要的一个指标。其计算公式为

$$每餐位小时收益 = \frac{餐厅收益总额}{餐厅餐位总数 \times 营业时长}$$

计算某段时间内餐厅的 RevPASH 的方法是用餐厅营业总收入除以这段时间内所有餐位可供使用的总时间,例如,某餐厅共有 150 个餐位,每日营业两次,午餐营业 4 小时,晚餐营业 4 小时。某日该餐厅营业总收入为 78 000 元。那么该日每餐位单位时间平均收入约为 65 元[78 000/(150×8)]。

每餐位小时收益可以将顾客平均消费额和每个餐位使用率所反映出来的信息综合起来,显示出餐厅收益状况及其接待能力的利用情况。提出这一指标的目的,在于最有效的利用餐厅的空间和时间,从两个维度进行分析。

1) 时间维度

时间维度指的是平均用餐时长,是指利用 POS 系统里记录的开始和关台时间,得出各个用餐时段的平均值。不同的用餐人数组合平均用餐时间会略有不同。一般来说,用餐人数越多,时间越长,如表 7-4 所示。

表 7-4 平均用餐时长表

用餐人数/人	1	2	3	4	5	6
早餐/分钟	38	37	39	35	43	36
中餐/分钟	50	62	68	68	65	66
晚餐/分钟	60	75	83	86	98	98

通过进行数据分析,可以及时发现餐厅现有的问题,有针对性地提出对应措施。比如,平均用餐时间较长,餐厅能否改进出餐速度,以此控制顾客的用餐时间。

2) 空间维度

空间维度指餐位使用率和餐桌使用率。

餐位使用率与上座率属同源,都是用资源的使用数量除以可用数量,只不过餐位使用率更精细到每小时,餐桌使用率同理,其计算公式分别为

$$餐位使用率 = \frac{使用的餐位小时数}{可用的餐位小时数} = \frac{使用的餐位数 \times 平均用餐时间}{可用的餐位数 \times 计算期时间}$$

$$餐桌使用率 = \frac{使用的餐桌小时数}{可用的餐桌小时数} = \frac{使用的餐桌数 \times 平均用餐时间}{可用的餐桌数 \times 计算期时间}$$

为了表现各时段的差异性,可以按照每天每小时的餐位使用率情况做一张折线图,如图 7-5 所示。

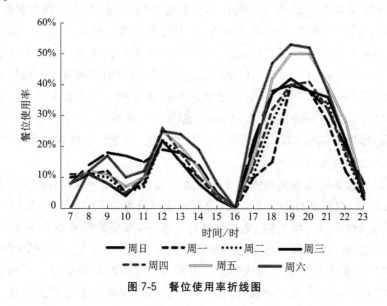

图 7-5 餐位使用率折线图

同样,对每餐位小时收益也可以做出一张图表示,如图 7-6 所示。

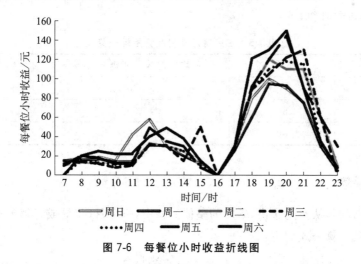

图 7-6 每餐位小时收益折线图

通过数据分析,发现问题,追溯本源,提出应对措施。例如平均用餐时长不短,方差也不小,是否可以通过改进出餐速度控制用餐时间;又如图 7-4 所示餐位使用率,周五、周六比周中高出 4 个百分点,很可能是目标客群决定的,一般的降价促销可能并不能增长收

益,反而降低了客单价。这时则需要开拓思路,结合自己餐厅的特点,通过主题活动拓宽销售群体。

以上面有150个餐位的餐厅为例,某日该餐厅在18:00—20:00得到的营业收入是15 000元,那么它的RevPASH应该是50元。如果这家餐厅在同一天的18:00—22:00内赚了40 000元,那么它的RevPASH应该约为67元。每餐位单位时间平均收入(RevPASH)的大小与在规定的时间内餐桌被使用的次数(即翻台率),以及客人用餐的时间长短相关。实践表明,在餐厅客源饱满的用餐高峰期,哪怕用餐时间只节省1分钟,RevPASH就能提高1.5%~2%。假设上面的这家餐厅,客人的平均用餐时间是60分钟,餐厅从18:00—22:00这个营业时间内,最多能接受600名顾客用餐。如果平均每位客人的消费金额约为67元,餐厅最高营业收入是40 000元,那么它最高的RevPASH约为67元[40 000/(150×4)≈67]。如果客人的平均用餐时间缩短到59分钟,餐厅将能多接待10名顾客用餐(150/59×4≈10),如果这些顾客平均每人消费为67元,餐厅的总收入将增加670元(67×10=670)。此时,餐厅的总收入增加到40 670元,RevPASH随之增加到68元,即增加了1.5%。随着用餐人数的增加,即使每位顾客消费金额减少2元,餐厅的总收入也会增加。

我们可以通过案例来说明每餐位小时收益作为餐厅收益衡量指标的重要性。假如有A、B、C三家餐厅,它们都有100个餐位,晚餐营业时间均为18:00—22:00(4小时),假如这三家餐厅的风格和档次均不同,菜品价格存在差异,市场的需求也各不相同,表7-5显示了三家餐厅在同一晚餐经营时间内的收益结果。由表7-5可见,三个餐厅的RevPASH一样,都是80元,但是得到这个数值的方法不同。三家餐厅都是通过不同百分比的上座率和不同的平均每位客人消费金额得到的。不难看出,如果酒店客房无法用平均客房出租率或平均房价中的任何一个单项指标来衡量其收益,餐厅的收益也同样无法用其中的某一项指标来进行评价。

表7-5 三家餐厅晚餐经营指标一览表

餐厅	上座率/%	平均每位客人消费金额/元	RevPASH/元
A	40	200	80
B	50	160	80
C	80	100	80

2. 餐厅坪效

餐厅坪效,就是从空间来讲,餐厅的整体面积中,每个月、每周或者每天每平方米产生的营业收入,其计算公式如下:

$$餐厅坪效 = \frac{营业收入}{营业面积}$$

计算每日的坪效公式如下:

$$日均坪效 = \frac{日均营业收入}{餐厅营业面积}$$

计算每月的坪效公式如下：

$$月均坪效 = \frac{月均营业收入}{餐厅营业面积}$$

坪效作为衡量餐厅营业收入的常用指标已成为一项关键要素。虽然坪效是衡量餐厅经营收益的重要指标,但由于地理位置不同,同样的菜品、同样的餐厅面积、同样的经营方法、同样的经营人员,都会带来不同的营业收入。例如,某连锁餐厅 A 店人均消费 60 元,餐厅餐位有 50 个,餐厅营业面积 150 平方米,中午 100% 上座率(满座),晚上 200% 上座率(翻台率)。该餐厅的月营业收入＝(60×50＋60×50×2)×30＝270 000(元),月坪效＝270 000/150＝1 800(元)。而该连锁餐厅的 B 店月坪效为 2 400 元左右,C 店月坪效为 3 500 元左右。由此可看出餐厅品牌在不同地点的坪效会有所不同。

随着外卖的消费习惯的形成,营业收入有"堂食"单一贡献,转变为由"堂食＋外卖"两者贡献,大大提高了餐厅坪效。衡量堂食最有效的指标就是"翻台率",而衡量外卖最有效的指标就是"出单效率"。正餐比较强调用户体验,与翻台率相冲突,又很难做外卖,而且一般需要的面积比较大,虽然消费客单价较高,但整体的坪效是很低的。快餐在坪效指标上有如下优势：一方面快餐可以很好地满足外卖市场,外卖的效率比较高；另一方面快餐是解决温饱的刚需,一般吃完后就直接走了,不会逗留,翻台率比较高。中式快餐在起步阶段错误地将一些休闲餐饮视为标杆,因此也采取与其相同的 200~300 平方米的大店模式,殊不知,中式餐饮受制于品牌影响力以及时效性的原因,大面积都是浪费,白白增加租金成本和人工成本。好在现在大部分快餐企业意识到这个问题,所以将门店面积都降至 130~150 平方米。休闲餐饮要复杂些,需要分情况讨论,有捧着咖啡可以坐半天的咖啡店,坪效低得可以直接把咖啡店坐倒闭；也有不设座位的奶茶店,全部是外带,这种店的坪效高；或者店铺以外带或外卖为主,只有很少的堂食位置,严格控制门店面积,这种休闲餐饮店的坪效也会不错。

案例分享

年坪效近 10 万元,这个餐厅怎么做到的

禄婶鸡煲主打特色港式打边炉,精心挑选的食材、贴心的服务和创新的环境,每一步都做到了极致,为食客创造欢乐的怀旧打边炉时光。有人说,消夜是一座城市的灵魂。鸡煲和打边炉结合而成的花胶鸡煲,是禄婶主打菜品之一,成为深圳的夜宵爆品。禄婶鸡煲依托于科脉的线上线下一体化平台,在加速数字化转型的进程中,实现了业绩增长,对餐饮业的智慧化升级具有很好的借鉴意义。

1. 聚合外卖服务,人力成本降 60%,日均接 200 单

科脉系统打通第三方外卖平台,帮助商户聚合外卖流量,顾客从外卖平台下单,商户可以用科脉系统自动接单。禄婶鸡煲上线了聚合外卖服务,节省了很多的人力成本,也提高了接单效率,避免出现错单漏单的情况,外卖订单量蹭蹭上涨。

2. 微信扫码点餐,节省人力成本,效率提升 35%

由排队造成的顾客流失率是餐厅面临的普遍难题。虽然禄婶鸡煲生意一直火爆,天天排队,但是却几乎不受困扰。除去美食本身的吸引力等因素,必然少不了科脉系统对餐

厅运营效率的支撑。比如实行扫码点餐可以减少顾客等待的时间,提高收银、出品等整体经营效率。

3. 服务员营销管理,提高服务质量,提升消费者满意度

科脉助力禄婶鸡煲逐步完善线上线下一体化管理,餐厅空余出的人力,投入到了对顾客的服务之中。借助系统,实行员工激励制度,比如储值提成、菜品提成,调动员工积极性的同时,也极大提高了消费体验,有利于培养忠实顾客,提升复购率。

(资料来源:科脉. 登上《天天向上》舞台,年坪效近10W,这个餐厅怎么做到的?[EB/OL].[2020-08-05]. https://www.kemai.com.cn/NewsStd_1 247.html.)

任务实施

张旭通过计算餐厅收益管理的衡量指标,分析提高餐厅收益的方法,步骤如图 7-7 所示。

分析用餐时间 → 分析用餐团体类型 → 通过数据,分析提高餐厅收益的方法

图 7-7 分析提高餐厅收益方法的步骤

步骤 1:分析用餐时间。

餐厅目前共有 204 个餐位,顾客的平均用餐时间为 60 分钟,在 4 小时内可以接待 816 位客人,顾客平均消费额为 100 元,那么餐厅的收益是 81 600 元,每餐位小时收益为 100 元[81 600/(204×4)]。如表 7-6 所示,如果平均用餐时间减少到 40 分钟,餐厅收益的增长可高达 50%。

表 7-6 减少用餐时间对收益的影响

平均用餐时间/分钟	翻台数/次	收益/元	上座率/%	增长比例/%	累计增长比例/%
60	4.00	81 600	50.00	—	—
55	4.36	89 018	54.55	9.09	9.09
50	4.8	97 920	60.00	10.00	20.00
45	5.33	108 800	66.67	11.11	33.33
40	6.00	122 400	75.00	12.50	50.00

步骤 2:分析用餐团体类型。

餐厅共有 204 个座位,可分为不同的到达类型,如表 7-7 所示,大部分用餐团体类型为 2~3 人,2 人占 78%,3 人占 15%,4 人占 4%,而 1 人与 5 人以上的团体数量极少。

表 7-7 用餐团体类型

团体类型	1 人	2 人	3 人	4 人	≥5 人
频数	3	160	30	9	2
比例	1%	78%	15%	4%	1%

步骤 3：通过数据，分析提高餐厅收益的方法。

张旭发现通过差别定价优化的方式可以提升餐厅的上座率，通过时间控制、餐桌优化组合等方式能够为餐厅带来更高的收益，因此餐厅有必要运用收益管理来规范内部管控，同时提高其收益。

📋 小组训练

请阅读以下案例，完成表 7-8 所示的小组训练。

某餐厅有 230 个餐位，平均每位客人消费金额为 70 元，平均用餐时间为 53 分钟，每周营业高峰时间共计 10 小时，那么，如果该餐厅的餐桌使用率为 100%，一年之中，该餐厅的高峰期的营业收入是 9 477 736 元（营业收入＝10×60÷53×230×70×100%×52）。如果该餐厅在营业高峰期餐桌的使用率仅有 50%，该餐厅每年高峰期的营业收入是多少？如果该餐厅的营业高峰期餐桌使用率能从 50% 提高到 60%，该餐厅每年高峰期的营业收入将是多少？

表 7-8　小组训练（20）

训练名称	提高餐桌使用率对于餐厅收益的影响
训练目的	通过此次训练，提升学生发现餐厅收益问题和解决问题的能力
训练内容	分析提高高峰期餐桌使用率对收入的影响并阐述如何提高餐桌使用率
训练步骤	（1）根据学习的计算公式进行计算； （2）分析提高高峰期餐桌使用率对于收入的影响； （3）总结提高餐桌使用率的方法； （4）在班内进行交流、讨论
成果形成	每人提交一份题目为《提高餐桌使用率的可行性方法》的调查报告

任务 3　餐厅收益管理策略

📖 任务描述

经理听了张旭的汇报，认为酒店的餐厅实行收益管理已经势在必行。于是对张旭说道："工欲善其事，必先利其器。接下来的任务是针对酒店餐厅自身的特点，为餐厅提升收益提出合理化建议并提交方案。"

🔍 任务分析

任务描述

张旭需要查阅资料，从餐厅收益管理的方法入手，针对餐厅自身的特点为餐厅提升收益提出合理化建议。

 **知识准备**

正如前文所说,与客房收益管理类似,实施餐厅收益管理的基础是要掌握顾客的消费特点、需求变动规律以及市场竞争和供需情况的变化。本次任务将从时间、容量、定价、渠道、市场细分这五个方面阐述如何通过餐厅收益管理提升餐厅的收益。

7.3.1 餐厅时间管理

餐厅不仅销售食品与服务,同时也销售时间。餐厅容量是固定的,当需求量较大时,可能由于等待时间过长而出现顾客流失的现象。因此,餐厅时间管理中包含三部分:预订管理、营业时间管理、消费时间管理。

1. 预订管理

作为餐厅需要制定不同的策略用来管理客人抵达时间的不确定性和用餐时间的不确定性。抵达时间的不确定性是指有预订的客人以及未预订的客人的到达时间未知的情形。针对有预订的客人,餐厅可以通过致电客人确认预抵时间,从而减少客人抵达时间的不确定性,避免客人无故未到的情况。同时可以有效地安排酒店餐桌的使用。

越来越多的中高档餐厅开始采用预订管理。传统的餐厅是通过纸笔记录的方式进行预订座位,随着数字化经济的发展,餐厅的预订方式呈现多样化,如有些餐厅客人只需通过手机应用程序即可输入自己的预订信息,节省了接听电话和手动输入客人信息的时间。建立好科学的预订管理系统,餐厅可以随时获取"取消""晚到"等信息,为超额预订等措施提供依据,同时通过预定可以高效地进行库存管理,也可以为会员顾客在纪念日及生日等特殊时间提供很好的惊喜服务,从而提升顾客的忠诚度。

2. 营业时间管理

越来越多的餐饮企业将不同时间段更好地利用,以此来扩大市场份额。比如很多社区餐厅,通常会利用上午时间售卖早餐;或是直接将凌晨3点至上午10点的这段时间承包出去,请"专人"售卖早餐,分摊时间带来的成本费用。也有餐厅推出全时段的餐饮服务,比如,麦当劳在店铺位置人流量多的地方实行24小时经营制度。

如果餐厅受淡旺季的影响,在淡季时预计顾客较少的时间段内可以限制营业时间,从而减少营业成本;在旺季时可延长工作时间接待更多的顾客,从而提升餐厅的利润。

餐厅的营业时间也可以作为吸引顾客的条件,餐厅可在合适的时间开放合适的服务吸引顾客,但通过提供有限的营业时间来削减成本可能会使餐厅利润降低。因此,进行营业时间管理时需要在运营费用和潜在利润之间找到平衡点。

3. 消费时间管理

消费时间的不确定性可以通过分析客人的用餐流程,来缩减客人在店内的停留时间。

一位客人的用餐流程往往包含四步,分别是点餐、等餐、用餐、结账。

1) 点餐时间管理

在客人点餐时,往往需要通过菜单和员工选择菜品。因此,餐厅需要进行菜单设计和员工菜品知识提升。

(1) 菜单设计。从餐厅收益管理的角度来看,菜单是餐厅收益管理的重要载体,菜单上各种菜品的搭配、定价、编排和布局等能引导顾客的消费选择,影响到餐厅和厨房生产制作菜品与服务传输的时间,客人用餐的时间以及餐桌的周转率,最终影响餐厅的收入和利润。因此菜单应该从以下几个方面设计。

① 图文并茂。与单纯的文字描述相比,图片能更有效地传递菜品信息,例如配料、烹饪方法等,从而吸引顾客眼球。对于餐厅的主打菜品或者热销菜品可以选择这种方式进行展示,从而缩短客人选择菜品的时间,推荐客人购买热销菜品;

② 信息完整。菜单呈现信息尽量通俗易懂,能够解答客人的常见问题。例如,标明菜品的麻辣程度、过敏食材,从而降低询问员工的次数。

实施餐厅收益管理时,要经常分析菜单上各种菜品的销售额和利润率的情况。另外,随着信息化技术的不断进步,越来越多的餐厅开始提供微信二维码电子菜单,电子菜单清晰明了地呈现出各种菜品名称、图片和价格,更重要的是降低了劳动力和菜单印制成本。

知识链接

微信点餐系统开发了哪些功能

微信点餐系统有两种,一种是微信公众号点餐系统,另一种是微信小程序点餐系统。两种点餐系统都可以进行微信扫码点餐,各有优点。公众号点餐系统可以更好地聚集粉丝,与粉丝互动,推送文章;小程序点餐系统可以做更好地在线推广拓客,将在线流量引导到店铺消费。微信小程序点餐系统具体功能有以下几点。

(1) 扫码点餐:顾客到后,使用微信扫描桌面二维码,选择菜品,在线结算,等服务员上菜。

(2) 预约用餐:顾客通过点餐小程序自行点餐,预约用餐时间。

(3) 外卖送餐:通过点餐小程序,选择喜欢的食物,用户可以直接下单,支付,预订送货时间,查看订单状态和订单详细信息。

(资料来源:易单水站宝. 微信点餐系统开发有哪些功能? [EB/OL]. [2021-02-22]. https://baijiahao.baidu.com/s? id=1692387985 860 325 909&wfr=spider&for=pc.)

案例分享

全方位缩短时间,提高翻台率

提高翻台率就是要缩短客人的用餐时间。因此,从客人进入餐厅到离开餐厅的每一个环节,只要缩短一点时间,如菜品的出品、传菜、上菜、收取空盘等细节改善,都会提高餐

厅的翻台率，因此，餐厅每个部门的员工都要力所能及地在自己工作范围内提高效率，缩短时间。

例如，在客人等位时，为了避免客人的流失，可为客人提供免费饮用茶水、冰粉服务、免费擦鞋服务、免费报纸杂志阅览服务、免费茶坊休息服务。

通过对讲机，在确定有台位买单的情况下，等位区的迎宾或礼宾人员可以为客人点菜，同时，该桌值台服务员会在桌上放置"温馨提示牌"，一方面提醒客人小心地滑并带好随身物品，另一方面提醒各部门的员工，准备好翻台工具。

音乐是控制客人停留时间的有效工具。客人高峰时，可播放轻快优美的进行曲，使客人在不知不觉中动作加快，进而快速离去。低峰时，则播放古典音乐或抒情音乐，可使客人延迟离去。

每一个服务人员在服务中，都应该为下一环节作准备。比如客人所点菜品全部上桌后，应及时告知，并找对时机询问是否需要添加主食或小吃，如果不需要，服务员就开始核单并到吧台打单；在客人不再用餐时提前将翻台餐具准备好；买单后客人若未立即离开，可征询客人的意见，先清收台面和椅套围裙。

在追求效率的同时，也要追求美感。应由传菜组员工专门负责翻台的清洁卫生。不仅要速度快，也要动作优美，切不可因为节约时间而忽视了餐厅的整体形象。

全员的参与才能全方位缩短时间。服务员负责缩短客人用餐时间，勤分鱼、分菜，勤做台面；传菜员和保洁负责缩短收台时间，收台迅速，清理卫生迅速；后厨人员负责缩短上菜时间，出品时间快速、准确；管理人员负责巡台和协调，随时注意各桌客人的用餐进程，对各部门没有做到的事项要及时提醒。

（资料来源：蜀妈餐饮. 八招玩转餐厅翻台率［EB/OL］.［2023-06-12］. https://www.jiaoyubao.cn/news/n78945.html.）

（2）员工菜品知识提升。员工应熟悉菜品的所有信息，具备推荐菜品的能力。

① 熟悉菜品的所有信息。顾客点餐时常询问的菜品信息主要涉及口味、菜量、配料、烹饪方法和制作时长等，熟悉这些知识可以提升员工的工作效率。菜品信息还包含厨房的估清，员工与厨房需要保持实时沟通，及时了解厨房的估清，避免客人二次重复点餐。

② 具备推荐菜品的能力。很多时候，客人往往会在点餐时犹豫不决，工作人员能够结合客人的年龄、口味、禁忌等特征有效推荐菜品，协助客人点餐。

2）等餐时间管理

等餐时间主要是厨房的烹饪制作时间和服务员上餐的时间，对此应精简菜品的数量，缩短服务员上餐的时间。

（1）精简菜品的数量。餐品数量繁多既延长了客人点餐的时间，又为厨房备餐增加了成本。因此，餐厅需在有选择性地保存餐厅特色菜的同时，将复杂程度高、品质难以统一的菜品进行精简。

（2）缩短服务员上餐的时间。餐厅可以通过设计高效的餐厅服务动线来缩短上餐时间。餐厅服务动线会在下文详细说明。

3) 用餐时间管理

用餐时间可以定义为从客人在餐桌坐下开始到结账后离开餐桌的时间。用餐时间可以从两方面进行管理。一是在餐厅需求量大，前来用餐人数较多时，尽量采取措施缩短每桌客人的用餐时间，提高餐位周转率；二是在餐厅需求量不大，前来用餐的人不多时，要尽量采取措施延长每桌客人的用餐时间，提高他们的消费量和消费金额。

（1）缩短客人用餐时间。客人的用餐时间可以通过改进用餐程序，增加餐厅员工人数，增强服务响应程度，改进菜单等措施来缩短。例如，当客人用餐过程中，有任何疑问和要求，可以第一时间回应，降低等待时间。细节服务也可以帮助客人缩短用餐时间。一些大型菜肴不方便客人取食，例如整鱼、整鸡等，服务人员可以帮助客人将这些菜肴进行分菜，既让客人感觉到服务得细致入微，又能使客人无形中加快了用餐时间。

（2）延长客人用餐时间。一些学者通过调查研究发现，在一定情况下，客人在餐厅的消费金额与他们在餐厅停留的时间成正比，即客人在餐厅停留的时间越长，消费的菜品和饮料越多，餐厅得到的收入也就越多。因此，如果能使客人在餐厅停留的时间延长，就能增加餐厅的收入。但是，也有例外，如果客人大部分时间都花在谈话上，而不是继续点菜品或饮料，此种停留就不会增加餐厅的收入。因此，延长客人停留时间需要餐厅经理善于区别对待各种情况。

延长客人用餐时间的方法通常有：增加现场娱乐表演项目；提升餐厅灯光环境的氛围感；培训服务员利用机会向客人推荐酒水和小吃等。具体方法需要根据餐厅经营者因地制宜地决定。

4) 结账时间管理

（1）服务人员在服务始终需要为下一环节作准备。比如在给客人上完餐之后，及时询问是否需要添加主食或小吃，如果不需要的话，服务员就开始核单并到吧台打单。

（2）餐厅还可以通过一些细节服务来提醒客人结账离开。比如，用餐结束后，对其茶杯续水，这样细节的服务也会让某些客人选择离场结账。

（3）服务员和收银员之间必须有良好的沟通。一旦服务员收到收银台的结账通知，就应该开始清理桌子，他们还应该提醒等候的客人用餐餐桌即将开放，这样餐桌空置的时间就会缩短。

现在越来越多的社会餐厅推出顾客扫码点餐并在线支付。在线支付免去了服务生打印账单和客人吧台买单的时间，进一步节省了劳动成本和客人在餐厅停留的时间。

4. 餐厅动线设计

除了以上三种时间管理，优秀的餐厅动线设计可以有效地提升餐厅运行效率。动线是建筑与室内设计的用语，指人在室内室外移动的点，连接起来就成为动线。餐厅动线又被称为餐厅的血管，它是顾客、服务员、菜品在餐厅内流动的方向和路线。一般来讲，餐厅需要考虑的动线分为两部分：顾客动线和服务动线。

顾客动线的起点和终点都在餐厅主入口，所以从大门到座位之间的通道畅通无阻为基本要求，顾客动线以直线为最优。服务动线包括餐厅服务动线和后厨动线两部分。餐厅服务动线是服务员将菜肴由厨房备餐间端出，通过服务通道传送菜品到每个餐座，然后将顾客就餐后的餐具送回洗碗间的线路，起点是备餐间出口，终点是洗碗间入口。而后厨服务动线则指的是后厨人员、物资的移动路线。

在动线设计时，需要避免顾客动线与服务动线重合与交叉，上菜和撤席通道需要区分，还要考虑过道的宽度和方向。服务动线里最重要的就是缩短出菜的距离，让餐食能最快速、最安全、最新鲜地抵达顾客的餐桌。服务动线设计还需要考虑各个功能点，包括工作台、出菜口、洗碗间、收银台是否安排合理。而且要从功能区域去找到让员工最佳待命的位置，这些最佳位置点需要满足员工用最少的行走步数完成服务。还可以通过设置区域性的服务台，进行餐具存放或茶水摆放，有助于员工缩短行走路线。

7.3.2 餐厅容量管理

【拓展课堂】
设计餐厅布局，提高经济收益

关于生产能力设计的研究表明，企业可以通过优化产品的组合，控制它们的生产或供应能力，以达到充分发挥生产能力，提升整体销售量，实现整体收益最大化的目的。在餐厅的经营管理中，就是要优化含有不同餐位数的餐桌的数量和比例，以最大限度发挥餐厅的生产能力，提高餐位周转率及餐厅营业收入。

餐厅的容量一般用座位数来衡量，其特征较为固定，在短时间内不会发生较大变化。酒店餐厅的座位组合能够决定其容量。餐厅常见的餐桌有两人桌、四人桌、六人桌等，如何分配不同餐位餐桌的数量是收益管理人员需要考虑的问题。一般餐厅的客席配置，大致上会依据餐种来分，西式餐点适合长桌或是拼桌，中式餐点则以方桌和圆桌最为方便。

以某家餐厅为例，餐厅可以提供 120 人的餐位。通过历史数据表明，该餐厅 2 人用餐的顾客占 64%，4 人用餐的顾客占 31%，6 人用餐的顾客占 5%。

通过占比，用"加权平均法"计算出平均用餐组合人数：

$$2 \times 64\% = 1.28 (人)$$
$$4 \times 31\% = 1.24 (人)$$
$$6 \times 5\% = 0.3 (人)$$
$$1.28 + 1.24 + 0.3 = 2.82 (人)$$

餐厅应设的餐桌数为

$$餐厅应设的餐桌数 = \frac{餐位数}{平均用餐人数组合} = \frac{120}{2.82} \approx 42.55 (张)$$

餐厅最优餐位组合为

最优的餐位组合 = 餐桌总数 × 各用餐人数组合的占比

2 人台： $42.55 \times 64\% \approx 27.23$（张）
4 人台： $42.55 \times 31\% \approx 13.19$（张）
6 人台： $42.55 \times 5\% \approx 2.13$（张）

该餐厅平均用餐组合的人数是 2.82 人，餐厅应设的餐桌数是 42.55 张，换算得出，它的餐厅最优餐位组合应该是：27.23 张 2 人台，13.19 张 4 人台，2.13 张 6 人台。

除了计算出餐厅最佳的餐位组合，餐厅还可以灵活地将餐桌排列组合，例如，餐桌以两人桌居多，两人用餐时不会浪费餐位，四人用餐就把两张两人桌拼桌。特别是在西餐厅，在多人用餐时，餐厅可以将几张两人或四人位的餐桌拼起来，方便多人用餐。研究表明，可移动、拆开和合并组合的餐桌对规模小的以及用餐人数较少的餐厅较为合适；餐位固定的餐桌对于规模较大、用餐人数较多的餐厅较为合适。

7.3.3 餐厅定价管理

餐厅定价管理是餐厅收益管理的重要因素。客房可以通过动态定价对于不同细分市场的客人进行差别定价，然而，餐饮市场的竞争会更加激烈，可替代的餐厅随处可以选择，因此差别定价可能直接会导致客人转身走向竞争对手。此外，酒店客房可以根据客房的朝向和楼层更改价格，如果餐厅将其位置优越的餐位提高价格，相信客人很难接受。相比客房的差别定价，餐厅的定价需要格外谨慎。客人对餐厅提高价格会很敏感，因此差别定价往往体现在原价折扣方面。餐厅的定价策略有以下几种。

1. 根据用餐时间定价

餐厅根据营业时间的淡旺期，推出不同的价格。例如，餐厅往往在周一到周四的营业淡季，为了提高上座率，提供特价菜、限时折扣、早餐价格、快乐时光价格等。总的原则是，在需求高的时候，餐厅要提高价格，以提高平均单位时间内每餐位的收入和餐厅的利润率。相反，在需求低的时候，餐厅要降价价格或给予别的优惠，重点是要提高餐厅的市场份额，刺激消费，拉动需求，增加用餐人数和销售收入。

2. 根据顾客渠道定价

越来越多的餐厅借助线上团购平台进行菜品促销，提供套餐优惠或者是消费满减券，这样既提升了销量，又为顾客提供了实惠。

3. 根据客人身份定价

有些餐厅为客人开通了会员或者储值卡，通过这些方式为客人打折促销。此外有些餐厅为吸引特殊人群光顾，提供了折扣价。例如，一些餐厅在低峰时段为学生提供折扣优惠活动。

4. 根据用餐人数定价

餐厅会根据用餐人数提供散客价和团队价。团队因其用餐人数多,往往会获得额外折扣。然而针对不同的团队,酒店餐厅给予的价格也不尽相同。一般来说,旅游团队用餐的价格往往会是最低的,商务团队次之。

5. 根据餐位的物理特性和客人的心理感受定价

有的餐厅对于餐桌有很好的朝向和风景规定了这些餐位的最低消费额。有些餐厅将某些区域命名为贵宾区,规定其最低消费,或收取一些费用来提供额外细致的服务。基于餐位特性与客人心理感受的价格差异,客人一般能够接受,同时也可以增加餐厅的收入。

7.3.4 餐厅渠道管理

建立一个稳定、高效的渠道是餐饮市场销售的决策之一。建立并维护好良好的渠道能有效地影响产品生命周期的发展变化,促进产品的成长,延长产品成熟期的时间,延缓产品的衰退。

1. 餐饮中间商的作用

(1) 促进餐饮企业扩大生产和销售。中间商的出现,使餐饮企业把优势和实力集中在生产上面,从而有效地实现企业目标,扩大市场范围。

(2) 中间商能够协调餐厅与消费者之间的矛盾。

(3) 方便吸引消费者,促进其购买餐饮产品。

2. 餐饮企业中间商的类型

(1) 旅行社。旅行社产品中包含"吃、住、行、游、购、娱"。其中"吃"是第一大需求产品,餐厅可以根据旅行社的要求设计旅游团餐,旅游团餐略带地方特色,融入地方饮食文化,满足外地的旅游者涉奇求新的需求,从而提升餐厅的营业收入。

(2) 互联网销售平台。例如美团、饿了么等。

(3) 第三方点评网站。例如小红书、大众点评等。第三方点评网站是餐厅经营必不可少的渠道之一。点评网站的星级评分可以给餐厅带来更多的流量,但是一旦有差评,也会大大影响门店的口碑和业绩。因此,要利用好第三方点评网站,从而为餐厅带来更高的收益。

(4) 直播电商渠道。例如抖音、视频号等。在直播经济盛行的当下,直播能够帮助品牌提高线下门店人气和销售额。例如,根据小龙坎相关人员的描述,小龙坎某次直播期间,就引导了近 5 000 名线上消费者到店消费。直播渠道还能加深消费者对品牌的认知,餐饮创业者可以通过直播展示企业文化、团队氛围、服务和产品,以此来曝光品牌。例如,

2020年7月，上百家火锅店联合在某直播大咖的直播间推出100元抵200元的代金券，吸引了百万人围观。直播渠道还有助于打消顾客对门店食品安全的顾虑。食品安全直接关系到品牌的销量和声量。直播可以直观地把一家品牌或者餐厅的后厨的食品安全信息传递给消费者，从而获得消费者的信任。

7.3.5 餐厅市场细分

通过市场细分，餐厅可以有效地分析和了解不同客户群的需求程度和市场上的竞争状况，抓住机会制订相应的经营策略和调整生产销售计划。餐饮行业市场细分的维度总结为以下五大类别。

1. 根据人口统计特征细分

这种分类方法是市场细分常用的分类标准，根据人口的不同特征，如年龄、性别、职业、收入、家庭生命周期、教育程度、婚姻状况、宗教、种族、国籍等，将市场划分若干个亚市场。消费者的各种需求、偏好、使用产品的频率与人口统计特征有着密切的关系。例如，以女性消费者为主的餐厅，温馨优雅的环境、健康养颜的菜品、周到贴心的服务都会成为吸引消费者的卖点。广州流行前线中华广场有个"多美丽炸鸡"快餐店，通过市场细分将主要的顾客群定位为"三口之家"，为了吸引这一消费市场，餐厅旁特意开辟了一间小活动室，内设"爬滑梯""骑小木马"等活动道具，供孩子们活动、做游戏等。这样不仅满足了孩子们好动、好玩的心理需要，也满足了年轻的父母在假日里的与孩子进行情感交流的需要，提升了餐厅的收益。

2. 根据菜系和种类细分

中国餐饮历史上形成了以鲁菜、川菜、粤菜、苏菜、闽菜、浙菜、湘菜、徽菜八大菜系为主的烹饪体系，发展至今长盛不衰且日益丰富。除此之外，还有药膳、东北菜、赣菜、京菜、津菜、豫菜、冀菜、鄂菜、本帮菜、客家菜等地方特色菜系。随着社会经济的发展，现在的餐饮业早已打破局限，通过大数据可清楚了解各菜系的受欢迎程度。通过大数据，可将菜系再细分到每个省、每个城市甚至每个街区。因此，面对竞争激烈的餐饮市场，餐厅可以通过"小菜系"品类切入市场，通过强调地方特色来吸引消费者。不但可以提升餐饮业的竞争，还可以起到推广地方菜的效果，弘扬中国餐饮文化。

此外，从种类上细分，还可以分为主食种类，如面条类、粉类、米饭类、饼类、饺子类等；单品菜式种类，如鱼类、红肉类、禽肉类、素食类、海鲜类等；烹饪技术种类，如火锅类、炒菜类、蒸菜类、烧烤类、烫菜类等。

3. 根据消费场景细分

随着社会的不断发展，人们不仅消费需求发生了变化，其消费场景也发生了改变。餐饮消费的时间和空间界限越来越模糊，消费无时不在、无处不在。从时间场景进行细分，受生活习惯的影响,人们的消费场景在传统早、中、晚三餐的基础上增加了下午茶及夜宵。从就餐场景进行细分,近几年,汽车主题、动漫主题、露营主题、亲子主题等各种主题餐厅层出不穷。从人们社交场景进行细分,可分为家庭餐、聚会餐、商务餐、工作餐、休闲餐、宴席等。从人们的情绪场景进行细分,可以分为一人食、深夜小聚、家有萌娃等场景。对于新增长的细分消费领域,餐饮企业需要提前布局和对不同消费者情感需求进行精准捕捉。

4. 根据商业模式细分

根据商业模式,我们还可以把餐饮市场细分为 B2B、B2C、C2B 三类。B2C 是最为广阔的消费者市场。B2B 是为众多餐饮企业提供配套支持的餐饮服务市场,如供应链服务、营销服务、技术服务、金融服务、管理服务等解决方案。餐饮 B2B 市场目前还处于起步阶段,很多服务还比较粗放和简单,存在很大的发展和提升空间。C2B 模式是一种反向定制化的餐饮新形式,通过互联网和大数据,精准把握顾客需求,以团餐、众筹、预售等形式,实现餐厅和顾客群的无缝对接。B2B、C2B 两个细分的新兴领域,也为要转型的传统餐饮企业、初创企业提供了可供选择的目标市场。

5. 根据经营特色细分

从经营角度看,经营特色是餐饮企业的立身之本,是餐厅区别于其他餐厅的特质和优势,更是餐厅经营的特有性和有别于其他餐厅的经营方式。餐厅特色具有鲜明的人文特征,代表了目前菜肴制作水平和餐饮企业经营策略的较高水准,也体现了管理者的经营思路和对市场的敏感程度。根据向顾客提供服务方式进行细分,可以将餐厅分为餐桌服务式餐厅、自助服务式餐厅、柜台服务式餐厅及外送服务式餐厅。根据餐厅经营标准进行细分,可以分为地方风味餐厅、民族风味餐厅、特色原料餐厅、家常风味餐厅。根据餐厅营业时间进行细分,可分为早餐厅、正餐厅、深夜餐厅等。

任务实施

张旭为餐厅收益管理提出合理化建议的步骤如图 7-8 所示。

提出餐厅目前收益管理方面存在的问题 → 为餐厅收益管理提出合理化建议

图 7-8 为餐厅收益管理提出合理化建议的步骤

步骤 1:提出餐厅目前收益管理方面存在的问题。

张旭通过前期对餐厅的经营数据、经营现状进行分析后,发现目前餐厅存在以下几方面的问题。

(1) 餐厅餐桌和餐位的设计与布局问题:餐桌和餐位的数量和组合,必须考虑餐厅的生产能力,餐桌的周转率,团体预订的规模,顾客平均用餐时间等因素。

(2) 客人用餐时间控制问题:一是在餐厅需求量大时,要尽量采取缩短每桌客人用餐的时间,提高餐位周转率;二是在餐厅需求量不大时,尽量采取措施延长每桌客人的用餐时间,提高他们的消费量和消费金额。

(3) 餐厅定价问题:餐厅的定价要根据市场供求关系来决定。餐厅的价格可以采取浮动价格,根据不同的需求状况以及餐厅的需要推出季节价格、周末价格、节假日价格、快乐时光价格等。

(4) 餐厅的销售渠道问题:餐厅可以考虑利用短视频平台提升口碑,吸引客源。

(5) 餐厅市场细分问题:餐厅对于市场细分不够清晰,可以考虑从不同维度进行市场细分,从而制定不同的经营策略。

步骤 2:为餐厅收益管理提出合理化建议。

张旭根据餐厅目前存在的问题,针对性地提出了自己的建议并汇报给经理。

小组训练

将班级每 5 名学生分为一组,每组确定 1 位负责人,完成表 7-9 所示的训练。

表 7-9 小组训练(21)

训练名称	提高餐厅收益的策略
训练目的	通过此次训练,提升学生对餐厅收益管理方法运用的能力
训练内容	学生以小组为单位运用所学的知识经营摩尔庄园餐厅,并对餐厅如何获取高收益、有哪些技巧进行分析。组间进行 PK,以最终获得摩尔豆最多的一方为获胜方
训练步骤	(1) 小组成员共同经营摩尔庄园餐厅,组间比拼; (2) 各组在班内进行交流、讨论
成果形成	制作一份题目为《餐厅获得高收益的策略分析》的分析报告

本项目主要介绍了餐厅收益管理的重要性、餐厅收益管理的概念、餐厅收益管理的特点、衡量餐厅收益管理的传统指标、衡量餐厅收益管理的重要指标和餐厅收益管理策略等基础知识。餐厅实施收益管理的基础是要掌握顾客的消费特点、需求变动的规律以及市场竞争和供需情况的变化。本项目知识结构如图 7-9 所示。

党的二十大报告中明确指出,积极稳妥推进碳达峰碳中和,在 2030 年前实现"碳达峰",在 2060 年实现"碳中和"。这是中国向世界的庄严承诺,也是包括酒店业在内各行业必须践行的历史使命。现在越来越多的餐厅在积极响应低碳号召,注重推进绿色餐厅及环保型餐厅的发展。例如,打造悠享绿色餐饮的生态餐厅,利用电子化菜单进行大数据管理,以实现餐饮零浪费为目标,分析客人的饮食习惯,不断改进菜单的设计。充分利用数字化平台,如数字化签名、数字化登记、数字化支付等,从而倡导客人尽可能减少"碳足迹"。

作为酒店收益管理从业人员,推动绿色低碳餐饮、打造绿色低碳品牌是勇于承担社会责任的体现。积极创新经营中对客人的数字化绿色生活体验,既可切实减少资源消耗,降低经营成本,又有利于酒店的可持续发展。

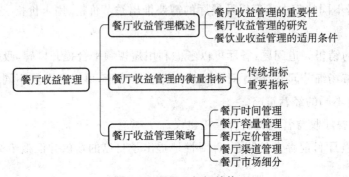

图 7-9 项目 7 知识结构

学习测试

一、单项选择题

1. 某酒店餐厅有 120 个餐位,提供 18 小时的自助餐服务,售价为平均每位 280 元,日平均营业总收入为 201 600 元,该餐厅每餐位小时收益约为( )元。
　　A. 85　　　　　　B. 93　　　　　　C. 112　　　　　　D. 120

2. 为常客提供消费奖励积分服务或折扣优惠,以提高餐厅的上座率,这体现了餐饮收益管理策略中的( )策略。
　　A. 时间管理　　　　　　　　B. 容量分配
　　C. 价格管理　　　　　　　　D. 餐位管理

3. 餐饮服务的( )是指餐饮服务只能当次使用,当场享受,过时则不能再享用。
　　A. 无形性　　　　　　　　　B. 一次性
　　C. 综合性　　　　　　　　　D. 差异性

4. 餐厅( )特征往往制约着收益最大化的实现。
　　A. 产品的易逝性　　　　　　B. 容量相对固定性
　　C. 及时性　　　　　　　　　D. 一次性

5. 一家门店有 10 张桌子,其中 4 人桌 5 张,2 人桌 5 张,如果全天共接待顾客 30 人,则上座率应为( )。
　　A. 50%　　　　　　　　　　B. 100%
　　C. 150%　　　　　　　　　 D. 200%

6. 一个餐厅有 20 张桌子,一天内餐厅总共接待了 70 桌客人,那么这个餐厅的翻台率是( )。
　　A. 3.5　　　　　　B. 4　　　　　　C. 4.5　　　　　　D. 5.5

7. 一家餐厅人均消费 120 元,餐位 100 个,面积 300 平方米,中午 100% 上座(满座),晚上 200% 上座(翻台),该餐厅的月坪效为(　　　)元。
   A. 1 200　　　　B. 2 400　　　　C. 3 600　　　　D. 4 500

二、判断题

1. 开台率是指餐桌的使用率,而翻台率强调的是重复使用的频率。(　　)
2. 让门口排队的顾客先行点餐,减少入座后的决策时间是提高翻台率的有效办法。(　　)
3. 精心设计的菜单,可以让顾客打开之后就知道必点的菜是哪些,减少顾客的决策时间。(　　)
4. 餐厅需要考虑的动线设计主要是顾客动线。(　　)
5. 每个餐厅特点不同,面对的顾客群体也不尽相同,顾客对差别定价的感知也是有差异的。(　　)

三、简答题

1. 餐厅收益管理的特点是什么?
2. 餐厅收益管理常见的传统指标有哪些?
3. 餐厅收益率 RevPASH 指的是什么?
4. 缩短客人用餐时间有哪些有效的方法?

四、案例分析题

有的酒店针对酒店内的部分客户推出特定的用餐内容,比如针对一些健身达人,酒店推出健身套餐;针对正在减肥的客人,推出减肥餐、低碳水套餐或者是无碳水套餐;针对有孕妇的住客,提供孕妇营养专用餐;针对素食主义者,推出素食套餐等。酒店还会针对在不同时间段,不同的客人属性来给予定制化的选择或者有偏向的调整。比如很多爱美的女性或者健身达人,经常在晚上选择不用晚餐了,或者是只享用一些简单的低碳水套餐。那么,这个时候餐厅进行有方向性地定制或者是调整,则显得不一般了。一方面可以更好地给予客人特别的关怀和服务,另一方面可以有针对性地降低食材的浪费,还可以打出自己的特色,更好地将自己餐厅的亮点展示出来,投顾客所好。

针对某些具有特色的餐厅,可以进行分区定价,尤其是一些高空景观餐厅,针对位置绝佳的用餐位置可以采用预约制,或者设置相对应的门槛;还可以划分出部分优质的餐位,当作会员的用餐专属区,来凸显会员的特殊性。同时,可以借助客户的攀比心理来刺激普通客户转化成酒店的会员,从而来进行会员的导流。甚至可以针对不同区域的餐位实行差异价收费或者设置一定的门槛,来筛选酒店的用餐客人。

问题:目前国内酒店中有哪些能够做到特色化的酒店餐厅?列举 1~2 家酒店,并进行说明。

学习案例

小女当家现炒1.0到3.0模式,有何不同

小女当家创始于2011年,是江西南昌的一间现炒简餐模式品牌餐厅,是"现炒快餐模式开创者",也因其创新的模式在快餐行业迅速打响知名度。从1.0版本的现炒快餐称重模式到2.0版本的现炒小碗菜模式,再到3.0版本的快餐旗舰店,小女当家一直在不断地摸索一种适合自己的经营模式。在十几年的时间里,一直以好吃健康的高标准、新模式严格要求自己,深受消费者喜爱。

2017年6月,小女当家带着现场炒制、自选称重的快餐新模式走进深圳,在深圳开了第一家门店,被评为"全国快餐人气排队王NO.1"。2020年,西贝战略投资了小女当家,现炒快餐自选称重模式被大众发现,逐步演变为中式快餐赛道的主流模式。

近年来,各个餐饮品牌也十分看好现炒快餐自选称重模式,老乡鸡、大米先生、乡村基等品牌都在不断入局。各大餐饮企业的入局也恰好说明了该经营模式充满商机,也说明了小女当家选择的正确性。这些年小女当家几乎门店开一家爆一家,以事实证明了模式的先进性。其实想要把一种餐厅模式做好并不容易,小女当家这些年来虽然把现炒快餐新模式带入大众视野,并有所起色,但是小女当家的开店速度很慢,一直都做不到大规模体量。

一方面是因为小女当家对于品质的追求,另一方面是因为现炒快餐自选称重模式很难做到快速扩张。正如创始人罗红勇所言,"小女当家这些年一直在做一件难而正确的事情,把现炒和体验做到极致"。

小女当家希望通过以碗出餐的方式,提高门店效率,但是这种方式对厨师的依赖型比较高,对厨师的要求极为严格,因此小女当家决定做标准化,通过设备智能化来统一门店标准,为消费者带来同等质量体验的同时,又易实现复制连锁化,不断地适应市场,同时也符合小女当家"精致快餐"的高端品牌理念。

现在,小女当家做出3.0版本的旗舰店,一个门店,有九大独立操作档口,开始采用分档口售卖的模式。不仅解决了排队长、交易效率慢的问题,也让消费者拥有了更多选择。

小女当家3.0版本的旗舰店还有一个较以往有区别的地方就是它的极致化服务体验,从内在到外在,都做到了能够与正餐媲美的快餐门店。可视化的食材展示,真产品、实价格、零距离,呈现出了大牌快餐看得见的优质。

在数字化方面,小女当家还展开会员体系,目前小女当家会员已达30万人,将私域流量发挥到极致。在买单模式上,还添加了自助与人工两种模式,既提高了工作人员的工作效率,也为消费者带来了全新的服务体验。

(资料来源:东方美食.小女当家现炒1.0到3.0模式,有何不同?[EB/OL].[2023-02-05].https://mp.weixin.qq.com/s?__biz=MjM5MzY5MjY5Mw==&mid=2650409248&idx=1&sn=ac001774831529a0fb4c3e04ef969e59&chksm=be9d845a89ea0d4c8e88c2b17d669c570c354ae460b23e2c88c51bec4962a0fa703bbb6abd62&scene=27.)

请结合案例回答以下问题。
1. 案例中小女当家从 1.0 到 3.0 版本做出了哪些改进？
2. 你认为小女当家有哪些值得学习的方面？

学 习 评 价

	能/否	准确程度	评价目标	评价类型
通过本项目学习,你			掌握餐厅收益管理的基本概念	专业知识评价
			了解客人对餐厅产品或服务的需求特点	
			熟悉餐厅收益管理的指标	
			掌握餐厅收益管理的策略	
			能归纳总结餐厅收益管理的特点	专业能力评价
			能计算餐厅各项收益指标	
			能根据餐厅的特点进行合理的收益管理	
			用发展的眼光看待餐厅收益管理	素质学习评价
			具备严谨认真的工作作风	
			提升绿色低碳意识	

自评人(签字) 　　　　　　　　　　　　教师(签字)

　　　　　　　　　　年　月　日　　　　　　　　　　　　　　年　月　日

项目 8

酒店收益管理的实施

学习目标

知识目标

- 掌握酒店收益管理的组织架构与岗位职责。
- 掌握酒店实施收益管理的流程。
- 掌握全面收益管理的基本概念。
- 了解酒店全面收益管理中存在的认知误区。
- 理解全面收益管理环境下酒店各部门之间的协作关系。

能力目标

- 绘制酒店收益管理的组织架构图和酒店收益管理流程图。
- 描述酒店收益管理团队的岗位职责。
- 调研酒店实施全面收益管理中存在的误区。

素养目标

- 树立全面收益管理理念。
- 践行为顾客创造最大价值的服务精神。

学习导引

任务 1 收益管理的组织与实施

任务描述

滨海花园酒店最近新收购了一家酒店,收益经理对张旭说:"合抱之木,生于毫末;九层之台,起于累土。一家酒店收益管理的成功离不开前期组织架构和工作流程的设计。"他让张旭用所学到的收益管理知识,设计酒店收益管理组织架构和收益管理实施流程。

任务描述

任务分析

张旭要完成收益经理交给他的任务,需要了解酒店收益管理的组织结构,帮助经理梳理酒店收益管理团队的工作职责,明确酒店实施收益管理的工作流程。

知识准备

8.1.1 酒店收益管理的组织架构

酒店收益管理的组织机构通常是按照工作内容和运行功能来设置的。在大中型酒店中,由于其客房数量和种类较多,面对的顾客群体类型较为复杂,市场细分化程度高,指标任务相对较重,一般需要设立专门的收益管理部门,让其全权决定酒店的销售价格和策略。预订部和销售部要在收益管理部门的指导下接受预订和进行销售。有些酒店收益管理部门的负责人通常被授予总监的职务,可直接向市场营销总监或酒店总经理汇报工作,如图 8-1 所示。对于小型酒店来说,一般可以不设独立的收益管理部门,而是在酒店销售部下面设立收益经理或者销售经理承担收益管理工作的职责,如图 8-2 所示。

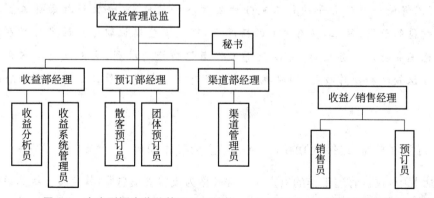

图 8-1 大中型酒店收益管理组织结构   图 8-2 小型酒店收益管理组织结构

8.1.2 酒店收益管理团队的工作职责

酒店要实施收益管理，必须设置一定的工作岗位，配备相关的工作人员，针对不同岗位制定相应的岗位职责。岗位职责的确定主要有以下作用：第一，最大限度地实现劳动用工的科学配置，保证岗位工作的有序开展，节省劳动力；第二，防止因职能重叠而发生工作扯皮的现象；第三，便于根据岗位进行业绩考核，提高内部竞争活力，有利于更好地发现和使用人才；第四，有利于提高岗位工作效率和工作质量，推动酒店内部竞争机制的运行；第五，便于规范工作流程，减少工作差错。

在大中型酒店收益管理部门中，通常共设有收益管理总监、收益部经理、预订部经理、渠道部经理、收益分析员、收益系统管理员、散客预订员、团体预订协调员、渠道管理员和秘书十个岗位。下面主要对收益管理总监、预订部经理、渠道部经理和团体预订协调员这四个岗位的职责进行详细描述。

知识链接

岗 位 职 责

岗位职责是指酒店收益管理部门每一个岗位要完成的工作内容以及应当承担的责任范围。岗位是收益管理部门为完成部门各项任务指标而确立的，由相应工种和职务内容组成；职责是职务与责任的统一，由授权范围和相应的责任两部分组成。岗位职责的内容主要包含：工作岗位名称及其数量、岗位职务范围、使用的设备、工作质量和效率、岗位任职资格以及要实现的岗位目标责任等内容。

岗位职责的制定有助于员工真正明白岗位的工作性质，明白岗位工作的压力不是来自他人，促使岗位工作人员发自内心自觉自愿地主动工作。企业在制定岗位职责时要注意：第一，要推动岗位员工参与设定岗位目标，并努力激励员工实现这个目标；第二，企业在制定岗位职责时，要考虑尽可能地让一个岗位包含多项工作内容，丰富岗位职责的内容，可以促使一个多面手的员工充分地发挥各种技能，也会收到激励员工主动积极工作的意愿的效果；第三，在有可能的情况下，可在有些岗位职责里设定针对在固定期间内出色完成既定任务之后，可以获得工作岗位转换的权利，这不仅能丰富企业员工整体的知识领域和操作技能，同时也有利于营造企业各岗位员工之间和谐融洽的文化氛围。

1. 收益管理总监（或经理）的岗位特点与主要工作职责

在酒店业中，收益管理工作的负责人通常被称为收益管理总监，其直接上级为总经理或分管副总经理，直接下级为收益部经理、预订部经理和渠道部经理等。在规模较小的酒店中，通常没有预订部经理这些中间环节，一般设收益管理经理。

总的来说,收益管理总监或经理负责管理酒店客房预订工作,主要职责包括指导预订部门日常工作,保证预订工作顺利进行;管理酒店中央预订系统,负责酒店中央预订系统的价格调整,控制酒店房间的销售数量和种类;管理各种销售渠道,如酒店官方网站、第三方网络营销商的网站等;指导团体预订的工作,保证团体客人能得到预留的房间和团体客人的订房能够顺利进行等(如表8-1所示为收益管理总监的岗位职责)。

表 8-1　收益管理总监的岗位职责

岗位名称	收益管理总监	所属部门	收益管理部
直接上级	总经理	直接下级	收益部经理
工作综述	制定并实施酒店的收益管理策略,控制酒店收益管理的全过程,并对收益管理的最终结果负责		
工作职责	(1) 负责对酒店收益管理全过程的控制,并对最终结果负责; (2) 分析经营管理的历史数据和收集市场变化的信息,把握市场变化的情况,进行准确的需求预测; (3) 对酒店市场进行细分、定价和销售,确保酒店收益最大化,提高市场份额; (4) 科学制定酒店价格、存量控制、销售渠道控制等决策,并保证决策能得到贯彻落实; (5) 积极参与市场营销部的工作,推进收益管理策略的制定和实施; (6) 参与团体销售,保证团体销售预订的顺利完成,提高团体报价的准确性和团体客人业务的总体收益; (7) 主持各种收益管理会议,将收益管理的策略告知有关部门和人员,并保证收益管理策略的实施		
协作关系	(1) 内部:收益管理部; (2) 外部:前厅部、销售部、餐饮部、财务部等		

2. 预订部(订房部)经理的主要工作职责

预订部(订房部)经理是收益管理总监的助手,其直接上级是酒店收益管理总监,对接下级是酒店散客预订员和团体预订协调员。在规模较小的酒店里,一般只设预订部(订房部)主管,直接向收益管理经理汇报(如表8-2所示为预订部经理的岗位职责)。

表 8-2　预订部经理的岗位职责

岗位名称	预订部经理	所属部门	收益管理部
直接上级	收益管理总监	直接下级	散客预订员和团体预订协调员
工作综述	根据酒店的收益管理策略,在处理预订业务时实施收益管理策略,管理酒店预订进度		
工作职责	(1) 负责来自酒店直销和分销渠道的散客订房工作,管理和维护预留给不同细分市场的团体客人和散客的客房数量; (2) 熟练掌握酒店客房预订控制的基本方法,并能够运用这些方法在工作中制定预订控制和客房优化组合分配的方案; (3) 负责对不同细分市场的顾客预订行为进行整理、归纳和分析,编制顾客档案并定期提供给收益部,以便用于对顾客预订行为进行预测;		

续表

工作职责	(4) 每月预测一次酒店的客房收入和客房出租率,每日根据收益部提供的预测结果,对可供预订的客房存量针对不同细分市场的客源进行分配; (5) 负责根据收益部的预测结果对客房超订量进行核定,并及时提供给预订人员和前厅部; (6) 负责同中央预订中心的沟通,帮助他们理解酒店产品和服务的特性以及收益管理的策略
协作关系	(1) 内部:收益管理部; (2) 外部:前厅部、销售部、客房部、餐饮部等

3. 渠道部经理的主要工作职责

渠道部经理其直接上级是酒店收益管理总监,对接下级是渠道管理员。在一些规模较小的酒店里,渠道部通常和销售部合二为一。随着互联网技术的发展,传统的电话预订、中央预订系统等都受到了巨大冲击,取而代之的是官网、在线旅行社(OTA)平台、微信、短视频平台等。然而不得不提的问题是,巨大流量的背后是合作酒店付出固定比例的佣金所换取的,过度地依赖OTA势必会蚕食越来越多的酒店利润。面对这种情况,酒店渠道部经理该如何进行选择和取舍也是一个不小的挑战(如表8-3所示为渠道部经理的岗位职责)。

表8-3 渠道部经理的岗位职责

岗位名称	渠道部经理	所属部门	收益管理部门
直接上级	收益管理总监	直接下级	渠道管理员
工作综述	渠道部经理负责实施各个销售渠道上的产品策略,协调酒店与销售渠道之间的关系			
工作职责	(1) 协助收益管理总监制定收益管理战略和策略,负责本部门的管理和运营工作,对部门所属岗位人员进行管理和业绩考评,并对最终管理结果负责; (2) 负责本酒店官网、App、微平台、网店、搜索引擎及社交媒体等直销渠道的运营、管理与维护工作; (3) 负责在线旅游服务商(OTA)、旅行社、政府、旅游分销商、电话订房服务商等分销渠道的运营、管理与维护工作; (4) 将收益部提供的客房价格及时传达给各个直销和分销渠道,并负责对客房价格的及时调整和修订,实现动态定价; (5) 定期对酒店在分销渠道上的排名、转换率和客户黏性等指标作出分析,与分销渠道相关人员及时沟通,确保渠道的畅通; (6) 负责与分销渠道商的合同签订工作,并对预付返现以及佣金等指标进行核定,最大限度地降低渠道成本			
协作关系	(1) 内部:收益管理部; (2) 外部:前厅部、销售部、客房部、餐饮部等			

8.1.3 酒店收益管理会议的召开

收益管理策略的制定是通过收益管理会议来决定的。参加收益管理会议的人员是收益管理委员会的成员,包括收益管理总监、酒店总经理、酒店市场销售总监和房务总监等。特殊情况下如果需要召开大型会议,酒店前厅部经理、预订部经理、会议和宴会等部门的负责人等也会受邀参加。在酒店的日常收益管理工作中,定期召开收益管理会议,是从事收益管理工作的重要内容之一,收益管理会议分为酒店收益管理会议和部门收益管理会议,即业内所谓的大会和小会。

1. 酒店收益管理会议

酒店收益管理会议(大会)每周召开一次,会议的目的主要是回顾上周的经营情况,展望未来一个月的预订情况以及确定收益管理策略。首先,收益管理总监对前期的工作进行分析,内容通常为顾客预订量及行为分析、各类房型销售分析、细分市场房价分析、散客和团体客人(包括旅行团体和会议团体)房控分析、直销与分销渠道比例分析、餐厅收益分析、竞争对手价格分析以及 RevPAR、MPI、ARI、RGI 等指标的完成情况分析。通过与竞争对手、去年同期以及预算的比较,酒店管理者可以明确上一周的经营情况。接下来,对未来某个时期(如未来一个月或三个月等)各细分市场要执行的价格、预订量及趋势、散客和团体客人的房间保留情况、房价动态变化情况、渠道策略、订房策略以及要实现的主要收益指标等工作安排进行汇报,听取参会人员的意见并进行充分的讨论,最后由总经理进行决策。

案例分享

中小型酒店每周收益例会内容

组织人员:总经理。

参加人:收益经理、销售经理、前厅经理、预订经理、其他拟培养骨干。

会议时间:每周一。

会议时长:60~90分钟。

议题:上周收益报告及未来一个月的收益策略。

汇报内容如下。

1. 收益经理

(1) 本周收益情况以及与上周和去年同期的差异。

(2) 差异原因分析。

(3) 近期营销活动效果评估。

(4) 直销与分销渠道比例分析。

(5) 各房型销售情况。

(6) 近期收益管理实际操作方面存在的问题及解决建议。

(7) 未来30天的在手预订及市场动态情况。

2. 前厅经理与客房经理

(1) 顾客新增需求汇报。

(2) 未来30天的房态情况,有无重大维修、关房、锁房情况。

(3) 竞争对手客房产品及服务流程好的方面。

(4) 客房产品及服务流程调整计划。

3. 销售经理

(1) 下周与未来30天的酒店销售情况。

(2) 未来30天的营销活动计划。

(3) 竞争对手的营销活动情况。

4. 总经理

(1) 当前收入与月度预算收入的差异。

(2) 确定未来30天的收益策略。

(3) 确定未来30天的附加值服务调整方案。

(4) 确定细分市场增量增收方案。

(5) 确定渠道管理优化建议。

(6) 确定未来30天重点回访客户的名单、方案及预算。

2. 部门收益管理会议

部门收益管理会议(小会)由收益管理部门自行组织召开,会议内容要更加具体,通常以晨会的形式每日召开一次,时长较短,参会人员为部门全体人员或主管以上人员,目的是根据近一两天酒店获得的预订情况、市场需求的变化和竞争对手的价格,动态调整酒店的收益管理策略。

定期召开收益管理会议是十分必要的,因为市场需求和顾客购买行为在随时变化,使得诸如房价和客房存量分配等市场指标也需要随时调整,以适应市场环境的变化和顾客的需求。无论是大会还是小会,酒店收益管理总监会前都要进行精心的准备,收集、整理和分析好所有要讨论的事项,准备好相关的表格和资料,以提高会议的效率和决策的准确性。会后,收益管理总监和销售部经理要根据会议的决策调整价格,将会议的相关策略落实到实践中。

案例分享

中小型酒店的每日收益例会内容

组织人员:收益经理。

参加人:收益主管、预订主管。

会议时间:每日一早。

会议时长:20分钟以内。

议题:昨日收益报告及今日收益计划。

汇报内容如下。

1. 收益主管

(1) 昨日出租率、平均房价、单房收益和总收入。

(2) 较去年同期,出租率、平均房价、单房收益和总收入的增减情况。

(3) 昨日促销活动的收益表现,分析增减的原因。

(4) 昨日顾客好评情况、顾客资料介绍、与顾客互动情况、顾客其他诉求。

(5) 昨日房间增销服务情况。

(6) 今日计划访问客人名单及客情情况。

2. 预订主管

(1) 今日在手预订情况。

(2) 今日价格政策建议。

(3) 今日房态及控房情况。

(4) 未来7天预订情况与客房容量,个人调整建议。

3. 收益经理

(1) 对昨日的收益情况进行点评,提出注意事项和改进问题。

(2) 对今日的收益计划给出明确的要求和建议。

(3) 针对未来7天的市场动态,制定收益策略。

8.1.4 酒店收益管理的实施流程

酒店收益管理在实施过程中,各岗位需要理解各自的角色,保持流程的标准性和一致性。只有这样,团队间才能有效协作,给顾客带来卓越的体验感,提升酒店的最终收益。酒店收益管理的实施流程通常可以概括为以下六个步骤。

1. 科学分析市场总需求

酒店管理者在制定决策时,除了需要酒店发展的历史数据、目前在手的预订数据和后续的预订数据等,还需要市场宏观和微观层面的数据、竞争对手实时价格变化数据以及酒店市场上特殊事件的信息数据等。数据的准确是后续做出准确预测的基础,错误或偏差的数据会导致分析结果出现偏离,更易导致预测和决策的偏差。

分析工作要具体深入到什么程度取决于酒店的规模、市场和管理公司。市场需求分析是酒店用来调控内部和外部资源以取得最高收益的工具。因此,酒店应鼓励各个独立部门协同合作,互相配合,追求实现整体收益的最大化。值得注意的是,在分析市场需求时,要注意听取全体员工的意见,尤其是一线员工的意见,一线员工直接接触顾客,掌握着第一手顾客的反馈意见,听取他们的意见能有效提高酒店市场分析的准确性。

> **知识链接**
>
> **酒店市场需求分析的内容**
>
> 酒店市场需求分析的内容主要包括以下几点。
>
> (1) 酒店的地理位置,如酒店所在地的社会经济情况、消费者的社会学和人口统计学

特征、酒店所在地的交通设施情况等。

（2）量化的、潜在的推动本地旅游市场的动力，如消费的晚数、使用会议和展览场地的平方米数、预计消费的金额等。

（3）逐个分析和比较本酒店的竞争对手，并选定一个最重要的竞争对手，按照细分市场分析本酒店与它在各个细分市场中的竞争力。

（4）分析主要的细分市场，如团体客人与散客的差别，深入了解他们的不同消费特征。

（5）从消费金额和消费数量上预测本酒店的市场需求。

（6）不断回顾和评价酒店的市场需求分析和决策，保持必要的调整。

2. 定位产品和服务

酒店产品和服务的最终使用者和评价者是消费者。研究发现，消费者对酒店产品和服务价值的期望值与酒店管理者和酒店员工的认知往往存在差异，这种差异是影响消费者对酒店产品和服务满意度的重要因素。因此，酒店必须站在消费者的角度去评估酒店产品和服务的价值。酒店可以通过问卷调研、随机访谈等方式了解消费者对酒店产品和服务的期望值。同时，酒店还要重视与竞争对手相比，本酒店的价格和价值在市场竞争中所处的位置。在这方面酒店需要召集前厅部、宴会部等不同部门一线员工的积极参与，从酒店的地理位置、停车设施、团体接待的设施和设备、会场的大小、设备和实施的先进性、宴会场地的大小和康乐设施的多少等方面进行具体比较和分析。这也有利于形成酒店良好的收益管理文化氛围。

知识链接

酒店如何创造顾客价值

美国服务大师阿尔布莱特指出，企业成立的主要宗旨在于赚取利润，质量不是目标（质量仅是吸引顾客的手段），服务也不是，顾客价值才是目标。对于酒店来讲，最重要的一件事就是提供"顾客价值"。因为，顾客总是将本酒店的产品和服务与其他竞争对手的产品和服务进行比较，得出自己对产品和服务的认知，然后将这一认知与本酒店的产品和服务的价格相对评比，得出它们的价值，来看看酒店提供的产品和服务是否物超所值。所以，常见酒店调查顾客的满意度很高，但是市场占有率却年年下滑，因为顾客虽然对本酒店的产品和服务表现满意，但竞争者推出更令顾客心动的产品和服务，便会造成顾客流失。同时因为顾客的标准将随着他们不断变化的需求、以前的经验以及竞争对手提供的服务水平的变化而变化，因而酒店不可能要求顾客"零变节"，只能创造顾客价值来吸引更多新的顾客惠顾以及留住原有的顾客。

可见，酒店只强调顾客满意是不够的，创造顾客价值才是最根本的途径，酒店只有通过引导需求，打破原有局限于成本、质量、价格的管理方法，才能赢得竞争，为顾客带来更多价值。

3. 合理进行市场细分

市场细分的目的要区分和认定不同消费类别的消费者的不同特征,然后根据这些特征来辨别一年之中不同时期不同细分市场的需求情况,从而使预测不同细分市场所消费的客房数量和金额成为可能。酒店细分市场要具体到分析和理解各细分市场的消费行为特点,比如通常提前多少天订房;通过什么渠道订房;有哪些月份入住多,哪些月份入住少等消费的季节性特征;还有通常星期几入住,住多少天,星期几退房等入住和退房特征等。一些经验丰富的接待员还能相当准确的描述出部分顾客的行为特点,比如顾客喜欢什么风格的房间,通常什么时候入住,什么时候退房等。如果酒店的收益管理经理能合理地划分细分市场,准确地掌握细分市场的需求和消费者的行为特点,就能在满足酒店需求和细分市场需求之间找到最佳的平衡点,实现双赢。

4. 动态调整收益管理策略

需求变动规律的分析是指酒店对市场需求是如何产生的进析分析和预测。由于不同酒店所处的地理位置和社会经济环境各不相同,因此,酒店市场的需求也会呈现季节性变化和日期性变化的特点。比如,交通时间表的变化,本地或地区性旅游活动的变化,特殊的假期或假日的变化,本地或地区性的主要会议的变化,特殊的天气情况等。有些细分市场的需求变动比较有规律,会比别的细分市场更容易分析、理解和预测。总体来说,团体客人的需求和消费行为规律要比散客更容易理解和预测;商务散客的需求和行为规律也比旅游度假客人更容易理解和预测。

根据对需求变动规律的分析,当市场需求很高时,酒店可以考虑限制或取消低价房型的销售、价格低廉的组合价或包价的销售;也可以设置最低入住要求,比如要求星期二入住的客人至少要住两晚,以帮助提高星期三的销售,这样可以避免星期二的房间很快销售完之后,后面想在星期二入住但住宿天数较多的顾客无法预订到房间,从而影响周三,甚至周四的销售;还可以考虑减少或取消团体折扣价,同时考虑团体客人能否增加酒店餐厅和会议等部门的收益。反之,当市场需求较低时,酒店可以考虑给出适当的折扣,吸引价格敏感的团体客人来入住;也可以推出促销价,吸引那些不愿意以正常价格入住的顾客;酒店还可以在促销价上附带其他条件,比如规定入住几天,以及限定入住的时间段等,确保在增强促销效果的同时,又不至于使酒店丢失太多正常价格的客人;还可以通过减少房间类型、房价种类的限制条件等,最大限度地吸引和捕捉所有细分市场的需求。

> 知识链接

酒店不同的分销渠道管理

酒店最常用的直接预订可以增加RevPAR,是一种有效的渠道。而OTA越来越受欢迎,因为它们将酒店展示给了更多的全球游客。价格一致性则是酒店和OTA之间避不开的话题。在竞争日益激烈的酒店业中,酒店网站必须符合用户习惯,而且应该对搜索引擎和移动渠道进行优化,并完善在线预订体验。

移动响应网站的三大元素是：优质的用户体验、只包含关键信息的精简预订流程、安全的移动支付系统。成功的酒店 App 可以帮助酒店实现交叉销售并利用在线入住办理和虚拟礼宾服务改善客人入住体验。如果酒店制定了客户忠诚度计划帮助用户赚取积分，那么客人的重复购买率就会增加。

酒店业的人工智能和数据科学不仅是趋势，还会影响收入。网站或 App 内的聊天机器人可以全天候回答常见问题、增销或交叉销售其他服务，同时与客户进行自然对话的互动。社交平台上的聊天机器人，如酒店的公众号或企业微信，也可以作为附加销售渠道。聊天机器人可以回答旅客关于酒店、服务和设施的基础问题，同时将复杂的请求交给人工处理并收集有关目标受众的信息，例如客户偏好、旅行目的等。

5. 跟踪被酒店拒绝的订房要求和拒绝订房的需求情况

预订了房间但没有来入住的情况对于决定超额订房的措施和程序以及超额预订的房间数量和比例至关重要。记录客人预订被拒绝的情况，有助于在房间空出来时酒店及时与他们联系，让他们来入住，这样会改变顾客对酒店的印象。酒店要跟踪记录这些情况，在进行需求分析和预测时要考虑进去。由此我们再次看到前台和预订部一线员工参与的必要性和重要性，因为这些数据是由他们记录和输入的，如果他们不积极参与，记录的数据就会不全面、不准确，输入的数据自然就会有问题，那么收益管理人员就会得出被误导的结论。

如果酒店的收益管理文化建设较好，形成良好的收益管理氛围，酒店员工的激情服务和创造性服务水平就会提高，与顾客沟通的技巧也会较好。为了取得最大的收益管理效果，酒店应该加强对员工谈判技巧的培训。实践表明，注重加强谈判技巧培训的酒店，其收益管理的文化和氛围都有一定程度的提升，结果能获得更好的客房出租率和平均房价。同时，员工的工作满意度也提高了。

案例分享

希尔顿酒店如何对客人说"No"

希尔顿酒店要求全体员工掌握"反"话"正"说的艺术。将反话正说，就是要讲究语言艺术，特别是掌握说"不"的艺术，要尽可能用"肯定"的语气，去表示"否定"的意思。比如，可以用"您可以到那边去吸烟"，代替"您不能在这里吸烟"；"请稍等，您的房间马上就收拾好"，代替"对不起，您的房间还没有收拾好"。在必须说"NO"时，要多向客人解释，避免用生硬冰冷的"NO"一口回绝客人。

希尔顿不允许员工对客人说"NO"。当客人问："有房间吗？"，如果没有怎么说？"对不起，我们最后的两间保留房已经卖出去了，很抱歉。"作为五星级的希尔顿酒店，如果只说这句话，那只说对了一半。恰当的说法是："我给您推荐两家酒店，档次跟我们差不多，而且价格还低 20 元，要不要帮您看看？"客人听到这句话，能不要吗？接待员马上连线其他酒店的客房预订中心，直到把客人送上车。这种出乎意料的服务一下就会赢得客人的好感，激起客人下次一定要来住希尔顿的欲望。

6. 评估和改进收益管理体系

酒店细分市场是否按照计划为酒店带来了业务和收入？市场需求的变化是否与预测相吻合？是否有一些新的、独特的事件影响市场的变化？当收益管理遇到挑战时，酒店员工能否做出有效反应？由于收益管理的目标每天都在变化，所以必要的检查和评估也要每天都进行，酒店收益管理的所有系统也要进行经常性的评估，确保系统各个构成部分的作用能正常发挥。同时，酒店也要经常评估和分析员工的薪酬支付和奖励体系，激发员工支持收益管理工作的积极性，营造良好的收益管理氛围。

任务实施

张旭设计酒店收益管理组织结构和实施流程的步骤如图 8-3 所示。

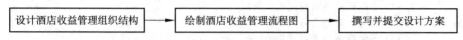

图 8-3　设计酒店收益管理组织结构和实施方案的步骤

步骤 1：设计酒店收益管理组织结构。

作为一家大中型酒店，酒店设有市场销售部、房务部、餐饮部、人力资源部、财务部、前厅部等。目前酒店的预订工作主要由市场销售部和前厅部联合完成，也经常会在房价调整上产生争执。根据张旭了解到的情况，结合所学的专业知识，他设计并绘制了酒店收益管理组织结构图，如图 8-4 所示。

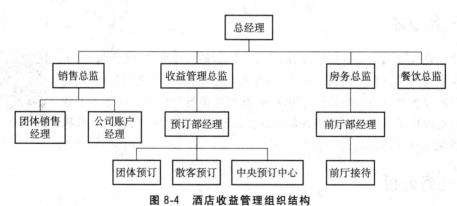

图 8-4　酒店收益管理组织结构

步骤 2：绘制酒店收益管理流程图。

根据酒店收益管理实施过程绘制酒店收益管理流程图，如图 8-5 所示。

图 8-5　酒店收益管理流程图

步骤 3：撰写并提交设计方案。

张旭依据酒店收益管理的组织结构，结合酒店收益管理团队各岗位职责和酒店收益管理实施流程，向经理提交了一份完整的酒店收益管理实施方案。

小组训练

将班级每 4 名学生分为一组，每组确定 1 位负责人，完成表 8-4 所示的小组训练。

表 8-4　小组训练（22）

训练名称	收益管理实施方案
训练目的	引导学生多关注酒店行业收益管理发展动态，在讨论和撰写报告的过程中，训练学生的团队意识，同时加深其对收益管理组织架构和实施流程的认识，培养其相应的专业能力与职业核心能力；通过践行职业道德规范，促进其塑造健全的职业人格
训练内容	以小组为单位，为一家市内中小型酒店设计收益管理实施方案，实施方案需绘制酒店收益管理的组织结构，并详细描述收益管理团队的岗位职责和实施收益管理的流程
训练步骤	(1) 小组成员各自查阅线上资料； (2) 撰写一篇综合分析报告； (3) 各组在班内进行交流、讨论
成果形式	撰写一篇题目为《××酒店收益管理的实施方案》的调查报告

任务 2　全面收益管理

任务描述

收益经理在全酒店推广全面收益管理理念，他对张旭说："《淮南子》中有一句话是'千人同心，则得千人之力；万人异心，则无一人之用'。全面收益管理需要各个部门共同协作才能实施，然而在推行过程中发现进展不顺利。"收益经理让张旭调研酒店各部门对全面收益管理存在的误解，并分析如何消除这种误解。

任务描述

任务分析

张旭要完成经理交给他的任务，就需要了解酒店全面收益管理的内涵，了解酒店在实施收益管理中存在的一些错误认知，学习在收益管理工作中要如何做到以人为本，如何加强与其他部门的协作。

知识准备

8.2.1　全面收益管理

全面收益管理是在传统收益管理基础上发展出来的。传统收益管理把重点放在如何使客房、餐饮收入最大化。全面收益管理是指通过全产品管理、全员参与管理以及全过程管理,使酒店实现收益最大化。

1. 全产品管理

全产品管理是指酒店不再将收益管理局限在客房和餐厅,而是实现全产品的收益管理。这里的全产品是指有易逝性特点的酒店产品,例如整合客房、餐厅、水疗、康乐部以及其他辅助设施等。

> **知识链接**
>
> **酒店停车场引入收益管理系统**
>
> 随着私家车的普及,越来越多的消费者会选择自驾游,酒店停车场地配置等因素显得格外重要。传统停车场会面临酒店高端群体无差异化、高峰时段车位不足、进出场拥堵、低峰时段车位闲置等问题。收益管理可以帮助酒店停车场改进现有的情况。将停车位融入酒店产品设计之中,进行停车场VIP专区划分,提升酒店高端用户停车体验,同时为停车场稀缺车位资源提供更高的增值空间、增加运营收入。此外,在不同时段实现差异化停车优惠,实现动态定价策略。

2. 全员参与管理

全员参与管理是指酒店中的每位员工及其工作都与收益管理密切相关,而且酒店收益管理的成功不仅仅是收益管理部门努力的结果,而是所有员工配合才能成功。全面收益管理与酒店品牌、销售、运营等工作相辅相成。当一位客人走进酒店消费前,他的需求是众多需求中的一个分子,通过收益管理的预测、抓取,他从潜在客人变成了消费者,甚至变成回头客。而在此过程中,如果酒店的品牌、销售、运营服务中任何一项工作做得不够好,客人连需求都没有了,收益管理所发挥的作用就相当有限了。收益管理同时也为酒店的品牌、销售和运营提供了相应的数据支持。

3. 全过程管理

全过程管理包含两层含义。一是指客人从开始产生需求到入住酒店,体验各项服务后的整个过程。随着人工智能(AI)的日臻成熟,客人在入住之前,AI可以根据顾客在线上渠道的搜索、浏览和点击率得知顾客倾向的酒店档次、客房类型、价格接受度等。入住期间,结合物联网的发展,AI自主学习顾客在物联网上产生到的海量数据,并形成顾客画像,从而为顾客制定个性化的营销策略,例如酒店的服务选择、餐厅食品选择等,结合客人喜好为其推送相关服务和产品。入住之后,根据客人对酒店产品和服务的态度、评价反馈意见等,来改变收益策略。二是指聚焦到某一场景之下的收益管理,即酒店从时间、空间、顾客、行为四个方向来销售产品和服务。例如,某度假客人游玩回到酒店,想要一杯咖啡缓解疲劳,并同好友一起聊天休息。针对这类顾客,酒店会推出买一赠一的咖啡套餐满足其要求。酒店通过对场景信息的处理,有利于收益管理的提质增效。

8.2.2 实施全面收益管理的意义

实施全面收益管理可以在市场需求不变的情况下,有效提升效益。当今的市场环境和客户需求不断变化,收益管理也随之有了更加丰富、更加多元化的发展和应用。全面收益管理不再单单聚焦酒店客房销售,而是扩展到酒店具有易逝性特点的全部产品,让酒店的每一平方米都能发挥出商业价值,最终形成酒店的竞争优势。

实施全面收益管理可以让酒店能够顺应数字时代发展。全面收益管理需要酒店全面收集并分析客人信息,做出合理预测,推出恰当的产品并且能够精准地实施差异化定价。这些恰恰也是酒店数字化发展的趋势,全面收益管理让酒店提前布局数字化,实现转型升级。

全面收益管理可以让酒店各个部门更有凝聚力。酒店的每个部门就像一口口深水井,每个部门都只关注自己的关键绩效指标。由于酒店的各个部门都有不同的绩效指标,每个员工的关注点也各不相同。市场营销往往会和收益管理存在分歧,收益部门重视每房收益,销售部门看重签订合同数量,市场部门则注重品牌知名度。实施全面收益管理让收益管理指标作为考核之一,各个部门团队合作能力也会随之增强。

8.2.3 实施全面收益管理的途径

1. 完善自有渠道,形成用户画像

酒店获取客人消费偏好等信息的传统方法是在员工与客人的互动中了解客人喜好,再录入 PMS 系统形成客史资料,这些内容只有客人入住酒店后才可取得。酒店通过完善官网、小程序等渠道的功能与布局,借助自有渠道 AI 捕捉客人住前消费数据,到店后针对已有信息为客人精准推销产品和服务,客人离店后邀请其线上评价形成数据闭环。例如,客人的 IP 显示在某一特定地点登录某酒店 App,访问时间一般在周一、周二上午 10:00—11:00。客人的身份认定直接决定是为客人推送"2+1"周末休闲套餐还是商务旅行套餐。这种精准的定位和推送需要自有渠道功能的完善。

2. 加强部门协作,促进全面收益

在全面收益管理工作的实际运营中,收益管理部门必须加强与其他部门的沟通协调工作。收益管理工作是一项系统工程,要想实现酒店收益最大化的战略目标,需要酒店上下全体员工的共同努力。只有各部门顺畅沟通,才有利于收益管理部门制定的实现酒店收益最大化的策略被其他部门理解和接受。

收益管理部门与运营部门的联系十分紧密。酒店所有产品的出售都需要在运营部门与顾客的互动中实现。前厅、餐饮、康乐和水疗等部门需要相互配合才能实现酒店全面收益管理。以餐厅为例,需求高峰期,如何通过对顾客用餐时间的控制来提高收益;如何基于顾客公平度感知来合理调整菜品价格,实行差别定价;如何通过预订控制来增加宴会的

收益等,这些新的经营理念和方法的实施,需要收益管理部与餐饮部定期沟通,使餐饮部员工在熟悉和接受的过程中,共同来制定有效的收益策略。

3. 提升客人体验,建立情感连接

良好的住店体验是实现全面收益管理的前提,满意的顾客才有可能有意愿地去尝试酒店的其他服务项目。随着酒店数字化的推广与普及,酒店与顾客呈现快速、精准的连接,这种连接给客人带来了便捷。然而除了高效和便捷,酒店作为客人的家外之家,还要让客人感受到关怀和体贴,建立情感连接。全面收益管理不仅要预判客人需求,实时反应客人需要,同时还要让客人感受到温度。

案例分享

途家·途中故事

途家是知名的民俗预订平台,致力于为房客提供丰富优质的、更具家庭氛围的出行住宿体验。途家平台上的"途中故事"版块倡导房客随时随地记录生活、对体验的自由分享,内容相当的碎片化,形成了文艺、小众的内容调性。通过游客故事分享的模式,意在建立情感连接,引起潜在游客的向往。

8.2.4 实施全面收益管理应该消除的误区

1. 全面收益管理只能在需求旺盛时起作用的误区

一些酒店管理人员认为,在酒店产品和服务供大于求时,即使酒店把产品和服务提供给所有的细分市场和销售渠道,都还有剩余,此时控制细分市场和销售渠道的意义不大。但是,在供不应求时,收益管理的超额预订和折扣价格控制策略能起到很好的作用,但对于大部分酒店来说,每年客房的满员率天数并不是很多,收益管理发挥的作用有限。所以,这些酒店认为收益管理只能在供不应求时起作用。这个观点是不正确的,收益管理并不是基于酒店市场供不应求环境下的理论,而是可应用于酒店的任何市场时期,并在任何市场时期都可以运用不同的方法来有效地帮助酒店提高收益。当市场处于供大于求时,收益管理可通过最大限度地减少库存,充分利用现有资源来实现收益最大化。例如,客房价格的优化是在对未来每个交易价格预测的基础上,通过市场需求的价格弹性分析来找到在某个市场周期内的最佳可用房价,从而使酒店获得更高客房收入的一种方法。价格优化针对的是市场中的某个波动周期,与市场需求的变化存在直接关系,而与酒店是否满房无必然关系。对酒店而言,在市场需求低迷时,很多酒店会采取削价竞争的策略,试图通过削减价格来刺激市场需求,但降价真的能增加市场需求吗?顾客在购买酒店产品和服务时,关注的是产品和服务的价值和与之相对应的价格的高低,即性价比,并不关心酒店是否满房。因此,如果酒店在需求低迷时,能够通过市场需求预测、竞争态势和顾客消费行为来分析和优化房价,依然可获得更大的潜在收益。

> **知识链接**
>
> **需求淡季的收益管理策略**
>
> **1. 创造客户需求**
>
> 酒店可以从客户档案入手,针对顾客的消费习惯和喜好,针对性地设计营销方案。深入分析每个公司协议账户和团队在客房、餐饮、会议和宴会等方面的产出,找到其隐性需求,奖励他们使用较少使用的服务项目和设施,提高已有客户的综合消费水平。酒店销售在与客人交谈的时候,也尽量多谈本酒店产品和服务的特色、价值及超越竞争对手的地方,少谈价格。
>
> **2. 实施低价折扣**
>
> 在酒店需求低迷时,要考虑实行淡季折扣价,提高出租率。针对特定的市场、特定的时间和特定的产品实行限时限量优惠促销;对外散客价实行阶梯定价。在特定时期,凡能产生边际利润的,都是酒店可接受的短期最低房价。
>
> **3. 提供包价和住店奖励**
>
> 酒店可以把客房与其他有吸引力的产品捆绑在一起销售,以增加营业收入。另外,可以给予住店期较长的客人住房奖励,如积分和优惠券等。
>
> **4. 放松控制,并鼓励升档**
>
> 放宽预订政策,取消非必要的预订限制,增加订单量。比如,可以暂时取消对客人到达和离店的时间以及停留天数的限制;推出套房或豪华房特价促销;对通常定价较高的不畅销房型向优质顾客免费升级,给予顾客体验更高级产品的机会,刺激顾客的购买欲望。
>
> **5. 灵活管理团队报价**
>
> 采取灵活的团队报价,设定每天最少团房数量和最低团价,促使销售团队主动寻找淡季团队业务,用团房打底,保本并带旺客房、餐饮、会议、宴会和康乐等消费,增加人气并提高酒店整体收益。
>
> **6. 在产品、渠道和细分市场上下功夫**
>
> 因地制宜,开发有特色的产品和服务,给顾客来自己的酒店消费和停留时间更长的理由。同时,向竞争对手学习,研究它们的渠道、细分市场等与自己有什么不同,大胆尝试开发没有用过的渠道和没有开发过的细分市场,往往会起到意想不到的作用。

2. 全面收益管理是指所有产品都适合做收益管理的误区

前面曾指出,收益管理并非适用于所有行业,收益管理是易逝性资产管理。酒店产品和服务的价值同时间有着密切的关系,这一关系主要体现酒店产品和服务的价值会随着时间的流逝而呈现递减趋势,具有明显的易逝性特点,从而导致其收益与时间相关。除了酒店的客房、餐饮及会议产品外,出租车、剧院的座位、景区门票以及电视广告的时段等,也都属于易逝性产品,也可以通过实施收益管理来实现收益的最大化。但是由于每家酒店的产品和服务不同,需要认真分析哪些产品适合做收益管理,哪些不适合,以免投入得不到回报。比如,酒店中的客房、餐位、会议室、健身房、高尔夫以及在线分销渠道产品等都属于易逝性产品,适合应用到收益管理当中。但店内所出售的各类有形商品(包括酒水、听装饮料、自制商品等)则不适合实施收益管理,因为其不属于易逝性产品。因此,酒店管理者在实施全面收益管理中需要认真甄别,加以区分,不要被"全面"二字所误导,才能把全面收益管理工作真正做好。

头脑风暴

酒店盲盒

当"盲盒"掀起热潮时,各行业也纷纷抓住用户的好奇心进行盲盒营销,比如机票盲盒。酒店盲盒一经推出就引起市场巨大反响。继同程、携程等平台推出酒店盲盒后,近期,去哪儿网也推出了"旅行福袋",官方微博指出,"福袋覆盖热门目的地,可168元开豪华酒店,未兑换不满意退全款,端午也可用"。

然而盲盒的背后却出现了"三难"的困境——兑换难、到达难、满足难。酒店盲盒主要的投诉集中在"兑换"上,而这一点的原因,则在于酒店的客房数量,远远小于机票上的座位数,且酒店客房与飞机座位的"占有时间"也截然不同。酒店盲盒中的酒店,大多是以"预售房券"的形式存在,而酒店又常常有着明显的旺季及临期节点的兑换需求。因此,出现供小于求的局面,最终难以兑换,出现消费者要求退款的局面并不奇怪,而这最终则是对OTA与酒店信誉的双重损害。到达难是指消费者在到达特定酒店之前,所需花在交通、请假上的时间、精力、金钱,都足以逼退一波人,如果酒店位置再偏一点,那足以分分钟退款。满足难,一种是体现对于消费者的满足,另一种则是对于酒店方的满足。对于消费者而言,酒店与机票不同,机票大多都是经济舱,并没有什么可挑的。但到了酒店,则因酒店等级不同而有了优劣之分,几乎所有人都是冲着高端酒店来的,酒店所在的目的地,则变得可有可无。有了豪华酒店的对比,那些普通的连锁酒店便入不了眼了,最终可能的一个结果就是,豪华酒店兑换难,普通酒店退款多。而这对于酒店方来说,也成为"无效营销"。

(资料来源:搜狐网.酒店盲盒为什么会被玩死?[EB/OL].[2021-06-09]. https://www.sohu.com/a/471289574_114819.)

思考:面对如火如荼的盲盒经济,你认为酒店盲盒可以持续开展吗?

3. 实施全面收益管理对提高酒店收入可以立竿见影的误区

在实际中,经常会有酒店管理者质疑为什么酒店实施收益管理有一段时间了,却没有看到明显的效果。实施酒店收益管理,首先需要构建收益管理体系,组建收益管理团队,完善收益管理制度,这些都需要一定的时间来进行筹备。我们常说,"专业的人干专业的事",从事收益管理工作的人员不仅需要具备实战经验,还需要掌握一定的收益管理专业知识,才把收益管理工作有条不紊地推行下去。首先,收益管理部门要对从业人员结合酒店的实际情况进行收益管理培训,使他们对收益管理理念和方法取得认同并能够在工作中加以运用,还需要将收益管理理念与酒店的管理文化融合起来。其次,收益管理不是仅靠收益管理总监和收益管理系统就能完成的事情,它需要收益管理部门和酒店各部门共同努力。要开展酒店收益管理工作,不仅需要收集、整理和归纳酒店大批的客史资料,调查分析市场环境和竞争对手的情况,还要建立与销售部、前厅部和餐饮部等部门协调工作的体系。另外,收益管理方法中接受预订的模式、定价的方法及客房存量的分配方式等内容与酒店传统的运行模式存在一定差异,需要一定的时间来进行整合。收益管理是一项系统工程,需要一定的时间实施和逐步完善。一般来讲,从收益管理体系的构建到实际运行,都需要一定的时间来夯实基础,少则数月,多则一年甚至更长,具体取决于酒店的实际情况。

案例分享

收益管理是一项系统工程

一家地处一线城市的酒店,有着先进的收益管理系统,设有专职收益管理经理,总经理也很重视相关工作。然而收益管理工作开展一年多来,没有见效,收益经理换了几任效果还是不明显。经过一段时间观察,总经理在专业咨询团队的帮助下才找到问题的根源,原来是存在缺乏收益管理文化建设、应用流程不够完善等问题,集中体现在个别主要部门的管理者身上。

就营销总监而言,表面上支持,私底下却对收益管理工作的开展起着一定的阻碍作用,致使工作进程缓慢,一些优化指标也得不到落实,再加上收益经理岗位又设在营销部,归营销总监直接管理,俗话说县官不如现管,使收益经理的才能无法得到有效的发挥。但这位营销总监并非不认可收益管理的作用,而是酒店的销售激励政策让他不得不这么做,毕竟他有指标任务在身,手下还有十几位销售人员需要得到销售提成和奖金。为此,总经理组织有关人员修订了销售奖励政策,还把收益经理岗位从营销部调整到了总经理办公室,由他直接管理,打通了收益管理运行之路,提高了工作效率。通过以上调整,酒店收益管理工作的效果明显得到了改善,酒店收益也得到了相应的提高。

这个案例说明,收益管理是一项系统工程,要想做好收益管理工作,仅有收益经理和软件系统还不够,还需要做好酒店的收益管理文化,建立好与之相配套的管理制度,并由总经理亲自挂帅抓落实,才能进一步做好收益管理工作。如果酒店设有收益管理部门,那更要注重协调好其与营销部和前厅部的关系,只有部门之间相互协调,才能做好收益管理工作。

任务实施

张旭分析酒店全面收益管理认知现状和改进办法的步骤如图 8-6 所示。

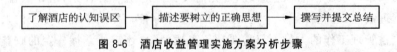

图 8-6 酒店收益管理实施方案分析步骤

步骤 1:了解酒店的认知误区。

为深入了解酒店各部门对收益管理的认知情况,张旭在全酒店做了问卷调研,同时访谈了各部分的相关负责人,发现酒店在对收益管理的认知上存在以下错误认知。

(1)认为收益管理就是普通的营销管理。很多员工认为平时的团购打折、旺季限定名额预订等活动就是收益管理。收益管理是通过特殊的系统来对酒店每天客流量以及房间消费情况进行统计,通过数据分析来对酒店的产品和服务实行动态定价管理和产品服务优化组合,以此来获得酒店的最大收益。将收益管理系统与一般的营销管理混为一谈是不正确的。

(2) 认为收益管理系统就是计算机系统。收益管理作为一种高效的管理理念,其中包含多项技术和方式,计算机系统只是其工具之一,并不能将其深入到实际管理中去。另外,计算机系统只是提供预测结果,具体是否采纳和实施还是要由收益管理人员来决定。收益管理是一项系统工程,除了收益管理技术层面的应用外,还需要运用收益管理思维和决策来制定相关策略并组织运行。将收益管理系统与计算机系统混为一谈是不正确的。

(3) 认为收益管理就是打价格战。收益管理能够根据消费者的情况来对价格进行调整,主要目的是获取更多的收益。在收益管理中,其无论是升价还是降价都不是盲目的,都是结合市场以及顾客的实际情况来进行分析最终得出的决策,这样不仅能够提高对顾客的服务质量,还能够增加酒店收益。片面认为收益管理就是打价格战是不正确的。

(4) 认为收益管理太复杂,难以实施。在初始阶段,由于人们对收益管理了解得比较少,会认为它比较难以掌握。现在市场上有不少咨询顾问公司可以提供收益管理方面的专业培训,另外,随着收益管理在我国的发展,也培养了不少专业的收益管理人员。只要酒店选定合适的收益管理人员,选定适合酒店的收益管理系统,再加强对收益管理人员的培训,收益管理技能是完全可以掌握并顺利实施的。认为收益管理无法掌握和实施,因而产生畏难情绪是不正确的。

(5) 认为实施收益管理是收益管理部门的事,其他部门不起主要作用。收益管理是一个系统工程,它涉及前台、销售、客房、财务等人员的相互协调,收益管理关乎酒店的每一位员工,而不只是收益管理部门的事。认为收益管理只是收益管理部门的事,与其他人无关的观点是不正确的。

(6) 认为收益管理就是高房价、高出租率。在实施动态定价法的过程中,如果价格定得太低,酒店始终处于高出租率的状态,会加剧酒店的损耗和老化,过低的价格也会让顾客怀疑酒店的产品和服务变差了。价格若太高,会让顾客觉得酒店利用各种机会"宰客",这都会让酒店形象受损。酒店管理者在经营过程中,要理性对待市场变化,科学预测市场需求,适当控制团体销售的折扣程度,在出租率和客单价之间寻求一个最佳的平衡。单纯地认为收益管理就是高房价和高出租率是不正确的。

(7) 认为收益管理就是成本管理。收益管理是一种市场行为,以市场为导向,寻求差异化定价和房量管控的最优解。成本管理则是一种财务行为,关注酒店成本,通过控制和降低各项成本,保障酒店的资金链良好运行。将收益管理与成本管理混为一谈是不正确的。

(8) 认为如果竞争对手没实行收益管理,自己酒店也没必要实施收益管理。市场的供求关系总是在发生变化,每个酒店无论规模大小、地理位置如何,都不可能只有一种价

格和一种顾客类型。在当今的酒店市场上,酒店都在或多或少地使用差异化的收益管理去优化它们的价格体系、细分市场组合和销售渠道组合等,以获得更大的收益。各酒店之间的差异不是是否实施收益管理的差异,而是收益管理实施的范围、程度和水平的差异。认为其他家酒店不实施收益管理,自己酒店也没必要实施的观点是错误的。

步骤2:描述要树立的正确思想。

经过实习期间自身的体验,结合日常观察和调研,张旭认为酒店要想实施全面收益管理,必须要树立正确的指导思想,改变部分员工对收益管理存在的错误认知,营造良好的收益管理氛围。

(1)所有部门都要树立盈利意识,至少要保持收支平衡。由于客房出租的利润是酒店总利润的主要来源,很多酒店因此不注重其他部门的收入,甚至将餐厅、酒吧、娱乐等设施看成是酒店吸引顾客入住的附属设施。比如,在包价销售中,为了提高客房出租率,经常会过度压低和牺牲这些部门的利润。经济规律告诉我们,任何一个部门亏损,从长远看都会对酒店的生存产生极大不利影响。在实施全面收益管理时,酒店管理者要认识到每个部门都应该有独立的利润指标,都要努力创收,否则就要考虑是否取消或者对外租赁给第三方经营。

(2)必须提高酒店服务设施和产品的出租率和使用率,减少空置。酒店的产品和服务具有不可储存性,如果服务设施和设备在一定时间内出现空置,酒店的生产能力在这段时间内就浪费了。要实施全面收益管理,就必须全面提高客房的出租率、餐厅的翻台率、会议室的出租率等。收益管理人员要有高度的敏感性,要对竞争对手在这方面的比率有深入的比较和分析,清楚酒店在竞争市场中所处的位置。

(3)加强市场预测工作,合理定价和安排酒店资源。越重视预测工作的酒店,对市场需求的变动把握得就会越准,收益管理的决策便会越准确,成效也会越大。加强市场需求的预测工作,不仅能更加精准的制定价格调整策略,有效提高酒店利润,还能有效提高酒店的资源利用率,防止和减少资源浪费。

(4)建立科学的奖励制度,充分挖掘员工在收益管理工作中的潜能。收益管理策略的实施成效取决于酒店全体员工的支持和参与程度,对于直接参与收益管理工作的员工来说,合理的奖励制度非常重要。酒店应制定与全面收益管理有关的考核标准,激发各部门员工对收益管理的积极参与和热情,使各部门的利润都能在全体员工的努力下达到最大化。

步骤3:撰写并提交总结。

张旭依据酒店对收益管理存在的认知误区,结合酒店实施全面收益管理应树立的正确思想,对酒店实施全面收益管理工作中存在的障碍和解决办法进行了归纳,向酒店经理提交了自己的总结报告。

小组训练

将班级每4名学生分为一组,每组确定1位负责人,完成表8-5所示的小组训练。

表 8-5　小组训练（23）

训练名称	××市内酒店全面收益管理
训练目的	引导学生多关注酒店行业收益管理发展动态，训练学生的团队意识，同时加深其对全面收益管理本质的认识，培养其相应的专业能力与职业核心能力；通过践行职业道德规范，促进其塑造健全的职业人格
训练内容	走访市内合作的 3 家酒店，调查酒店对全面收益管理的实施情况，以小组为单位讨论在酒店实施全面收益管理的过程中，如何激发各部门员工的能动性，如何加强各部门之间的有效协作，根据小组讨论结果制作汇报提纲和 PPT 课件，在课堂上进行汇报分享
训练步骤	(1) 小组成员各自查阅线上资料； (2) 撰写一篇综合分析报告； (3) 各组在班内进行交流、讨论
成果形式	撰写一篇题目为《××市内酒店全面收益管理的实施》的调查报告

本项目主要介绍了收益管理的组织结构、相关岗位的工作职责、会议内容和全面收益管理等基础知识。在大中型酒店中，一般设有专门的收益管理部门，直接向酒店总经理汇报工作。对于小型酒店来说，通常在市场营销部下面设立收益经理及相关岗位来从事收益管理工作。酒店要建立收益管理例会制度，定期召开每周一次的收益管理大例会和每天一次的收益管理小例会。酒店实施全面收益管理要消除收益管理只在需求旺盛时起作用、全面收益管理是指所有产品都适合做收益管理、实施收益管理对提高酒店收入可以立竿见影等方面存在的误解。在实施全面收益管理的过程中要树立以人为本、协同发展的收益管理理念，建立良好的收益管理文化氛围，加强与酒店前厅部、客房部、市场销售部和财务部之间的协作关系，促使收益管理工作的有效实施。本项目知识结构如图 8-7 所示。

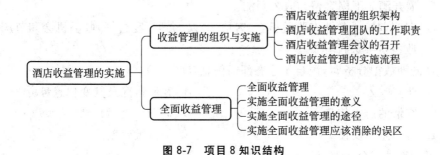

图 8-7　项目 8 知识结构

习近平总书记为青年"定制"的成长手册中提出"大道至简，实干为要"。号召广大青年要牢记"空谈误国、实干兴邦"，立足本职、埋头苦干，从自身做起，从点滴做起，用勤劳的双手、一流的业绩成就属于自己的人生精彩。实施酒店全面收益管理不是一句口号，酒店管理者热度退却，便束之高阁。它需要全酒店各个部门一以贯之、持续投入，从而使酒店持续不断地提升收益。

学习测试

一、单项选择题

1. （　　）是单体酒店收益管理的第一责任人。
   A. 财务总监　　　　　　　　　　B. 收益负责人
   C. 营销总监　　　　　　　　　　D. 单店总经理

2. 关于收益管理描述正确的是（　　）。
   A. 酒店产品具有不可储存性　　　B. 涨价是收益管理的最好方法
   C. 满房是收益管理的最终目标　　D. 生意不好就是活动促销力度太小了

3. 关于收益管理日常工作实施途径正确的是（　　）。
   A. 目标分解具体执行　　　　　　B. 追踪目标不断缩小差距
   C. 市场预警数据前瞻分析　　　　D. 以上都是

二、多项选择题

1. 收益管理小组包括（　　）。
   A. 收益负责人　　B. 营销总监　　C. 财务总监　　D. 房务总监
   E. 餐饮总监　　　F. 康体总监　　G. 前厅部经理　H. 预订部经理
   I. 企划部经理　　J. 市场部经理　　K. 宴会部经理。

2. 收益管理部门主要负责（　　）。
   A. 分析上周营业收入环比、同比分析及预测结果差异
   B. 通报各项量化任务指标达成情况
   C. 通报营销活动执行情况、客户意见反馈和后评估报告
   D. 解析行业相关的最新政策、活动和资讯信息
   E. 通报市场调研结果，分析酒店竞争表现
   F. 展开酒店下周客情和收入预测
   G. 对当前阶段各业态收益机会、客情（会议、会展、宴会等）收益机会和节庆/活动收益机会进行分析

3. 做同期数据分析时，源自于业态部门信息有（　　）。
   A. 业态收入　　　　　　　　　　B. 客流情况及其变化趋势
   C. 客情的历史信息　　　　　　　D. 同期活动后评估
   E. 客户意见反馈　　　　　　　　F. 价格敏感度

4. 做同期数据分析时，源自于前厅部的信息有（　　）。
   A. 网络开、关闭房情况及一周内 No-show 率（预订不到和临时取消）
   B. 出租率
   C. 各类客源的房间价格
   D. VIP 客户入住分析

5. 为了更加准确地预测未来周、月、季度的需求，收益部须联同财务部、销售部定期采集酒店及同行各类数据信息，包括（　　）。
  A. 历史数据   B. 竞争对手信息
  C. 行业信息   D. 即将发生的事件
  E. 经济、市场趋势   F. 对未来的展望
6. 收益数据分析包括（　　）。
  A. 竞争对手分析   B. 同期数据分析
  C. 人员工资分析   D. 销售业绩分析
7. 收益管理在酒店中的职位有（　　）。
  A. 酒店经理   B. 销售经理
  C. 服务经理   D. 前厅经理

三、判断题

1. 酒店收益管理，不需要关注客房存量，若当前房型满房，可以拒单，不需要增销服务。（　　）
2. 预测、对比、分析、制定策略、是否参与营销活动，那都是店长的事情，与收益管理员无关。（　　）
3. 酒店旺季，房间需求量高，对客户要适当提升价格，并且需要限制打折。（　　）
4. 淡季淡的是流量，所以即使是淡季降低价格，客房需求量也不是增幅很大。所以要在旺季多售卖客房，旺季最大化了，全年收益才会最好。（　　）
5. 收益小组的组长是收益负责人。（　　）
6. 各酒店需及时了解与酒店圈竞争对手在某个时间段的 MPI、ARI、RGI 排名以及间夜数、平均房价、收入的分布趋势，对比后进一步优化本酒店的收益策略。（　　）
7. 收益负责人与销售和业态部门沟通当前收益机会，并根据预测结果提起下一步行动计划（包括价格调整和活动促销）。（　　）
8. 收益负责人需汇总竞争对手信息并进行 SWOT 分析，并提出合理化建议。
 （　　）
9. 酒店产品的特点决定了酒店必须要实施收益管理。（　　）
10. 做收益就是做出租率，就是要满房。能满就行，谁来都接。（　　）

四、简答题

1. 酒店业适用于收益管理的特征有哪些？
2. 酒店收益管理的隐形作用主要体现在哪些方面？
3. 简述中小型酒店收益管理周例会的内容。
4. 简述酒店实施收益管理的步骤。
5. 酒店在实施全面收益管理的过程中如何做到以人为本？
6. 简述酒店收益管理人员的职业前景。

五、案例分析题

前台员工与入住顾客的对话

客人：你好，还有房间吗？

前台员工：您好，张先生，今天您一个人住吗？

客人：是的。

前台员工：有一间标准双人间288元，送您一份早餐，但是空调有问题，不能制冷，您介意吗？

客人：介意。

前台员工：豪华商务大床房还有房，需要318元，不含早餐。

客人：我是会员呀，都不送早餐吗？

前台员工：这样吧，张先生，酒店对会员有个新活动，充值1 000元，立返100元，我可以直接在您的房费里面扣减100元，早餐的话30元，这样一来，您可以节省70元。

客人：也行。

前台员工：您住一天吗？

客人：先住一天吧，明天晚上在城东区有应酬，可能不过来住了。

前台员工：张先生，如果您连住两天，第二天的房费还可以减去30元，而且两天的早餐都免费，这样您就可以节省130元。我建议您明天还是过来住吧，城东区离我们酒店打车最多20元，滴滴拼车10元左右，这样很划算。

客人：行，听你的。

问题：

(1) 分析案例中前台员工如何应用收益管理提升订房收益的。

(2) 该酒店员工具备收益管理人员的哪些基本素养？

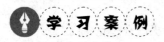

请每位同学阅读案例，以小组为单位对案例进行讨论，完成案例后面的问题。

淡季的营销失败案例

某酒店有100间客房，在3月经营淡季时，出租率不到30%，为了提高出租率，酒店推出了促销活动，在酒店大堂放置了宣传公示，内容大体为：酒店3月10日—4月15日期间推出预订标准双床房可以享受120元/(间·夜)的特惠活动。有意入住者只需要用手机任意拍下酒店的3张照片，发布到自己的朋友圈，告诉大家"某某酒店，特惠房只需120元……"即可。

在活动执行期间，经常有酒店的会员或协议客户在前台办理入住时，发现特惠活动比自己的价格还要低40元，于是也参加了这个活动，享受120元的优惠价。

前厅经理非常高兴，认为自己很好地完成了"每天宣传给20人"的目标，然而，酒店总经理自活动开展以来，一直不开心，因为活动开展15天以来，酒店收入、平均房价、单房收益都下降了,具体表现如下。

(1) 酒店去年同期(3月)的业绩为:出租率27%,平均房价为176元,3月1日—3月15日的收入为71 280元,单房收益为47.52元。

(2) 酒店目前的经营情况:出租率35%,平均房价为104元,3月1日—3月15日的收入为54 600元,单房收益为36.40元。

(3) 同期对比:出租率上涨了8%,平均房价下降了72元,收入减少16 680元,单房收益下降了11.12元。

请结合案例回答以下问题。

1. 结合收益管理相关知识分析为什么该酒店降价了,相关的宣传推广也做了,出租率也上来了,酒店收入反而下降了?

2. 尝试为该酒店设计"3月不淡,增量增收经营方案"。

学习评价

通过本项目学习,你	能/否	准确程度	评价目标	评价类型
			掌握酒店收益管理的组织架构与岗位职责	专业知识评价
			掌握酒店实施收益管理的流程	
			掌握全面收益管理的基本概念	
			了解酒店全面收益管理中存在的认知误区	
			理解全面收益管理环境下酒店各部门之间的协作关系	
			绘制酒店收益管理的组织架构图和酒店收益管理流程图	专业能力评价
			描述酒店收益管理团队的岗位职责	
			调研酒店实施全面收益管理中存在的误区	
			树立全面收益管理理念	素质学习评价
			践行为顾客创造最大价值的服务精神	

自评人(签字)　　　　　　　　　　　　教师(签字)

年　月　日　　　　　　　　　　　　　年　月　日

参考文献

[1] 胡质健. 收益管理:有效实现饭店收入的最大化[M]. 北京:旅游教育出版社,2009.

[2] 祖长生. 饭店收益管理[M]. 北京:中国旅游出版社,2016.

[3] 陈亮,郭庆. 收益管理[M]. 北京:人民邮电出版社,2018.

[4] 张川,郭庆. 收益管理[M]. 北京:人民邮电出版社,2020.

[5] 邓逸伦,夏赞才,彭维捷. 酒店收益管理[M]. 武汉:华中科技大学出版社,2022.

[6] 曾国军. 收益管理与定价策略[M]. 北京:中国旅游出版社,2018.

[7] 詹丽. 酒店收益管理[M]. 武汉:华中科技大学出版社,2022.

[8] 尹萍,张立俭,张媛. 酒店收益管理[M]. 北京:旅游教育出版社,2021.

[9] 李勇,钱晔. 数字化酒店[M]. 北京:人民邮电出版社,2021.

[10] 穆林. 酒店数字化运营概论[M]. 北京:高等教育出版社,2022.